世界遺產與歷史城市

林志宏 著

臺灣商務印書館

世界遺產與歷史城市 ／ 林志宏著.
-- 初版. - 臺北市：臺灣商務, 2010.08
面； 公分. --

ISBN 978-957-05-2500-7（平裝）

1.文化資產保存　2.文化遺產　3.歷史性建築　4.古蹟修護

541.27　　　　　　　　　　　99009463

世界遺產與歷史城市

作者◆林志宏

發行人◆王學哲

總編輯◆方鵬程

主編◆葉幗英

責任編輯◆徐平

美術設計◆吳郁婷

合作單位◆國家文化總會

出版發行：臺灣商務印書館股份有限公司
台北市重慶南路一段三十七號
電話：(02)2371-3712
讀者服務專線：0800056196
郵撥：0000165-1
網路書店：www.cptw.com.tw
E-mail：ecptw@cptw.com.tw
網址：www.cptw.com.tw

局版北市業字第 993 號
初版一刷：2010 年 8 月
初版二刷：2010 年 9 月
定價：新台幣 420 元

ISBN 978-957-05-2500-7

序言 *1*

　　林志宏博士是一位出色的城市規劃師和藝術史學家，多年來他一直在聯合國教科文組織總部工作，起先在文化遺產部，而後在我的指導下在世界遺產中心工作，此期間他參與教科文組織所推動的一些國際古跡文化遺產保護計畫，同時他負責亞洲各國特別是阿富汗、中亞、印度和尼泊爾等地的多項國際文化遺產保護活動，並在項目實施過程中發揮了重要的管理和協調作用。

　　誠如在憲章中所言，聯合國教科文組織自成立以來，即把世界文化遺產視為人類記憶和歷史中諸多永恆價值的源泉，並把對文化遺產的保存、保護和推廣作為其最重要的使命之一。文化遺產是一個民族在宗教、人類學和空間等方面的世界觀在時空中的具象化，並體現了不同文化之間的匯聚交融。自1960年代以來，聯合國教科文組織已發起了多項國際性的文化遺產保護計畫。第一次是在上埃及的努比亞地區，阿布辛貝勒遺跡的搬遷工程獲得空前的成功，作為世界上第一次大規模的保護運動，人們至今對其仍記憶猶新。繼之而起的是聯合國教科文組織各締約國和國際社會所資助並推動的各項國際古跡保護工程，印尼的婆羅浮屠古跡和尼泊爾的加德滿都河谷等都是其中的成功案例。五十多年後的今天，人們的文化保護意識在2001年3月塔利班炸毀巴米揚大佛後再次覺醒，林博士正在協助我負責推動巴米揚遺產地的保護修復工作，這稱得上是聯合國教科文組織有史以來最為重要的文化遺產保護修復工程之一。2003年，巴米揚（包括巴米揚山谷的文化景觀和考古遺跡）在被列入聯合國教科文組織世界遺產名錄的同時，亦被列入瀕危世界遺產名錄。聯合國教科文組織認為，對於阿富汗，特別是巴米揚地區的人民來說，通過對以文化多樣性的認知進而推動可持續性發展、以及對自然和文化環境的合理使用，巴米揚世界遺產的保護和可持續管理將有助於促進地區和平與可持續發展。

　　我相信林博士《世界遺產與歷史城市》一書的出版，可以大大增進華人廣大公眾對三個國際文化法律機制的總體認識，它們構成了聯合國教科文組織所宣導的保護文化多樣性理念，它們分別是《保護世界文化與自然遺產公約》（1972年），《保護非物質文化遺產公約》（2003年）和《保護和促進文化表現形式多樣性公約》（2005年）。依據 1972年公約，聯合國教科文組織將對各締約國的城市遺產保護活動加以支持。除了列入世界遺產名錄所帶來的諸多收益之外，城市中不恰當的旅遊管理或是建設專案

反而會給城市帶來許多意想不到的不良後果。為防止此種不良後果的出現，聯合國教科文組織會一直致力於如何借鑑成功的城市發展制訂一套國際標準，並幫助不同的利益相關者達成共識。其目標是在不犧牲各自特性的前提下，在保護城市歷史中心所必須的諸多限制和合法的現代化要求之間取得一種精妙的平衡。聯合國教科文組織目前正在應各會員國之要求籌備「保護城市歷史景觀 —— 建議書」的國際規範性文件。

我很高興在此推薦林博士的《世界遺產與歷史城市》一書，它的問世必將有助於增進有關政府部門、企業及社會各方對文化遺產價值的認識。特別是在歷史城市方面，我們希冀可以通過對聯合國教科文組織所發起的各種國際保護運動，以及法國（巴黎聖安東尼區和雷恩歷史城區）、西班牙聖地牙哥、中國孔子故里——曲阜等城市在「歷史城市的和諧與可持續發展」方面成功案例的學習借鑑而受益匪淺。

Dr. Francesco Bandarin
聯合國教科文組織文化助理總幹事
前世界遺產中心主任

United Nations
Educational, Scientific and
Cultural Organization

Organisation
des Nations Unies
pour l'éducation,
la science et la culture

Organización
de las Naciones Unidas
para la Educación,
la Ciencia y la Cultura

Организация
Объединенных Наций по
вопросам образования,
науки и культуры

منظمة الأمم المتحدة
للتربية والعلم والثقافة

联合国教育、
科学及文化组织

Culture Sector

PREFACE

Mr. Roland LIN Chih-Hung, city planner and art historian, contributes, under my supervision to the coordination and the management of several international operational heritage safeguarding activities undertaken in various Asian countries. The projects are set within the framework of the UNESCO extra-budgetary resources and in particular in Afghanistan, Central Asia, India and Nepal (first as part of the Division of Cultural Heritage and then at the World Heritage Centre).

As stated in its Constitutional Act, one of the most important missions of UNESCO since its inception has been to ensure the conservation, protection and promotion of the world's cultural heritage, a source of eternal values in the memory and history of humankind. Cultural heritage is the embodiment of a people's religious, anthropological and spatial world-view in space and time, and expresses the coming together of different culture. Since 1960, UNESCO has launched a number of International Safeguarding Campaigns. The first, carried out in Nubia in Upper Egpyt and involved the spectacular transfer of the Abu Simbel monuments. The world's memory of this first great campaign remains with us. These international campaigns were supplemented by various safeguarding operations funded by UNESCO Member States and the international community, including the successfull rescue of the monuments of Borobudur in Indonesia and Kathmandu Valley in Nepal, among others. Now, some 50 years later, Mr. Lin is helping me in UNESCO HQs to manage one of UNESCO's most important safeguarding project at the World Heritage Site of Bamiyan, Afghanistan, after the wake of the destruction by the Taleban of the Giant Buddhas at Bamyan in March 2001. The site of Bamiyan (Cultural Landscape and Archaeological Remains of the Bamiyan Valley) was inscribed simultaneously on the UNESCO World Heritage List and List in Danger in 2003. UNESCO considers that the current initiatives for the conservation and sustainable management of the World Heritage properties of Bamiyan contribute to promoting peace and fostering sustainable development, in particular for the people of Bamiyan, and in Afghanistan as a whole, by demonstrating the possibility of building sustainable communities on recognition of cultural diversity and the appropriate use of the natural and cultural environment.

I believe that Mr. Lin's book on "World Heritage and Historic Cities in the perspective of culture diversity" will be able to provide the Chinese public a general knowledge of the three legal instruments that form the pillar of UNESCO's advocacy for the protection of cultural diversity in its different dimensions namely: the Convention concerning the Protection of the World Cultural and Natural Heritage (1972), the Convention for the Safeguarding of the Intangible Cultural Heritage (2003), and the Convention on the protection and Promotion of the Diversity of Cultural Expressions (2005). In accordance with the 1972 Convention, UNESCO assists States in preserving their urban heritage. In additional to yielding numerous benefits, the inclusion of a site in the World Heritage may have some undesirable outcomes, owing, in particular, to inappropriate management of tourism or construction projects in cities. To guard against such consequences, UNESCO has assisted in the elaboration of international standards for successful urban development, and helps facilitate consensus among the various stakeholders. The goal is to strike a fair balance between the constraints imposed by conservation of historic urban centers and the legitimate requirements of modernization, without compromising their identity. UNESCO is now being requested by its Member States to prepare and present a

1, rue Miollis
75732 Paris Cedex 15, France
Tél. : +33 (0)1 45 68 43 74
Fax : +33 (0)1 45 68 55 91

www.unesco.org

new Recommendation within its normative activity on the "Historic Urban Landscape".

I am very pleased to present Mr Lin's book on "World Heritage and Historic Cities in the perspective of culture diversity" which will certainly contribute to sensitize the Chinese public authorities, the private sector and the civil society on the value of cultural heritage, in particular on historic cities through lessons learned in the various international campaigns launched by UNESCO and various examples of "harmony and sustainable development in historic cities" such as in France (the Faubourg Saint-Antoine of Paris and the historical center in Rennes), the historic city of Santiago de Compostela in Spain, and the famous Confucius city of Qufu in China.

Francesco Bandarin
Assistant Director-General for Culture UNESCO
Former Director of the World Heritage Centre

序言 *2*

　　本人於九〇年代中期結識了當時加入聯合國教科文組織總部文化遺產處亞洲組的年輕專家林志宏博士，並與其共事。從一開始他便負責多個亞洲國家相關古跡保存修復計畫的實際操作，尤其是關於由其他會員國贊助教科文組織的額外預算國際古跡修復工程，如中國、尼泊爾與越南。透過林博士（首先在文化遺產處，繼而在世界遺產中心）負責聯合國教科文組織的國際古跡保存修復計畫合作方案的經驗，讓林博士能夠向華人大眾與國際社群提出他的獨到見解，現在都集結呈現在《世界遺產與歷史城市》這本書中。這是一項遠大的任務而且需要具備兩方面的廣博知識：一為了解聯合國教科文組織所制訂的文化性的國際公約，二為研究世界遺產歷史古城保護所面臨的挑戰（在世界文化與自然遺產名錄中，登錄的歷史古城占全部超過三分之一的數量）。

　　林先生著作的重要面向在於呼籲歷史名城在面對諸多挑戰時，推動加強文化遺產保護意識的重要性，他提醒讀者一個民族的文化遺產是生活文化的記憶，也是促成豐富文化多樣性的許多不同影響力的結果。阿富汗巴米亞大佛的毀壞（2001年3月）與紐約發生的911襲擊，喚起人們將文化遺產視為「文化多樣化的源泉」。就如同於2001年11月聯合國教科文組織通過的文化多樣性全球宣言的第七條款的重點。第七條款中強調各種形式的文化遺產都應當作為人類的經歷和期望的見證得到保護、開發利用和代代相傳，以支持各種創作和建立各種文化之間的真正對話。

　　所以，我認為林先生的著作將提供公家機關、私人機構與一般社會大眾更加瞭解保護文化遺產的價值，尤其是透過聯合國教科文組織發起國際古跡保存修復計畫合作方案，如努比亞（埃及）；婆羅浮屠（印尼）；提卡（瓜地馬拉）；城垣、無憂島、國立歷史公園（海地）；非斯古城（摩洛哥）；加德滿都（尼泊爾）。林先生還進而介紹了歷史文化名城如法國的巴黎古街區、法國雷恩、西班牙聖地牙哥和中國曲阜的「城市和諧性與歷史文化名城的永續發展」的多元實例。

　　如何將這許多例子有交集地來喚起大眾認知當今歷史城市保護的課題實在是一大挑戰，而這些保護課題應著重於瞭解當地居民新的經濟與社會需求的同時，找出方法來確保都市傳統的形態與其真實性和原真性的維持。

再者，本書的出版正逢其時，更明確地說，目前是聯合國教科文組織協同其會員國正在進行《歷史城市景觀國際保護宣言》的修訂時期。

Mounir Bouchenaki
國際文化財產保護與修復研究中心主席
聯合國教科文組織總部前文化助理秘書長

左起是Prof. Mounir Bouchenaki（ICCROM國際文化財產保護與修復研究中心主席；聯合國教科文組織總部前文化助理秘書長）、Prof. Dr. Michael Petzet（ICOMOS國際古蹟遺址理事會名譽主席、前主席；德國國際古蹟遺址理事會主席）、筆者。

INTERNATIONAL CENTRE FOR THE
STUDY OF THE PRESERVATION AND
RESTORATION OF CULTURAL PROPERTY

CENTRE INTERNATIONAL D'ETUDES
POUR LA CONSERVATION ET LA
RESTAURATION DES BIENS CULTURELS

PREFACE

I had the opportunity to know and work with Mr Roland LIN Chih-Hung, when he joined the UNESCO Division of Cultural Heritage, Asia Section, as a young expert in the mid '90s. Since the beginning his interest focused on the operational activities undertaken in various Asian countries, under the scheme of extra-budgetary resources and in particular in China, Nepal and Viet Nam. Through the experience acquired in international cooperation programmes within UNESCO (first in the Division of Cultural Heritage and then at the World Heritage Centre), Mr Lin was able to provide both the Chinese public and the international communities with his thoughts, now reflected in this book on "World Heritage and Historic Cities in the perspective of culture diversity" which is an ambitious task performed with deep knowledge of both aspects of normative texts prepared by UNESCO and of the concrete challenges, faced by World Heritage sites and historic cities in particular, representing mainly 1/3 of the whole list of World Cultural and Natural Heritage.

Mr Lin's book comes at an important phase in the development of awareness of the importance of cultural heritage in historic cities confronted by so many challenges. It reminds the reader that the cultural heritage of a people is the memory of its living culture and the result of many different influences which make the richness of its diversity. In art. 7 of the UNESCO Universal Declaration on Cultural Diversity adopted in November 2001, in the wake of the destruction of the Giant Buddhas at Bamyan (March 2001) and the attacks of 11 September in New York, cultural heritage is recognized as the "wellspring of diversity." Article 7 underlines the fact that "cultural heritage in all its forms must be preserved, enhanced and handed on to future generations a s a record of human experience and aspirations, so as to foster creativity in all its diversity and to inspire genuine dialogue among cultures."

Therefore, I consider that Mr Lin's book will certainly contribute to sensitize public authorities, the private sector and the civil society on the value of cultural heritage, in particular on historic cities through lessons learned in the various international campaigns launched by UNESCO in Nubia (Egypt); Borobudur (Indonesia); Tikal (Guatemala); Citadel, Sans Souci, Ramiers, National History Park (Haiti) in Fez (Morocco) and Kathmandu Valley (Nepal). Mr Lin presents various examples of "harmony and sustainable development in other cities such as in France (the old Quarters of Paris), the historical center in Rennes, the historic city of Santiago de Compostela in Spain, and the famous historical and cultural city of Qufu in China.

It is challenging to see how these various examples can 'speak to each other' and how lessons can be drawn for the need to harmonize the new economic and social needs of the inhabitants with the original urban pattern, without compromising identity and authenticity.

Furthermore, the book is being published at the right moment, precisely when UNESCO is being requested by its Member States to prepare and present a new Recommendation within its normative activity on the "Historic Urban Landscape".

Mounir Bouchenaki
Director-General, ICCROM
Former Assistant Director-General for Culture, UNESCO

Conserving culture, promoting diversity · Conserver la culture, promouvoir la diversité

VIA DI SAN MICHELE, 13 • I - 00153 ROME • ITALY • Tel. + 39-0658553 1 • Fax + 39-0658553 349 • Email: iccrom@iccrom.org • Web: www.iccrom.org

世界遺產與歷史城市 7

序言 *3*

我與林志宏博士曾在中亞以及中國的保護專案中有過密切合作，因此有幸得以領略其在保護文化遺產領域的斐然成就，欣聞其專著《世界遺產與歷史城市》的出版問世，這無疑可以使更多人有機會分享其在文化保護遺產方面的寶貴經驗。特別值得一提的是，正是由於林志宏博士的出色能力，國際古跡遺址理事會（ICOMOS）才得以與其共同合作進行阿富汗巴米揚大佛被炸毀後的相關保護修復工作。本書問世之時，正值有關歷史遺產與其周邊環境的關係從持續多年的爭論走向逐步達成共識的關鍵時刻，也就是聯合國教科文組織（UNESCO）即將制定一份新的有關「城市歷史景觀」保護的建議書，這可視為是對UNESCO《歷史地區的保護及其在當代的作用的建議》（華沙／內羅畢，1976年）中所提出但至今仍十分有用的關於保護傳統的一項延續。

與只能增進我們對早期城市生活記憶的考古遺址所不同的是，歷史城市這一有機體則可以把定義城市生活的元素，諸如居住、工作、文化和教育機構以及行政管理等所有功能調和在一起，當然它們必須順應我們當代的需要。事實上《威尼斯憲章》的制定者及ICOMOS的創立文件早已非常明顯地意識到城市歷史中心區所存在的各類問題，其明證即是與《威尼斯憲章》一同在1964年歷史古跡建築師及技師國際大會獲得通過的「保護及恢復城市歷史中心區運動」。

針對過去幾十年間歷史城鎮和舊城區所遭受的各種破壞，以及一些已過時的現代城市規劃原則（比如「城市功能分區理論」亦或「交通相容城市理論」）所帶來的種種災難性後果，早在1987年ICOMOS即在《保護歷史城鎮與城區憲章》（華盛頓憲章）中對城市歷史中心區保護的原則、目標和方法論進行了明確地定義。

在任何情況下，我們都要對城市千百年來所形成的歷史結構保持一定的尊重，並且關注其原真性的特色。首先亦是至為重要的是，我們的目標應該是保護不同時期的建築以共同見證一種歷史的連續性，這對於那些被列入聯合國教科文組織世界遺產名錄的歷史城市也十分適用，比如羅馬和佛羅倫斯歷史城區（義大利）、薩那和希巴姆歷史城區（葉門）、杜布羅夫尼克和斯普利特（科羅西亞）、馬拉喀什（摩洛哥）、雷根斯堡和班貝格（奧地利）等等。如果我們把這些歷史城市，包括林博士書中所介紹的曲阜案例，針對由於現代城市規劃所帶來的負面性的發展，其不斷過度利用大片土地並毫無節制性的郊區城市化過程來進行對比，我們發現對歷史城市所蘊含的文

化多樣性等財富的有效利用才更有助於我們找到解決諸如發展與延續、功能性與人文性等矛盾的措施，歷史城市議題可以教會我們如何找到實現城市可持續發展的智慧途徑。

歷史城鎮和村落至今仍保留著具有無與倫比和可持續性的人類文化成果，透過悉心的呵護可以使它們轉化成為社會、生態和技術創新的場所，而我們有責任保護這些價值與潛力以便在未來進一步加以利用。因此，世界遺產名錄中的歷史文化名城、名鎮與名村扮演著一個特殊的角色：它們在國家乃至世界層面應成為一種榜樣，以它們為基礎，多樣化城市規劃傳統（從小鄉鎮到大都市歷史中心區）的保護概念才得以形成。在這層意義上，世界遺產名錄中的城市保護與發展可以成為一個論壇，在這裡各國應該注重自己對於保護自身歷史文化，乃至擴展到世界遺產保護的共同意識。這些案例提醒我們應對所有國家的文化遺產中的不可替代性和多樣性負起責任，也提醒我們在城市保護政策中要採取一種更為全面的方法，既要考慮到人類對於在歷史中的定位、身份認同及安全感的尋找，還希望在城市發展的過程中人文尺度不應該被遺忘。

本著這份精神，我衷心希望林博士所著的《世界遺產與歷史城市》一書取得圓滿成功，同時我也期待著與這位在UNESCO世界遺產中心亞洲部任職的、聰穎敬業的夥伴繼續加強未來的合作。

Prof. Dr. Michael Petzet
國際古跡遺址理事會名譽主席
國際古跡遺址理事會前主席
德國國際古跡遺址理事會主席

ICOMOS

INTERNATIONAL COUNCIL ON MONUMENTS AND SITES
CONSEIL INTERNATIONAL DES MONUMENTS ET DES SITES
CONSEJO INTERNACIONAL DE MONUMENTOS Y SITIOS
МЕЖДУНАРОДНЫЙ СОВЕТ ПО ВОПРОСАМ ПАМЯТНИКОВ И ДОСТОПРИМЕЧАТЕЛЬНЫХ МЕСТ

Preface

The publication *World Heritage and Historical Cities in the Perspective of Cultural Diversity* is a work by Roland Lin Chih-Hung, whose exemplary commitment in protecting and preserving our cultural heritage I have had the pleasure to experience during missions in Central Asia and China. In addition, ICOMOS has been able to rely on his excellent cooperation in our joint efforts to safeguard the fragments of the Giant Buddhas of Bamiyan. The book comes out at a time when a debate of the past years on historic ensembles and their surroundings is meant to lead to a new UNESCO Recommendation on the Conservation of Historic Urban Landscapes, – a recommendation that will hopefully continue the tradition of the still very useful and helpful UNESCO Recommendation Concerning the Safeguarding and Contemporary Role of Historic Areas (Warsaw / Nairobi 1976).

In contrast to archaeological sites reminding us of urban life in earlier times historic urban organisms can still harmoniously combine all functions defining urban life – living, working, cultural and educational institutions, administration, etc. Of course, they also have to meet the demands of our times. The fact that the authors of the Venice Charter, the founding document of ICOMOS, were already very much aware of the problems concerning historic centres is shown by the "Motion concerning protection and rehabilitation of historic centres" adopted in 1964 by the same International Congress of Architects and Technicians of Historic Monuments. Given the destructive interventions in historic towns and old quarters in the last decades and faced with the devastating consequences of some already out-dated principles of modern urban planning – e.g. the ideal of separation of functions or the ideal of the "traffic-compatible city" – it was as early as in 1987 that ICOMOS used its "Charter for the Conservation of Historic Towns and Urban Areas" (Charter of Washington) to define principles, objectives and methodologies for the preservation of the historic fabric of our historic centres.

In each case it is a matter of showing respect for the historic structure of an old town, developed over centuries, and consideration for its authentic character. First and foremost, our aim should be to preserve a continuity authenticated by built historic witnesses. Such reflections are also valid for the famous historic cities inscribed on the UNESCO List, such as the historic centres of Rome and Florence, of Sana'a and Shibam, Dubrovnik and Split, Marrakech, Regensburg and Bamberg, and many others. If we compare such historic ensembles, also introduced by Roland Lin in his book by using the example of Qufu (China), with the sometimes disastrous developments in modern urban planning and with the uncontrolled sprawl of the suburbs devouring the open land, this shows that dealing with the wealth and diversity of our historic cities is an adequate approach to find measures to tackle conflicts between development and continuity, functionality and humanity: The historic town centres can teach us how to preserve and develop intelligent solutions for a sustainable development.

Historic towns and villages remain man-made cultural achievements of unequalled sustainability. Dealing with them turns them into places of social, ecological and technical innovation. And it is only up to us to use this potential in order not to lose values we will need in the future. In this context, the towns on the World Heritage List play a special role: They provide national and international models, on the basis of which preservation concepts for diverse urbanistic traditions – from the small country town to the historic centre of a metropolis – can be developed. In this sense, the World Heritage cities could become forums where the nations will avow themselves in an exemplary way to their own cultural history and at the same time to the world's heritage. Such examples remind us to act responsibly towards the irreplaceability and diversity of the cultural heritage of all nations. They remind us to use a holistic approach in our town preservation policy, also taking into account man's search for historic orientation, identity and security, and his hope for a future where the human scale will not be lost.

In this spirit, I wish Roland Lin's publication *World Heritage and Historical Cities in the Perspective of Cultural Diversity* much success and look forward to continuing the cooperation with this highly committed and intelligent colleague in the Asia Section of the UNESCO World Heritage Centre.

Prof. Dr. Michael Petzet
Honorary President of ICOMOS
President, ICOMOS, Germany

DEUTSCHES NATIONALKOMITEE
Geschäftsstelle: Maximilianstr. 6, 80539 München, Postadresse: Postfach 100 517, 80079 München
Telefon 089/2422 37 84, Fax 089/242 1985 3, e-mail: icomos@icomos.de

序言 4
保存與毀滅，在一念之間

西元五世紀初，法顯和尚離開當時戰亂的中國，從長安出發，前往天竺取經。他和同伴一起走，穿越新疆，穿越死亡的流沙，走過「死亡沙漠」塔克拉馬干，走過了犍陀羅國（現在的巴基斯坦），再進入阿富汗，看到了佛影、佛頂骨、佛齒，再穿過巴基斯坦北部，進入印度。他在《佛國記》裡曾記錄了他的見聞。

又過三百二十餘年，玄奘法師來到梵衍那國，也就是現在阿富汗的巴米揚省，他曾如此描述：「王城東北山阿有立佛石像，高百四五十尺，金色晃耀，寶飾煥爛。東有伽藍，此國先王之所建也。伽藍東有（金俞）石釋迦佛立像，高百餘尺，分身別鑄，總合成立。城東二、三裡，伽藍中有佛入涅槃臥像，長千餘尺。其王每此設無遮大會，上自妻子，下至國珍，府庫既傾，複以身施，群官僚佐就僧酬贖。若此者以為所務矣」

這個國家佛教興盛，上至國王、王后、家族、群臣等，傾力於佛教文明的發揚。大石窟、百尺石雕佛像、壁畫、飛天像等，甚至穿鑿於山洞中的修行所，都畫滿佛教的壁畫。

這裡是歐洲、波斯、中國、印度各文明之間的走廊，一個洲際商隊必經據點。它高度發達的商業活動，支撐了佛教文明的基礎與開展。然而，也正因此註定了它成為戰亂中心的悲劇。十三世紀，成吉思汗征服了這裡，其後，由帖木兒帝國統領。他信仰伊斯蘭教，積極推動文化建設，設立伊斯蘭大學，歷時四百多年的佛教文明因此沒落。伊斯蘭教不信偶像崇拜，那些大佛像的面部、手部，多為木雕、泥草雕塑，早已遭到破壞。然而原本存在的大石窟與那兩尊石刻大佛像則因無法破壞，依然存在，成為經歷十五個世紀的文明遺跡。

然而歷史並未在此結束。2001年3月，阿富汗塔利班政權為了推動其政教合一的純粹性，在聯合國教科文組織與世界文化學者的強烈呼籲下，依然用炸藥與坦克猛烈轟炸，終於摧毀了那兩座玄奘曾目睹且讚嘆過的大佛像。這一行為震驚了全世界。人們眼看著一個古老的文明，一個歷經時間洗禮而未曾消逝的文明，卻毀滅在宗教狂熱的愚行之下。

美國在911事件後攻下阿富汗，UNESCO於該年10月發佈「預防任何有意圖性破壞世界文化遺產的國際宣言」，全世界各地也舉辦了各種有關阿富汗的歷史展。聯合國教科文組織的考古隊去收集巴米揚大佛的殘骸，發現其中還有佛經的古經卷。2008年，英國皇家化學學會發表論文，他們在研究巴米揚石窟壁畫後發現，美術史必須改寫，這是全世界最早出現

的油畫，比巴黎和柏林還早了六個世紀！

　　UNESCO收集了當年的殘骸，集中造冊，想用最新的科技，掃描所有殘骸，分析其破碎的角度，依此讓碎片重新復合起來，進行遺址的修復。然而這是何等浩大的繁複的工程。坦克大炮的摧毀，只在一瞬間灰飛煙滅，而修復的工程卻要好幾年，甚至幾十年。

　　這個故事只是一個典型。它見證了文明是如此易碎，如此脆弱。一個積累一千五百年的文化遺跡，可能因人類的一念愚行，毀於一旦。而修補，卻可能要花上數十年的光陰，更多是永遠也無法彌補了。

　　文化毀於天災與戰爭者，這是很鮮明可見的。然而，有一種文明毀滅卻是無形的，這便是為了經濟開發，而導致生活型態的轉變。騎馬的民族，可能逐漸讓位於更方便的摩托車、汽車；流傳千年的沙漠中的絲路市集，可能被更高度迅速的邊境貿易取代；民間傳誦千年的藝人與歌謠，可能被流行歌曲和西方的搖滾淹沒……。文化的保存，因此不能聽任時代的演化而任其存亡，而是要有意識的加以保存並推廣的。

　　林志宏這一本書，一方面藉由他在UNESCO法國總部擔任世界遺產中心專員的工作的經驗，和讀者分享他曾工作過的地區，如阿富汗、印度、尼泊爾、中亞五國等，如何推動文化保存的故事；另一方面，則是由較宏觀的角度，探討在文化多樣性的原則下，如何看待世界文化遺產。歸結的來說，即是透過聯合國教科文組織的推動，進行跨國合作。尊重當地的歷史與文化，讓「在地的專家國際化」，也讓「國際的專家在地化」。

　　這些年來，大陸推動「申遺」不遺餘力，也成立一些專責機構，但仍有一些爭議，例如推動申遺，只是為觀光，是否會扭曲文化的本義，是否合宜等。但能夠申遺成功，對保護在地文化，畢竟有正面的意義。同時，在經濟掛帥的大潮下，重申文化價值，終究是必要的，否則更易被地方政府加以忽略而消失。

　　對臺灣而言，這一本書的價值，則在於開出一扇窗，讓臺灣的文化保存，更有國際的視野。這幾年來，臺灣一直有「申請世界文化遺產」與申請「非物質文化遺產」的迷思，彷彿不能申請加入聯合國，加入UNESCO的「世界文化遺產」行列，也稍稍能滿足一下。然而，這也還是一種阿Q的「精神勝利法」。因為臺灣並非聯合國的會員國，要申請世界文化遺產與非物質文化遺產，是有困難的。與其如此計較於這種形式上的「申遺」，還不如好好回歸文化價值的核心理念，回歸臺灣本土文化的保存與發揚，尊重臺灣在地文化的多樣性，尊重各族群的文化傳統，這才是正途。

國家文化總會　楊渡秘書長

序言 5

　　什麼是「文化」？據說有幾百種不同的說法。這個問題也許永遠得不到一個統一的看法，就像世界物種一樣不可能變成單一的物種，「文化」也不可能只有一個統一的定義。但是在我們寫這篇〈序言〉時，就必須對「文化」是什麼得有個看法。這裡我們姑且把「文化」定義為「生活的樣式」。因為「文化」是人類創造的，不同民族的文化是其民族創造的生活樣式。例如中國人吃飯用筷子，西方用刀叉；中國的文字是方塊字，西方（如英文、拉丁文）是用字母拼音寫成；我們的建築許多是有大屋頂的，西方的建築有哥德式的、巴羅克氏的等等。這些不同文化的傳統都是在其歷史長河中逐漸形成的。因此，就一定意義上說，每個民族的生活樣式，即每個民族的文化都是其民族歷史的積澱，人類社會的歷史就是這樣構成的。不同民族有其不同的歷史，就有不同的生活模式。要使不同民族的歷史延續下去，就是要盡可能的保護各個不同樣式的民族生活方式，這樣世界才能組成一個豐富多彩的大花園。保護多樣化的各個民族文化，就像保護地球上的多種物種一樣。

　　人類社會發展到今天的全球化時代，如何保護好這個大花園，保護好世界文化遺產與歷史名城應是其中重要的一部分。為此有聯合國教科文組織的1972年《世界遺產公約》、2003年《保護非物質文化遺產公約》、2005年《保護文化多樣性國際公約》等三個文件。林志宏博士根據這三個公約的精神，用了十餘年的時間寫了這本《世界遺產與歷史城市》，遍訪各國古跡、名城，對各國在保護和維修世界遺產進行了深入調查，實是難能可貴之舉。該書圖文並茂，用具體生動的筆法寫出所涉及文化遺產保護維修的實際情況，應是可為今後如何保護維修文化遺產提供範例。

　　對文化遺產和歷史城市的保護，重要的是能保持其原貌，這樣才使人們保持其歷史感。歷史對維繫人類社會的重要性是無可懷疑的，人們不僅是生活在現實生活之中，而且也是生活在歷史記憶之中。物質的和非物質的文化遺產中凝聚著一直生活在地球上的各個人群的理想。因此，保護這些歷史文化遺產表現著人們對祖先的尊重，對祖先所創造的偉業的敬仰，對祖先所追求「真」、「善」、「美」的肯定。我們必須保護世界各地有價值的文化遺產，這實際上是在保護我們社會得以延續的十分重要的方面。

談到「世界遺產與歷史城市」的問題，可能會有種種不同看法。「世界遺產與歷史城市」要保護是毫無疑義的，但「遺產」如何發展？「歷史城市」如何發展？我想，「遺產」從一個意義上說只能保護，這就是說某些「遺產」只能盡可能的保持其原汁原味，例如阿富汗的巴米揚大佛，2001年3月9日，巴米揚兩尊立佛在阿富汗「塔利班」政權的炸藥聲中化為灰燼！你不應絲毫改變其原貌，如果改變了其原貌，就使人們失去了歷史感，巴米揚大佛對人們說就沒有什麼意義，就失去了其歷史價值。但有些「遺產」可以「發展」，例如中國的崑曲。從一個意義上說，崑曲必須保存其傳統的原汁原味，因為它凝結著歷史的積澱；但從另一角度說，我們又可以在保持其基本構成上加以改變。幾年前，曾有用西方樂器和我國傳統樂器一起伴奏，演出崑曲，它既保存了崑曲唱腔和作派，但在音樂欣賞方面則大大不同了。我想，這樣的發展是可取的。至於「歷史城市」我們認為在保護和維修的基礎上，應該是可以發展的，這在林志宏博士文章第三部分中舉出的例子，如〈巴黎都市傳統街區的保護與適度更新〉、〈西班牙聖地牙哥歷史遺產與當代城市的和諧共存〉、〈曲阜歷史文化名城的永續發展〉等篇，都很有說服力地論述了這個問題。

　　我們認為在文化多樣性視野下討論世界遺產與歷史城市的發展是當前一個十分重要而迫切的問題，雖然我們對這個問題並無專門研究，但我們願意真誠地推薦林志宏博士的這本極有價值的專書，以引起廣大讀者的關注。

北京大學哲學系教授，中國哲學與文化研究所所長　湯一介

北京大學教授　樂黛雲

2009年10月6日

自序

筆者從臺灣到法國近二十年，在大家熟悉的人文藝術大都會——巴黎——長年生活與工作，致力研究探討關於建築、景觀藝術、古跡保存的思維。臺灣及中國學者、領導及技術人員常請我分享「巴黎經驗」，我總是從法國建築、城市規劃領域的一則笑談說起：「東南亞一個重要都會的市長，訪問了巴黎市後，非常欣賞巴黎的都市建設與管理，十分積極的想引進法國都市建設與管理的技術。他到處打聽是哪一位建築師或都市計畫師規劃設計的？想要重金聘請他協助開創一個理想的現代城市！」然而，眾所周知，一個理想的現代城市，並非只靠某一位專業者，更不是單純由市長或公共部門可以創造的，而是由城市所在的地理環境、歷史變遷、居住者的人文特色、配合時代的趨勢與需求，歷經各層面的精粹產物或時代的負面包袱，所共同凝聚出的都會意象。而此都會意象，才再經由公共部門、專業者與社會居民團體三方合作的機制，一同追尋屬於我們的、新時代的、獨特的、令市民自豪的、足以代表這個城市的生活風貌。以巴黎為例，亦經過多個世紀，通過上述因素的累積、注重文化、居住品質，同時顧及現代都會的功能，才能有目前傲世的文化花都之美稱。

近幾年來，筆者以海外學者[1]與專業者身分[2]，參與歐亞多項世界遺產、城市發展與振興、建築開發等合作計畫，多次接受國內歷史文化名城、名村的領導及大學院校邀請，親赴臺北、臺南、高雄、北京、上海、廣州、廣東開平、江蘇蘇州、山西磧口、山東曲阜、陝西咸陽、雲南麗江等歷史文化名城、名鎮，進行踏勘與考察，並受邀參加相關歷史古跡、街區等的保護與發展學術研討會。不管是在進行踏勘與考察路程上、在研討會會場、在指導撰寫國際合作計畫的申報文本時，每每欣然察覺，一起參加討論的臺灣及中國學者、領導及技術人員，越來越專業，年輕有幹勁，我深深認為：他們與在聯合國教科文組織配合我推動世界遺產保存的國際學者、及技術人員（多為法國、德國、義大利等歐洲人）相比，他們的技術與能力一點都不遜色，實可進位國際專家等級之列。

註1：法國巴黎索邦大學「遠東研究中心（CREOPS）」、巴黎 Belleville 建築學院「巴黎城市、建築與社會研究中心（IPRAUS）」與巴黎 La Villette 建築學院「城鄉發展研究中心（ATELAB）」研究員。
註2：聯合國教科文組織（UNESCO）法國總部—世界遺產中心—專員，與法國歐亞印象顧問公司（ISASES Consultants）負責人、城市規劃師。

然而可惜的是，臺灣及中國這些年輕有幹勁的學者、領導及技術人員，卻常常把歷史文化名城、傳統街區的保護、與都市適度的更新與發展，定位為「重要工程技術項目」，將工作重點鎖定在建設專案與一系列的圖紙編測，希冀在非常短的期間內，達到可見的成效，因此容易出現盲點：除了工程技術、建設專案與一系列的圖紙編測外，常常為了仿製或復原而大興土木，卻難以反映其深厚的文化底蘊與對歷史文化的弘揚與反思精神。我們都知道，古城保護的最終目的是為了居住、生活其中的人，所以應當關注社會生活，維持社會的穩定性和可持續發展，不能為了保護而保護，應該體現「以人為本」的精神。因此，除了工程技術、建設項目與一系列的圖紙編測外，其他包括口頭傳說和表述、表演藝術、社會風俗、禮儀、節慶、傳統的手工藝技能等非物質文化遺產，都要有效保護、弘揚與反思。這些將是國內年輕的學者、技術人員及領導面臨的最大的挑戰。

　　此外，尚有一個盲點是：由於臺灣及中國行政體制複雜與外語能力不佳的關係，臺灣及中國學者、領導及技術人員少有與國際專家、組織直接接軌的機會。一般來說，他們不是從未接觸過，就是透過已解釋過的其他相關專案的文章，才間接接觸國際文化公約與世界遺產保存國際合作計畫的相關案例資料。因此筆者每每回到國內，總是不厭其煩地將國際文化公約與世界遺產保存國際合作計畫相關資料，與臺灣及中國學者、領導及技術人員共同分享並逐一解說。

　　文革時期的批林批孔、反傳統的時代已成過去式，「重仁尚禮」的孔子儒家學說，再次被奉為中國文化的傳統正統思想。中國國家領導提出了建設小康及和諧社會，中國教育部漢語辦公室開始推動在世界各地設立「孔子學院」以普及推廣漢語與中華文化。聯合國教科文組織也配合中國政府於2006年9月底，在曲阜頒發了第一個以中國人名命名的聯合國專案獎──「孔子教育獎」。近年來中國的經濟高速增長，國際政治外交擴展，中國傳統文化有了更多機會推向世界；反觀全球國際局勢不穩定、恐怖活動頻繁，西方文化發展至今，正面臨著新的困惑，歐美國家不禁想要從中國的傳統文化思想中去尋根溯源，孔子儒家學說因此再次被提起，其深遠影響倍受重視。在此世界格局的轉變與中國的政治決策走向，為孔子的故鄉、儒學聖地──「曲阜」的保護與發展，提供了絕佳良機。筆者自2002年開始至今，更把參與曲阜的保護與發展視為要務，在巴黎、曲阜間往返不下十次，也數次安排曲阜市領導代表團赴歐洲訪問及考察。同時為了推動曲阜老城區的保護與發展，我經由曲阜市規劃局委託與歐盟接

觸，促成雙邊的合作意向，於2004年10月，曲阜市人民政府與兩個歐洲合作城市——法國雷恩市、西班牙聖地牙哥，簽訂了合作協議，2004年底通過「歐盟亞洲城鄉合作計畫」，在歐盟七十五萬歐元資助下，從2005年起為期三年（2005年1月至2007年12月），就曲阜歷史文化名城的可持續發展，在故城復興、遺產保護、旅遊振興等方面進行合作。我一方面擔任此「曲阜—歐盟亞洲城鄉合作計畫」的國際專員與國際顧問，同時於2005年9月起接受了曲阜市人民政府委聘，成為曲阜市規劃及城建國際顧問。

近三年來配合中國曲阜市人民政府，法國雷恩市（Rennes, France）以及西班牙聖地牙哥市（Santiago de Compostela, Spain）所進行的「曲阜的永續發展：自然、歷史及文化遺產的保存以及振興文化旅遊」歐盟城鄉合作計畫（Asia Urbs），主要有下列四點內容：

——自然、歷史及文化遺產名單的普查、列冊與管理。

——歷史文化名城的維護保存規劃及控制性規劃。

——從歷史文化名城永續發展的觀點，振興當地遺產的價值並提倡精緻的文化旅遊開發經營。

——試點項目的實現：整修重點文物「文倉祠」並利用為遺產學校。

雖然2007年底「曲阜—歐盟亞洲城鄉合作計畫」正式結束，但我仍繼續和曲阜市人民政府及其它的歐、亞工作團隊一起合作，在2008年6月於曲阜孔子研究院，與中國清華大學吳良鏞教授、北京大學湯一介教授及法國的孟毅大使共同舉辦以「文化與空間」為主題的國際論壇；同時在2008年11月3至6日於中國南京舉行的第三屆世界城市論壇上，配合聯合國教科文組織與世界人居署一系列的以「歷史城市屬於所有人」為主題的研討會與工作營活動，以曲阜的經驗為案例，和世界各重要城市的政界、學者、領導、技術人員、大眾傳媒代表們，一起思考「歷史城市屬於所有人」城市和諧性的相關議題。

此書除了吸收、借鑑聯合國教科文組織的文化政策、同時側重世界遺產保存的國際合作計畫案例，以及結合我個人多年來研究探討法國巴黎、雷恩、西班牙聖地牙哥、中國曲阜歷史文化名城的保護與發展課題，定名為《世界遺產與歷史城市》，討論內容包含了〈從聯合國教科文組織最主要的三個國際文化公約，思考世界遺產與文化多樣性〉、〈聯合國教科文組織推動下的世界遺產保存的國際合作計畫〉、〈從傳統街區保護與都市適度更新的案例來思考城市和諧性與歷史文化名城的永續發展〉。「文化多樣性」與「城市和諧性」，雖然從表面上看，少了一些邏輯思維的直接粘結

性。但是針對上述的兩個盲點應具有實際的政策指導和操作意義，希達拋磚引玉的效能，喚起世界及海內外華人共同關心傳統街區保護及都市適度的更新與發展課題，共盡保護人類共同珍貴遺產的世界公民責任。

第二次世界大戰後，許多國家遭受戰爭的破壞及敵軍的侵略佔領，不僅教育方針及體系受到侵擾，博物館、歷史建築物和古跡，也遭到嚴重損害。1945年11月16日，由四十四個國家代表，在倫敦通過了聯合國教科文組織（UNESCO）組織章程，宣告正式成立，其永久會址設在法國巴黎，目前會員國共有一百九十四國。從1945年正式成立至今，UNESCO獲得許多國家政府、地方組織及專業界的認同及配合。尤其是在六〇年代，埃及政府計畫建造尼羅河—亞斯文水壩，面臨努比亞區建築古跡群可能遭河水淹沒的問題。埃及古文明建築資產的保存，因此成了當時重要的國際文化課題。UNESCO為了保護此建築群，在1960年，發起了第一個國際性的古跡保護工程，號召全世界著名的科學工作者、工程師、建築師、考古學家，配合埃及本土專業工作者、愛好埃及文化的民間組織，進行努比亞區建築古跡群國際古跡保護維修工程，經歷二十年的努力，細心的將努比亞區建築古跡群，完整的遷移至地勢比水壩水位高的地方，使此人類瑰寶免遭尼羅河水淹沒。從努比亞古跡群的保護至今，UNESCO在世界各地陸續推動了二十六個國際古跡保護維修工程。UNESCO透過國際古跡保護維修工程的推動（如最近的阿富汗巴米揚大佛、高棉吳哥窟、伊拉克戰後緊急國際古跡保護維修工程等），結交了國際古跡保存專業的戰鬥夥伴。同時，更推動了眾所注目的「UNESCO世界遺產名單」。在本書中，我將逐一介紹UNESCO及各國文化古跡、世界文化遺產的故事。

歷史文化名城、傳統街區保護及都市適度的更新與發展是一種技術行為，也將是一種產業，臺灣及中國已經加入世貿組織，更應與世界規則接軌，更加強與國際間的交流與合作，推動臺灣及中國這一產業的升級，使其盡快現代化轉型，由文化大國向文化強國邁進。同時，臺灣及中國歷史文化名城、古村鎮不僅是臺灣及中國的，也同樣是人類文化寶貴的財富和資源之一，我們是世界公民，我們同時應提倡世界文化的多樣性、豐富性，以更開闊的心態來瞭解世界不同的國度、不同的民族和文化，並希冀世界各國人民能更加相互瞭解、相互學習與借鑒，以使世界文化不斷向前發展，共同關心傳統街區保護與都市適度的更新與發展課題。

最後，筆者衷心感謝楊度秘書長對此書的纂寫給予大力支持和協助，與近年來共同參與曲阜的保護與發展工作的中國清華大學吳良鏞教授、劉健教授，承辦曲阜明故

城保護規劃的上海同濟大學邵甬博士，曲阜市政府（尤其是規劃局劉海濤局長）、法國雷恩市政府（尤其是城市展覽館Bertrand Guidon 館長）以及西班牙聖地牙哥市政府（尤其是聖地牙哥城市集團 Angel Panero 總規劃師）等人，多方探討及論證，受益良多。

　　筆者更深深祝福，透過楊渡秘書長、其他相關機構與人士不懈的努力，得以讓世界更瞭解臺灣及中國、臺灣及中國更瞭解世界，促進世界文化向著一個更開放、更具有創造力和更加民主科學、更豐富多樣化的目標邁進。

林志宏博士寫於2009年10月15日，法國巴黎

目錄
Contents

第一篇
從聯合國教科文組織(UNESCO)
最主要的三個國際文化公約
來思考世界遺產與文化多樣性

第二次世界大戰中，許多國家遭受戰爭的破壞及敵軍的侵略佔領，不僅教育方針及體系受到侵擾，博物館、歷史建築物和古跡也遭到嚴重損害。1945年11月16日，由四十四個國家部長級的代表，在倫敦通過了聯合國教科文組織（UNESCO, United Nations Educational, Scientific, and Cultural Organization）的組織章程，宣告正式成立，其永久會址設在法國巴黎。此後，聯合國教科文組織就一直被認定為在國際知識、道德文化各方面探討、定義以及研究的最高指導機構。UNESCO是在聯合國UN體系中，唯一負責文化專職的國際組織。

聯合國教科文組織從成立後，便很明顯的注重世界文物及建築古跡的保存，並且設有專門負責古跡保存的單位，制訂國際公約，希望藉由國際組織的力量，有效的為人類古跡做一些保存整修的工作，也期許能喚起各國政府、行政單位及一般百姓對古跡文物的認知、共同有效的保護，維修世界人類的文明瑰寶。

從成立後至今，聯合國教科文組織共制訂了七項國際文化公約，本文將逐一介紹在聯合國教科文組織中最主要的三項國際文化公約：1972年《世界遺產公約》（Convention Concerning the Protection of the World Cultural and Natural Heritage）、2003年的《保護非物質文化遺產公約》（2003 Convention for the Safeguarding of the Intangible Cultural Heritage），以及時間距離現在最近的2005年《保護文化多樣性國際公約》（2005 Convention on the Protection and Promotion of the Diversity of Cultural Expressions）。透過這三項公約，我們一起來認識、思考「世界遺產」與「文化多樣性」。

筆者以承辦阿富汗巴米揚考古遺址及文化景觀的國際古跡修護工程的經歷，詳細分享在國際複雜局勢下、阿富汗國內戰火連連、以及對於巴米揚大佛的保護觀點的轉變背景中，娓娓道說筆者個人承辦阿富汗巴米揚大佛保護工作的個中曲折故事。在筆者經歷UNESCO十幾年的工作經驗中，個人深深認為阿富汗巴米揚考古遺址及文化景觀的國際古跡修護工程是聯合國教科文組織文化工程的真意典型表現範例。

1972年《世界遺產公約》（Convention Concerning the Protection of the World Cultural and Natural Heritage）：基於關心和保護人類共同遺產，UNESCO訂立此國際公約。此公約不只希望協助維護、增進、傳播保護人類共同遺產方面的知識，更推動了眾所注目的

「UNESCO世界遺產名單」，希望喚起國際社會對世界遺產保護的關注，將保護跨國界之「具普遍性價值的世界遺產」當作各國政府、行政單位及所有世界公民的共同職責。世界文化遺跡是我們全人類共同的文明瑰寶，這些文化古跡曾經有過它們輝煌的黃金歲月。在歷經了千年風霜，戰火洗禮，它們現在所呈現的風貌又是如何？

2003年《保護非物質文化遺產公約》（2003 Convention for the Safeguarding of the Intangible Cultural Heritage）：全球化、自由化的趨勢對傳統文化造成了嚴重的威脅及破壞，甚至壓縮傳統文化的空間使其瀕臨消亡。聯合國教科文組織（UNESCO）建議世界各國應儘快採取行動來保存、保護、研究、論證和復興傳統文化及民間創作。非物質文化遺產主要包括五個方面：一、口頭傳說和表述（含語言）；二、表演藝術；三、社會風俗、禮儀、節慶；四、有關自然界和宇宙的知識和實踐；五、傳統的手工藝技能。

2005年《保護文化多樣性國際公約》（2005 Convention on the Protection and Promotion of the Diversity of Cultural Expressions）：UNESCO聯合國教科文組織將文化多樣性視為「人類的共同遺產」，文化多樣性對於人類社會就如同生物多樣性對於生物界，是不可少的構成因素。國際社會所有成員應該共同負起維護文化多樣性的責任，「把捍衛文化多樣性作為與尊重人的尊嚴一樣應盡的義務」。同時UNESCO加強與WTO（國際貿易組織）、WIPO（國際智慧財產權組織）、UNCTAD（聯合國貿易及發展會議組織）及美國政府（強調文化、影片、音樂市場，應如同其他商品一樣全面自由化）等組織，共同協商「文化產品與服務的特殊性，他們不同於其他商品」，「重視發展中國家在保護文化多樣性方面特殊情況的特殊條款」。

第0章

◆

從搶救「阿富汗巴米揚大佛」一起來認識、思考「世界遺產」與「文化多樣性」

此圖為巴米揚遺址38公尺高的小大佛，在1966年時的景象。
（ICOMOS Germany提供）

阿富汗巴米揚（Bamiyan）佛教石窟飽經戰火的劫難。在西元八世紀阿拉伯帝國的軍隊征服巴米揚期間，佛教石窟首次劫難；十三世紀初，成吉思汗蒙古大軍的版圖擴充，巴米揚石窟再次遭受戰火的無情破壞；在十九世紀，歐美帝國主義國家侵入阿富汗領土，英軍佔領巴米揚時炮擊了巴米揚石窟，巴米揚大佛從此滿目瘡痍，肢體殘斷。2001年3月9日，巴米揚兩尊立佛在阿富汗「塔利班」政權的炸藥聲中化為灰燼！

一般來說，越有名聲的事件，越難以專業的切入點來和讀者分享個人經驗與看法。從2001年3月起阿富汗巴米揚大佛持續不斷地躍上國際新聞的版面，許多的小說電影和紀錄片都以阿富汗作為創作背景和靈感。在筆者談阿富汗巴米揚大佛個人反思之前，實有必要將大佛近期的文化大事紀條例一二：

《大唐西域記》中的記載

中國古代高僧法顯和玄奘都曾先後在四世紀和七世紀時在巴米揚逗留，他們在各自的著作《佛國記》和《大唐西域記》中對巴米揚作了生動的描述。

「梵衍那國，東西二千餘里，南北三百餘里，在雪山之中也。人依山谷，逐勢邑居。國大都城據崖跨谷，長六七里，北背高岩。……王城東北山阿有石佛立像，高

百四五十尺，金色晃耀，寶飾煥爛。東有伽藍，此國先王之所建也。伽藍東有鍮石釋迦佛立像，高百餘尺，分身別鑄，總合成立。」—玄奘法師•《大唐西域記》「梵衍那國都城東北的山曲處有一座立佛石像，高達一百四五十尺，金色光彩鮮豔奪目，珍寶裝綴輝煌燦爛。……佛寺之東又有黃銅製作的釋迦立像，高達一百多尺，像身各部分別鑄造，然後組裝而成。」玄奘法師於西元632年旅經巴米揚，於《大唐西域記》中對這二座佛像的描述，則是歷史典籍對此地的生動描述。

巴米揚大佛在2001年3月9日被當時掌控阿富汗政局的塔利班政權所摧毀

阿富汗巴米揚（Bamiyan）大佛在2001年3月被當時掌控阿富汗政局的塔利班（Taliban）政權所摧毀。其領袖歐瑪在2001年2月26日宣告下令摧毀阿富汗境內所有雕像，包括伊斯蘭教統治之前的巨型佛雕在內。命令於2001年3月1日開始執行，巴米揚（Bamiyan）兩尊大佛在經過炸藥及坦克炮火摧毀猛烈炮轟下，最後在2001年3月9日被炸藥摧毀。

2001年911事件之後阿富汗變成全世界的焦點

自從2001年911事件之後，美國及其盟軍緊跟著進軍阿富汗。穆斯林的神秘阿富汗變成全世界的焦點之一。

阿富汗的巴米揚大佛，UNESCO緊急於2003年登錄為「世界文化遺產」。（ICOMOS-Germany 提供）

2001年10月聯合國教科文組織發佈「預防任何有意圖性破壞世界文化遺產的國際宣言」

聯合國教科文組織（UNESCO）及其會員國在巴黎總部緊急通過並發佈了「預防任何有意圖性破壞世界文化遺產的國際宣言」，警戒國際社會：日後不應再有類似的文化悲劇發生。

2001年10月至2003年2月的「阿富汗——悠久歷史展」

2001年10月首先在西班牙的巴賽隆納展出

2002年2月在巴黎的國立居美東方美術館展出

2002年6月在東京上野的東京藝術大學美術館展出

2002年的11月，最後的展出是在美國休士頓美術館，一直展到2003年的2月9日落幕。

2003年巴米揚峽谷考古遺址文化景觀緊急列為世界人類文化遺產

聯合國教科文組織於2003年將巴米揚峽谷考古遺址文化景觀緊急列為世界人類文化遺產，同時通過決定將此巴米揚峽谷考古遺址文化景觀列為世界瀕危遺產名單（List of World Heritage in Danger）。國際社會接著回應聯合國教科文組織幫助重修巴米揚兩尊大佛及巴米揚峽谷考古遺址文化景觀。

2006年7月在巴米揚東大佛殘骸中發現佛經碎片

一起參與聯合國教科文組織修復工程的德國考古隊，於2006年7月在巴米揚東大佛殘骸中發現佛經碎片。佛經用梵文寫成，部分經文是佛像的胎內經，經文內容與中國高僧唐玄奘所翻譯的《緣起經》之梵文原典相符。

UNESCO 2003年以專案將「巴米揚考古遺址及文化景觀」登錄為「世界文化遺產」及「世界瀕危遺產」，並搶修巴米揚佛教遺址。（ICOMOS Germany提供）

2006年12月在巴黎以搜集東方文物著稱的吉美博物館展出「阿富汗，失而復得的寶藏」

　　與阿富汗考古有近九十年歷史合作交誼的吉美博物館，在巴米揚大佛被摧毀之後，立即籌備了「阿富汗，失而復得的寶藏」的世界巡迴展，來呈現阿富汗曾經是各大文明的重要交集點。

2008年初在英國皇家化學學會的「分析原子光譜學」期刊發表研究考證論點報告：不是柏林，不是巴黎，油畫的起源是阿富汗巴米揚大佛石窟的壁畫

　　一起參與聯合國教科文組織修復工程的日本國立文化資產研究所，分析阿富汗巴米揚兩座六世紀大佛石窟的壁畫，大佛雕像後有一片石窟區，是當時佛教僧侶居住禪修的住所。2008年初歐美和日本研究人員經過考證後提出論點報告在英國皇家化學學會的「分析原子光譜學」期刊發表。研究員谷口（Junko）說：「這是全世界最早油畫的明顯例證，儘管古羅馬和古埃及時期已經會使用油性染料，但是只用於醫療和化妝品。」這批石窟壁畫顏色有好幾層，除了油性顏料外，還分析出松脂、蛋白質、樹膠、鉛白等成分。而歐洲最早的油畫據信還要晚六世紀才出現，因此這項研究認為，巴米揚石窟油畫是目前已知全世界最早的油畫。

2008年5月25日，名為「阿富汗：隱藏的珍寶」展在美國國家美術館開幕

　　2008年5月25日，名為「阿富汗：隱藏的珍寶」展在美國國家美術館開幕，宣告一個大型的阿富汗珍寶展為期十七個月的美國之行拉開帷幕。此展在美國國家美術館持續至2008年9月7日，隨後轉展美國的另三個重要博物館：三藩市亞洲藝術博物館（2008年10月4日至2009年1月25日）、休士頓藝術博物館（2009年2月22日至5月17日）和美國紐約大都會博物館（2009年6月23日至9月20日）。

2008年7月24日，阿富汗政府、巴米揚省府及國際社會推動巴米揚發展論壇（Bamiyan Development Conference 2008）

　　聯合國教科文組織除了繼續修復被塔利班破壞的世界遺產巴米揚大佛外，並全力排除巴米揚峽谷考古遺址文化景觀區內地雷，並配合巴米揚省府推動發展論壇為恢復

當地的文化經濟旅遊資源發展提供合作，希望一同攜手發展巴米揚。

2008年9月8日阿富汗文化及新聞部宣佈巴米揚峽谷考古遺址新發掘出一座大臥佛

在2008年9月8日阿富汗文化部對外宣佈在巴米揚三十五公尺小大佛像東南山麓考古發掘出了含一座長十九尺的佛陀入涅盤臥像及其他共八十八項重要的考古文物。

在對阿富汗巴米揚大佛的背景有了初步認識後，接著我試著用第一人稱的方式說一說個人的感觸，分享一位聯合國工作者，如何接手，如何開始工作的故事。

1997年到1999年承辦阿富汗業務是個事倍功半的苦差事

我在聯合國教科文組織首次承辦阿富汗業務應該是十二年前的事情了。起步在1997年推動執行世界危急古跡保存暨天災人禍防範措施國際合作計畫（Cultural Heritage At Risk— Preventive Measures for Human and Natural Disasters），當初除了如火如荼地鎖定正處內戰的東歐世界危急古跡保存外，我們也細心的思考如何推動執行阿富汗危急古跡保存之國際合作計畫、國際專家合作機制。在1997年時阿富汗超過85% 的領土由塔利班（Taliban）政權所掌控，而派駐聯合國教科文組織及聯合國總部的阿富汗代表團，是沒有實權的。國際組織不應當也不能夠脫離使節代表團的正式管道，干涉內政，和非正統的掌控政權直接對話。在這樣的國際時空下，在阿富汗敏感的國際文化及外交背景下，推動執行阿富汗危急古跡保存並不是那麼容易付諸實施的差事。

但事不轉人轉，1997年12月聯合國教科文組織榮譽大使，著名的日本平山郁夫教授協同世界大博物館館長，其中包含有法國羅浮宮、英國大英博物館、日本東京博物館、美國的博物館等博物館館長，向聯合國教科文組織及國際社會呼應，共同保護阿富汗危急的文化遺產。我們也立刻回應國際社會的呼應，推動阿富汗文化財產的保護和歸還。我們開始是以聯合國教科文組織認為文化財產的非法販賣是國際性的事務，需要透過國際公約才能有效的控制。我們從1998年初，開始加強與非政府組織及相關博物館共同召開一系列專家會議，擬定一些針對阿富汗文化遺產的保護方針。由於當時與UNESCO的對話的是駐於紐約聯合國內無任何實權的阿富汗舊政府，所以1999年UNESCO及阿富汗的使節代表團同意瑞士政府及瑞士Bubendorf博物館所成立的「保存阿

富汗文物基金會」，將國際社會收存散落在世界各地及面臨毀壞和搶奪威脅下的阿富汗文物，暫時由瑞士Bubendorf博物館保存，以確保這些文物得到保護並向公眾進行展示，待阿富汗政權穩定後，再將這些文物歸還原有國。UNESCO建議瑞士基金會下列六項處理原則：1. 基金會不應以商業交易的方式在市面上收購阿富汗文物；2. 基金會是站在阿富汗人民的立場來接受國際社會的文物及資金捐獻；3. 每項捐獻文物應列清冊監管並知會國際博物館委員會（ICOM）；4. 基金會在未收到UNESCO書面通知前，不應擅自將文物送回阿富汗；5. 文物歸還的相關條件及歸還到哪個部門，應由阿富汗政府及UNESCO共同協商；6. 基金會不應從阿富汗文化財產的暫時保存、展示中取得商業利益。

另外一個故事，是有關和非政府組織的配合，及聯合國教科文組織會員國政府對於資助阿富汗文物的保護是非常見風使舵的。

除了推動阿富汗文物的保護和歸還外，從1997年起，我們也加強配合與活動力非常強、設址於巴基斯坦的國際保存阿富汗文化財產協會（SPACH, Society for the Preservation of Afghanistan's Cultural Heritage）共同搶救阿富汗危急古跡的保存活動。

國際保存阿富汗文化財產協會從1994年起就配合阿富汗的專業技術人員對阿富汗危急古跡進行調查研究，並向國際社會宣傳阿富汗文化財產的重要性。其中又以對阿富汗建築古跡的普查及對阿富汗卡布而爾首都博物館文物的造冊，正符合了我們所推動危急古跡保存暨天災人禍防範措施國際合作計畫的內容。因此國際保存阿富汗文化財產協會也成為我們所邀請的危急古跡保存暨天災人禍防範措施國際合作專家學者。

聯合國教科文組織初旨是配合四個國際非政治專業組織：ICOM（國際博物館理事會，International Council of Museum）、ICOMOS（國際古跡遺址理事會，International Council for Monuments and Sites）、IFLA（國際圖書館聯盟，The International Federation of Library Associations and Institutions）、ICCROM（國際文物保護與修復研究中心，International Centre for the Study of the Preservation Restoration of Cultural Property）。以及邀請上述世界大博物館和如同國際保存阿富汗文化財產協會等相關專家學者，共同擬稿制訂危急古跡保存暨天災人禍防範措施。然而在召開兩次會議及廣泛寄送三份宣傳手冊後，含國際保存阿富汗文化財產協會等的相關專家學者，覺得會議及宣傳手冊成效不

高，認為危急古跡保存暨天災人禍防範措施的制訂，與獲得各會員國政府的支持及同意，遙遙無期。阿富汗天災人禍近在眉梢，危急古跡保存應講究效率，建議推動切實可行的國際古跡保存項目。我非常同意這個建議，因此在取得當時我的領導同意後，從1998年中，我一方面繼續慢慢的配合四個國際非政治專業組織，擬稿危急古跡保存暨天災人禍防範措施制訂，另一方面積極的配合國際保存阿富汗文化財產協會擬定了針對阿富汗建築古跡的普查及對阿富汗卡布而爾首都博物館文物的造冊的專案資金申請文本。申請文本在國際保存阿富汗文化財產協會相關專家的全力配合下，不到兩個月時間便完工並獲得我各級長官的批覆。本以為應會很快的得到聯合國教科文組織各會員國政府的拋磚引玉，共同保存近在眉梢的阿富汗危急古跡，然而，絕大部分的駐教科文組織長駐代表團，皆以派駐聯合國教科文組織及聯合國總部的阿富汗代表團，是沒有實權，與我們和阿富汗沒有正式邦交的理由回絕了資金申請文本。我不服輸的親自拜訪了幾個文化大國駐教科文組織長駐代表團，不但同樣的吃了閉門羹，更有一些UNESCO同事語重心長的警告：應好好的查一查和我配合的非政府組織及相關專家學者，是不是受美國 CIA 的指使？是不是接受巴基斯坦軍政府的指派？將近長達一年的遊說後，好不容易，1998年底義大利駐教科文組織長駐代表團終於答應透過「UNESCO及義大利會員國基金」的協議，撥了十五萬美金援助阿富汗建築古跡的普查及對阿富汗卡布而爾首都博物館文物的造冊。我當時的日本上司雖然不大滿意我花了太多的工時在這小小的十五萬美金資金申請項目上，但其他更高層的領導對我的成果倒是讚不絕口，他也就不煩我了，讓我繼續配合執行阿富汗建築古跡的普查及對阿富汗卡布而爾首都博物館文物的造冊工作。此項目於1999年底初步完成，而我當時的日本上司也退休了。新人新風，我的新領導（加拿大人）於1999年底重新安排人事，我在千禧年前夕，又接到另一宗燙手的中亞任命，承辦推動中亞絲綢之路古跡遺址的修繕工程。（詳見後文：〈中亞文化復興工程——從李白故鄉吉爾吉斯坦的古跡保存談起〉），從此我便不再承辦阿富汗業務了。倒是自從2001年911事件之後，美國及其盟軍緊跟著進軍阿富汗。聯合國、美國及其盟軍進駐阿富汗後，從2003年起偶有高層的領導緊急通知我配合承辦阿富汗業務的新同事，為了配合聯合國，美國及其它相關會員國援助阿富汗災

區、戰區緊急搶救、復建等上億萬美金工作規畫時，在一個星期內，緊急的擬稿上千百萬美金的阿富汗古跡保存專案文本。1998年時期幾個文化大國駐教科文組織長駐代表團的文化參贊早已換人了，新的文化參贊滿臉笑臉的保證所申請的資金，完全不是問題。聯合國教科文組織會員國政府非常見風使舵的資助阿富汗文物的保護，要不是我親身經驗，是很難理解的。

策略性的文化外援

聯合國教科文組織在推動每一個國際古跡修復工程，都希望委請及配合國際和在地專家、專業組織進行古跡修復實作，同時經常必須協調及支付昂貴的運送古跡修復設備及材料到重建第一現場的經費，但UNESCO的年度預算非常有限（大部分用於人事及事務管理費用上），目前又為了配合聯合國行政革新，經費實捉襟見肘。

但有幸UNESCO從1960年發起了第一個尼羅河埃及努比亞區建築古跡群保護工程至今，已獲得認同及配合。若干會員國也「策略性」提出積極配合UNESCO文化資產處及世界遺產中心的國際文化外援工程，達成「UNESCO及某會員國基金」的協議，以UNESCO的名義來保護世界遺產，如UNESCO在中亞國際絲路遺址的保存，主要靠「UNESCO—日本基金」及「UNESCO—挪威基金」的經費來推動。

這種「UNESCO及某會員國基金」協定，提供了較充裕的經費，有效的保護世界重要性的古跡遺址。而出資的外援國，一方面以加強與UNESCO合作的名號賺取文化大國的美名，另一方面也以國際文化外援來「策略性」的幫助其國內加強與受援國之間產、官、學的實質關係。這些贊助國，在協定中明白要求盡量鼓勵及支持贊助國的產、官、學界積極參與受援國古跡修復工程的協調及實作，也就是希冀在：1. 科學性的調研繪測、質材測試考古遺址；2. 示範性的修復遺址；3. 在地培訓（in Situ Training）受援國人員（尤其是青年人）時，儘量使用贊助國「國產」的專家學者、設備、儀器及材料，以擴大其「國產」設備、儀器及材料的出口貿易、並將其「國產」的專家學者送上國際舞臺。同時也可透過贊助國「國產」的專家學者全程參與構思受援國可持續性的文化旅遊發展總體規劃時，為贊助國的產業界對日後投資和並購先前卡位。

自從2001年911事件之後，美國及其盟軍緊跟著進軍阿富汗。穆斯林的神秘阿富汗

變成全世界的焦點之一，隨著國際情勢的變化，聯合國教科文組織會員國政府非常配合的提供基金資助阿富汗文物的保護。UNESCO因此從2001年巴米揚大佛事件後，繼續陪同阿富汗政府保護其文化遺產，同時希望早日能將暫存於瑞士的文物早日歸還給阿富汗，並進一步幫助阿富汗政府和國際社會來共同保護其文化遺產。

如何在戰後不安的政治敏感地區，透過國際合作來推動文化保存工作，建構阿富汗人民的文化自主認知，UNESCO成立了國際阿富汗古跡保存聯盟（ICC for Afghanistan, International Coordination Committee for Afghanistan Cultural Heritage），針對阿富汗卡布而爾首都博物館的修護、巴米揚佛教遺址的保存、Heart及Jam回教聖塔的加固工程等，進行了二十一世紀初最艱難的國際古跡修護工程。

目前UNESCO在中亞及阿富汗進行四處重要佛教遺址的保護

中亞位於古代絲路的重要位置，於西元六世紀至十三世紀間，佛教鼎盛，阿富汗巴米揚山崖的二尊大佛是著名的歷史見證。但在前蘇聯時期，這段佛教歷史幾乎完全被遺忘。1991年中亞五個國協獨立後，各新興國家一方面急於定位其民族認同（Identity），另一方面也試著找出「文化多元性」因素。聯合國教科文組織也試著全力配合中亞國家一同保護豐富的宗教遺址。目前在中亞五個國家及阿富汗進行下列四處重要佛教遺址的保護：

1. 阿富汗巴米揚山崖佛教遺址：阿富汗學生軍蓄意炸毀二尊大佛引起世界關心，UNESCO從維護整體文化景觀為切入點，希冀留下這段佛教見證。

2. 烏茲別克Fayaz Tapa佛教遺址：在前蘇聯時期所考古發掘的精美佛教考古藝術品，將展示於目前正在籌設的Site Museum內。

3. 塔吉克斯坦Ajina Tapa佛教遺址：該佛教遺址所挖掘出的十八公尺大臥佛，在巴米揚大佛被炸毀後，成為目前已挖掘出中亞遺存下來最大的佛像。此臥佛目前展示於塔吉克國家考古博物館，但塔國一些力尊回教教義的宗教領袖們，因為此明顯「大臥佛」的展示，拒絕登門造訪此博物館。UNESCO在修護佛教遺址的同時，也正謹慎的推動「文化及宗教多元的寬容性」。

4. 吉爾吉斯Krasnaya Rechka佛教遺址：該佛教遺址於1970年代，經考古挖掘出精美

的佛教藝術品及一長達十六公尺的大臥佛，其中大部分藏於吉爾吉斯國立博物館及吉爾吉斯俄文大學考古研究所內，但十六公尺大臥佛卻在當年考古挖掘後直接「上繳」蘇聯冬宮博物館，從七〇年代大臥佛被分割成數箱後一直置放於冬宮博物館的「庫房」內，不見天日。UNESCO除了配合修護此佛教遺址外，也正謹慎的陪同吉爾吉斯政府進行向俄國冬宮博物館「索討」十六公尺大臥佛的程序。

2007年底起再次承辦阿富汗業務，是個集保護世界遺產，保護非物質文化和保護文化多樣性的全方位業務

我常常一直覺得自己很幸運，在大家並不太關心阿富汗時期（1997年到1999年底）時，能夠在UNESCO慢悠悠的來瞭解情況及承辦阿富汗檔案。1999年底初我的新領導（加拿大人）重新安排人事，我在千禧年前夕，不再直接負責阿富汗檔案，而被任命承辦推動中亞絲綢之路古跡遺址的修繕工程。阿富汗巴米揚大佛在2001年3月被當時掌控阿富汗政局的塔利班政權摧毀後，接著在2001年911事件之後，負責承辦阿富汗檔案的三個同事，每天都戰戰兢兢的來配合國際社會的關心，並得全力的配合許多聯合國教科文組織會員國政府非常見風使舵的資助阿富汗文物的保護專案推動。我以老鳥的身分，給些意見而不需親力親為。

2007年底我的加拿大領導退休在即，應世界遺產中心最高領導的要求重新安排人事，可能上級對我所承辦推動中亞絲綢之路古跡遺址的修繕工程還算滿意，尤其可能考慮到我有承辦烏茲別克Fayaz Tapa佛教遺址、塔吉克斯坦Ajina Tapa佛教遺址及吉爾吉斯Krasnaya Rechka佛教遺址的經驗及還不錯的業績，在2007年底，我再次被認命直接負責阿富汗巴米揚山崖佛教遺址文化景觀檔案。

在經過2003年緊急以專案方式將「巴米揚考古遺址及文化景觀」登錄為「世界文化遺產」及「世界瀕危遺產」，並號召國際社會共同搶修巴米揚佛教遺址，國際阿富汗古跡保存聯盟的成立，許多聯合國教科文組織會員國政府策略性的文化外援已進入操作階段，目前阿富汗已不是極棘手的檔案了。我再次接手，反而如魚得水般的認為阿富汗巴米揚考古遺址及文化景觀的國際古跡修護工程是極代表聯合國教科文組織文化工程的真意。聯合國教科文組織共制訂了七項國際文化公約，最主要的三項國際文化

公約：「1972年《世界遺產公約》（World Heritage Convention）、2003年的《保護非物質文化遺產公約》（2003 Intangible Heritage Convention），以及時間距離現在最近的2005年《保護文化多樣性國際公約》（2005 Culture Diversity Convention）」。阿富汗巴米揚考古遺址及文化景觀的國際古跡修護工程是極代表這三項公約的內涵，我們實在可以透過阿富汗巴米揚考古遺址及文化景觀的國際古跡修護工程一起來認識、思考「世界遺產」與「文化多樣性」。

國際古跡修護工程的大原則

一般地說，我所承辦的國際古跡修護工程，都必定包含以下五點要項：

1. 緊急搶救瀕臨危險的文化遺產。

2. 科學性的調研繪測、質材測試考古遺址，詳細瞭解古跡突出的世界普遍價值（Outstanding Universal Value, OUV）。

3. 制定整體性遺址修復的原則及進行示範性的遺址修復。

4. 在地培訓（in Situ Training）受援國人員及宣導文化遺產及國際古跡修護工程的重要性。

5. 編制文化遺產經營管理規劃及發展總體規劃，以確保受援國在國際古跡修護工程完成階段任務後，可以持續性經營管理及發展。

我們可以透過阿富汗巴米揚考古遺址及文化景觀的國際古跡修護工程一起來認識、思考這五點要項的內涵：

一、緊急搶救瀕臨危險的文化遺產

雖然兩尊大佛的外型已幾乎全毀，但其大約輪廓及一些特徵仍可在山崖凹入處被辨識，遊人仍可探索那些僧侶住過的洞穴及連接它們的通道。在塔利班政權被推翻後，UNESCO及國際社會正幫助重修那兩尊大佛。

而最緊急的工作是將被炸掉兩尊大佛滿地碎石集中造冊，並透過現代科技推擬不論大小的大佛石塊的原始位置，同時繪製兩尊大佛3D立體的細部電腦圖紙。同時建造於大佛附近地區露天的簡易庫存設施。這些集中石塊的造冊與庫存、大佛的細部電腦圖紙的繪製，對以後如何整修被炸掉兩尊大佛提供了長遠的可能性。但在現階段，不

論從保存理論的觀點或從阿富汗國情與巴米揚當地人民認同的觀點來看，不宜考慮任何重建大佛的可能性。

接著，從結構的觀點來看，兩尊大佛亦是石窟的支撐體。如今兩個重要垂直支撐體不見了，石窟及山崖，是否有滑坡或坍塌的危機。因此加固及補強也是緊急的工作。目前在大佛像石窟，已配置了鋼架支撐體。

透過實際專案操作並加強培訓在地專業人員，是世界遺產國際合作整修工程的重點。（UNESCO／Kabul／Brendan Cassar提供）

雖然兩尊大佛的外型已幾乎全毀，所遺留的大約輪廓及一些特徵仍可在山崖凹入處被辨識，這些僥倖遺留的輪廓及一些特徵，因而視同珍貴的雕塑，需要細心的保護與維修。

上面所提及的緊急搶救瀕臨危險的巴米揚考古遺址文化遺產，一些大塊碎石重量有上噸重，山崖石窟的加固及補強，也需要一些先進機器來操作，在戰亂的阿富汗境內實在不容易執行，許多先進機器及修復所需的材料，經常得靠駐在阿富汗的聯軍部隊及軍事運輸有力的支援。

二、科學性的調研繪測、質材測試考古遺址，詳細瞭解古跡突出的世界普遍價值（Outstanding Universal Value, OUV）

為了永久保存此佛教聖地的文化及歷史意義，科研性的調查也陸續進行碳12測知，兩座佛像分別為西元507年及西元551年雕塑完成的；這時間點正是佛教的盛況空前期，因此不只是針對已幾乎全毀的兩尊大佛及臨近山崖，進行科研性調查，同時應對巴米揚考古遺址及文化景觀進行全面性的科研性調查，進而瞭解此中亞絲綢之路佛教古跡突出的世界普遍價值。

加固及補強也是緊急的工作，目前在大佛像石窟已配置了鋼架支撐體。
（UNESCO／Kabul／Brendan Cassar提供）

一起參與聯合國教科文組織修復工程的德國考古隊，於2006年7月在巴米揚東大佛殘骸中發現佛經碎片。經文寫在樺木樹皮上，連同數顆泥珠包裹在一塊布子中，相信這些泥珠是佛骨的象徵。考古隊伍同時發現一塊細小金屬板，上面飾有類似花朵的圖案，此外還有一個泥土印章，印章飾有一條蛇以及一隻類似鳥的生物。專家們相信，這些裝飾和符號可能代表一個特別組織，它或許是屬於巴米揚大佛工程的贊助團體，因此有助解答巴米揚大佛興建背景的一些謎團。佛經用梵文寫成，部分經文是佛像的胎內經，經文內容與中國高僧唐玄奘所翻譯的《緣起經》之梵文原典相符。

一起參與聯合國教科文組織修復工程的日本國立文化資產研究所，分析阿富汗巴米揚兩座六世紀大佛石窟的壁畫，大佛雕像後有一片石窟區，是當時佛教僧侶居住禪修的住所。石窟內的油畫年代從五到九世紀都有，多半以佛像為主題，佛像身上的袍子則多半色彩豐富。研究人員認為，這些畫作可能是當時在絲路旅行的畫家所創作的。在五十處石窟中的十二處發現七世紀時期壁畫是採用油料作畫，原料可能來自生長於當地的核桃或者罌粟子。2008年初歐美和日本研究人員經過考證後提出論點報告在英國皇家化學學會的「分析原子光譜學」期刊發表。日本國立文化資產研究所研究員谷口（Junko）說：「這是全世界最早油畫的明顯例證，儘管古羅馬和古埃及時期已經會使用油性染料，但是只用於醫療和化妝品。」參與這項研究的日本國立文化資產研究所、法國國家科學院的法國博物館研究與重建中心、美國蓋提文物維護中心（Getty

Institut）和歐洲同步輻射實驗室利用光譜分析發現，這批石窟壁畫顏色有好幾層，除了油性顏料外，還分析出松脂、蛋白質、樹膠、鉛白等成分。而歐洲最早的油畫據信還要晚六世紀才出現，因此這項研究認為，巴米揚石窟油畫是目前已知全世界最早的油畫。

　　日本考古隊、法國考古隊，也配合阿富汗考古隊，正根據玄奘《大唐西域記》的記載，積極地在巴米揚山崖進行考古發掘，期再發掘出從未有圖片記錄的千尺（300公尺）臥佛；根據玄奘《大唐西域記》的記載，梵衍那國（今阿富汗的巴米揚）處於雪山山脈，居民們依山建城，都城築於山崖上，長七百六十七里，北靠懸崖。在都城東北山麓有兩座石佛立像，即阿富汗學生軍炸毀的二座大佛，而且在都城東面的寺院中還有一座佛陀入涅盤的臥像，長千尺（300公尺）。 在2008年9月阿富汗文化部對外宣佈在巴米揚三十五公尺小大佛像東南山麓考古發掘出了含一座長十九尺的佛陀入涅盤臥像及其它共八十八項重要的考古文物。長千尺的佛陀入涅盤的臥像的發掘是否期日可待？

　　透過上述科學性的調研繪測、質材測試考古遺址，希望全面性詳細瞭解巴米揚考古遺址及文化景觀突出的世界普遍價值 。

三、制定整體性遺址修復的原則及進行示範性的遺址修復

保存修復應並重：

　　保護考古遺址時，常常會面臨著兩重不同的思路，到底是質材測試考古遺址、考古挖掘優先呢？或科學性的調研繪測、保存、修復、加固重要呢？這個問題在阿富汗及中亞更為棘手。早在二十世紀初、前蘇聯時期的俄國考古學者對「古代絲路」、「當代歐亞大陸橋」的中亞地區就非常有興趣。希冀透過挖掘出的考古藝術品，瞭解這塊地處聯繫歐亞、溝通回教世界多元化的歷史、文化、宗教與民族特色。當年考古挖掘出的精美考古藝術品直接「上繳」蘇聯冬宮博物館、蘇聯莫斯科首都博物館，進而宣傳前蘇聯多元化的宗教與民族整合，實具有重大的政治動機，因此俄國考古學者挖掘中亞考古遺址總是不斷。而中亞在蘇聯1991年瓦解後產生了五個獨立國協（哈薩克、吉爾吉斯、塔吉克、烏茲別克及土庫曼），各個獨立國協亦把推動及探求中亞多

元化的歷史、文化、宗教與民族特色，列為其施政重點，因此目前中亞在地的考古學者繼續進行考古遺址挖掘。但問題是中亞主管挖掘考古遺址的行政管理單位〔通常是科學院（Academy of Science）〕，總是只注重考古挖掘出的精美考古藝術品及學術性的考古究報告。未能另撥經費委任其他專業（建築師及保存專家）或協調其他相關主管文化遺產部門（文化部）進行考古挖掘後的保存、修復、加固工程（目前中亞獨立國協文化部幾乎毫無經費來進行考古挖掘後的保存、修復、加固工程）。 因此UNESCO希望透過推動一系列的阿富汗及中亞國際古跡保存、修復工程，夥同中亞各國跨部會，跨專業，進行考古探求及考古挖掘後的保存、修復、加固工程，以進而配合阿富汗及中亞國家一同保護豐富的「古代絲路」遺址。

對於巴米揚考古遺址及文化景觀世界遺產來說，將被炸掉兩尊大佛滿地碎石集中造冊，透過現代科技推擬大佛石塊的原始位置，繪製兩尊大佛3D立體的細部電腦圖紙，建造於大佛附近地區露天的簡易庫存設施、加固及補強、配置鋼架支撐體、保護與維修山崖僥倖遺留的輪廓及一些大佛特徵的雕塑……這些都是重要示範性的遺址修復。接著下述相關巴米揚考古遺址及文化景觀整體性遺址修復的主要原則：

1.要做好兩尊大佛緊急修復與保存。

2.要做好兩尊大佛山崖石窟的加固及補強。

3.普查巴米揚峽谷崖上滿布的佛教禪修隱居洞穴並加以適當修復與保存及加固及補強。

4.普查及分析巴米揚石窟區的壁畫並進行壁畫修復與保存。

5.普查及分析除了含兩座大佛像在內共七處考古遺址的世界遺產外，其他還有那些遺址及元素可以輔助瞭解此線性文化景觀。

6.針對含兩座大佛像在內共七處考古遺址的世界遺產及上述其他遺址及元素，制定巴米揚考古遺址線性文化景觀的經營管理文本。

7.消除巴米揚考古遺址線性文化包括景觀區的地雷以確保安全。

8.有效保護、弘揚與反思巴米揚峽谷口頭傳說和表述、表演藝術、社會風俗、禮儀、節慶、傳統的手工藝技能等非物質文化遺產。

9.加強關注巴米揚居民社會生活，維持巴米揚社會的穩定性和可持續發展，體現「以人為本」的保護精神。

除了兩尊大佛緊急修復工程外，我們應該瞭解這片紅棕色的興都庫什山脈，在巴米揚峽谷南側形成一堵約莫三公里的懸崖。崖上滿布著洞穴，筆直的正面則嵌入一座大佛像，右側一公里處則另有一處稍微小的佛像。這條巴米揚峽谷，古時一度是來往印度半島，包括商人、旅者、僧侶等商旅駱隊，或攜帶著中國的絲綢或運送希臘的玻璃器皿；羅馬的銅像與印度的象牙等商品，在越過崎嶇、荒蕪的興都庫什山脈，終於抵達翠綠蓊鬱的巴米揚山谷。經由此峽谷，他們可接駁上著名的絲路，西可達地中海的城市，往東經過中亞諸國，最終可抵中國。巴米揚峽谷兩座人佛像，上千個洞穴的佛龕，自然界的神奇加上興都庫什山脈的渾厚莊嚴，這就是有「眾神之谷」的巴米揚考古遺址及文化景觀的普遍性全球價值。更具體地說巴米揚考古遺址及文化景觀世界遺產是一個線性世界遺產含兩座大佛像在內共七處考古遺址所建構出的普遍性全球價值文化景觀。要確實做到巴米揚考古遺址及文化景觀整體性修復，這一個線性文化景觀世界遺產才能全面保存。

上：巴米揚峽谷南側崖上滿布著洞穴，筆直的正面則嵌入一座大佛像，右側一公里處則另有一處稍微小的佛像。（UNESCO／Kabul／Brendan Cassar提供）

下：這就是有「眾神之谷」的巴米揚考古遺址及文化景觀。（UNESCO／Kabul／Brendan Cassar提供）

四、在地培訓（in Situ Training）受援國人員及宣導文化遺產及國際古跡修護工程的重要性

　　透過實際專案操作並加強培訓在地專業人員，是世界遺產國際合作整修工程的重點，國際社會及專家只能階段性的協助與參與，從長遠來看，唯有在地專業人員的全面積極參與國際合作整修工程，並能瞭解保護遺產的時代使命感，方能確保受援國在國際古跡修護工程完成階段任務後，可以持續性有效地經營管理及發展，以落實做到巴米揚考古遺址及文化景觀的整體性修復工作。戰後的新興國家不重視文化的長期耕耘，較講求重建及經濟利益。因此當地的專家上行下效為求績效，從合作開始就希望將古跡遺址很快的以嶄新的面目呈現，以加強文化旅遊來追求可以馬上立竿見影的表像成績。UNESCO透過國際專家，以跨文化、跨國籍的工作程式及工作態度，希望阿富汗政府能瞭解到，保存古跡不可過度地以文化旅遊及經濟發展為唯一著眼點，歷史的傳承及時代的使命才是更為重要的。「在地」專家透過合作計畫，讓「國際」專家瞭解當地的建築歷史、建材使用、地理環境、歷史人文的重要。這種國際合作計畫使得「國際」專家更當地化，「當地」專家更國際化。在每年國際合作計畫檢討會後的慶祝會上，「國際」專家們脫下學者的外衣，融入當地的傳統文化，一起口嚼烤羊肉、豪飲伏特加酒，體驗中亞草原的民族風情，一起成為草原的漢子，凡此種種的互動模式令我印象深刻，並且對未來的合作充滿期待。

　　位於首都卡布兒的國家文化部考古所及文物所官員、阿富汗的相關學者及專家、與巴米揚省級的考古及文物在地專業人員，一方面全面積極參與國際合作整修工程，並廣泛地向當地居民宣導整修工程的內容，使他們能瞭解保護遺產的重要性，同時積極推動保護、弘揚與反思巴米揚峽谷口頭傳說和表述、表演藝術、社會風俗、禮儀、節慶、傳統的手工藝技能等非物質文化遺產。

　　一項世界遺產成功申報之後，無可置疑將對地方遺產、旅遊的發展起到極大的推動作用，對居民的生活水準、生活方式和形態都會產生巨大的影響。巴米揚峽谷天荒地險，居民分散各山村，過著遊牧農耕的簡樸生活。在農忙之餘，貧困居民參加了簡易的將被炸掉兩尊大佛滿地碎石集中，並運送到大佛附近地區的簡易露天庫存區的工

作、並在阿富汗的相關學者及專家與巴米揚省級的考古及文物在地專業人員指導下，參與了需要勞力的加固及補強、配置鋼架支撐體等工程，這些小小的工作及薪金可帶給當地居民生活一些好處，以及鼓勵居民的全面參與。從文化講發展，從發展來濟貧，並透過當地居民的參與工程，加以宣導國際合作整修工程與瞭解保護遺產的重要性。UNESCO號召國際社會共同搶修巴米揚佛教遺址，並同時希望透過此佛教遺址的整修，鼓勵伊斯蘭教的阿富汗巴米揚居民建構文化包容性的認知，或許這也是另一種尋求和平的方式。

五、編制文化遺產經營管理規劃及發展總體規劃，以確保受援國在國際古跡修護工程完成階段任務後，可以持續性經營管理及發展

由於巴米揚地方政府的最終目標是取得地方經濟的長遠發展、人民生活水準的穩步提高以及環

阿富汗非物質文化遺產包括傳統馬會風俗、狩獵節慶。（UNESCO／Kabul／Brendan Cassar提供）

境、文化等多方面的協調並進，因此修復世界遺產巴米揚大佛的保護實踐僅是地方政府施政目標中的一項，不可單純地為了保護而保護，因為遺產的靈魂在於其同當地歷史、文化乃至社會生活的緊密結合，遺產反映的不但是先人留存的精神與物質財富，更是遺產所在地歷史文化的精神內涵，是當代人乃至下代人共同的財富，因此世界遺產的保護與發展需要和屬地公眾的生活改善、環境優化與文化提升相協調。

聯合國教科文組織除了上述的培訓阿富汗當地及修復危急古跡世界人類文化遺產巴米揚峽谷考古遺址文化景觀及大佛外，更與國際專家配合阿富汗文化部、國土規

劃部及巴米揚省府，於2006年底擬定了巴米揚峽谷文化景觀總體規劃（Culture Master Plan），將除了含兩座大佛像在內共七處考古遺址的世界遺產外，其他還將可以輔助瞭解此線性文化景觀近百處遺址及元素，列為文化敏感發展區。此文化景觀總體規劃業於2007年底公告進入實踐。配合上述巴米揚考古遺址及文化景觀整體性修復原則，這一個線性世界遺產的文化景觀，有了保存普遍性全球價值的原則及法令框架。

　　聯合國教科文組織駐阿富汗辦事處更從2006年起，協助阿富汗文化及新聞部進行起草文化建設策略，文化活動分析，文化發展障礙評估。也希望於2009年底前，配合阿富汗文化及新聞部制訂全面性的文化政策。2008年7月24日，阿富汗政府、巴米揚省府及國際社會推動首屆 巴米揚發展論壇（Bamiyan Development Conference 2008）。大會肯定了巴米揚峽谷文化景觀總體規劃的正面性及重要性。更建議應將此文化景觀總體規劃及文化敏感發展區列為正在修訂的巴米揚發展總體規劃的重點。目前除了修訂巴米揚發展總體規劃外，編制世界遺產巴米揚考古遺址及文化景觀整體性經營管理規劃也正在最後的草擬階段，希冀經營管理規劃早日擬定及法令公告進入實踐，以確保阿富汗在國際古跡修護工程完成階段任務後，可以自己持續性經營管理及發展。聯合國教科文組織除了繼續配合整體性修復巴米揚大佛及巴米揚考古遺址及文化景觀外，同時全力技術支援排除巴米揚峽谷考古遺址文化景觀區內地雷，並配合巴米揚省府為恢復當地的文化經濟旅遊資源發展提供合作，希望一同攜手發展巴米揚當地居民的生活改善、環境優化與文化提升。希冀能從文化的切入點帶領，達到持續性發展目的。

　　話多紙短，我以承辦阿富汗巴米揚考古遺址及文化景觀的國際古跡修護工程的經歷，和讀者分享當地人文與現在的狀況，一方面寫聯合國保存方法與合作方案，同時配個人故事做一個古跡保存兼社會情況的報導，或許會有助於我們瞭解它更多的台前臺後的故事。筆者從1997年起，擔任聯合國教科文組織（UNESCO）文化資產處、世界遺產中心之專員，參與多項世界遺產申報與規劃、研究、分析與推動、執行古跡保存、振興與再利用之國際合作計畫，深深認為阿富汗巴米揚考古遺址及文化景觀的國際古跡修護工程是極代表聯合國教科文組織文化工程的真意。後文將分別詳述聯合國教科文組織最主要的三項國際文化公約：「1972年《世界遺產公約》（Convention

Concerning the Protection of the World Cultural and Natural Heritage）、2003年的《保護非物質文化遺產公約》（2003 Convention for the Safeguarding of the Intangible Cultural Heritage），以及時間距離現在最近的2005年《保護文化多樣性國際公約》（2005 Convention on the Protection and Promotion of the Diversity of Cultural Expressions）」。阿富汗巴米揚考古遺址及文化景觀的國際古跡修護工程是極代表這三項公約的內涵，我們實在可以透過阿富汗巴米揚考古遺址及文化景觀的國際古跡修護工程一起來認識、思考「世界遺產」與「文化多樣性」。

第1章

1972年《世界遺產公約》
（Convention Concerning the Protection of the World Cultural and Natural Heritage）

聯合國教育、科學、文化組織的《世界遺產公約》 （Convention Concerning the Protection of the World Cultural and Natural Heritage）是於1972年11月16日，在巴黎所舉行的聯合國教科文組織第十七屆會員國大會會議上所通過的。由於此公約是在1972年所制

尼泊爾的建築古蹟大部分是在加德滿都市及其近郊，但也包含了巴德岡（Bhadgaon）古城及帕坦（Patan）古城。

定的，因此在國際古跡保存專業界，亦稱之為72年公約。此公約條文內容共有三十八項，訂立此公約的目的是「確認了文化資產和自然資產都具有相同的價值，二者皆為全世界人類共用的瑰寶，對它們的保護及管理責任，是瑰寶所在國應盡的義務。」因此，遺產所在國必需在其國內訂定好一定的保護機制及系統。為了能達到喚起全世界不分國籍的所有人，都對世界遺產重視，72年公約除了賦予UNESCO配合其會員國積極推動國際古跡維護、維修工程外，更透過此公約設立了眾所注目的「世界人類遺產名單」，廣泛吸引世界各國政府、相關專業機構、產業界、與一般大眾的關心注意。

依據72年公約，UNESCO在其會員國政府間，遴選出二十一個會員國代表組成「世界遺產委員會」，此委員會在每年的「世界遺產委員會」大會上，建議UNESCO如何針對一些「對全體人類而言，具有高度價值的文化資產及自然資產進行保護的工作」，同時進行登錄新的世界遺產名單。到2008年7月，UNESCO共登錄有分散於一百四十五個國家，八百七十八處的世界遺產名單。

第一節 《世界遺產公約》內容簡介

「世界人類遺產名單」包含「文化遺產」及「自然遺產」兩大項目。此「世界人類遺產名單」，是以UNESCO各會員國對其境內的世界遺產所提出的預備名單為基礎，再經由每年的世界遺產委員會大會上，進行充分的討論與表決後遴選出來的，其申請程式如下：

1. 首先，先以會員國國家（State Party）為單位，請該國簽署聯合國教育、科學、文化組織的《世界遺產國際公約》之後，該簽署公約國才有資格提出其境內有可能成為世界遺產的預備名單 （World Heritage Tentative List），正式提交UNESCO申請審核。

2. 已經完成簽署公約的國家，依其國內的考慮與教科文組織的建議，得以撰寫 提交世界遺產申報文本（World Heritage Nomination Dossier）給UNESCO。但是，各簽署公約國每年最多只可以提報一個「文化遺產」與一個「自然遺產」申報名單。

3. 聯合國教科文組織的世界遺產中心（World Heritage Center）收到此世界遺產申報文

本後，會檢查其各項行政資格及所有技術檔是否齊全。

　　4. 若世界遺產申報文字檔案齊全，世界遺產中心會依據其性質，委託專業的「顧問組織」（Advisory Bodies）派遣國際顧問、專家、相關技術人員，依照國際公約內容進行考核 且撰寫世界人類遺產考核文本。考核是由國際古蹟勝地組織（ICOMOS）及國際自然保護聯盟（IUCN）這兩個專業組織擔任。若申請國所遞交申請的是具有可申請成為「文化遺產」的項目，遺產中心將委請ICOMOS做考核；若是具有可申請成為「自然資產」的專案，則委託IUCN考核。如果兩者特色皆具備的遺產，即請ICOMOS和IUCN兩個單位共同評估考核。

　　5. 「世界人類遺產申報文本及考核文本」會被送到世界遺產中心及世界遺產委員會（World Heritage Committee）秘書處，再做最後一次檔審查，確認資料及圖紙是否都齊備？若有需要可再要求申請國提出進一步的說明或是補充資料。待一切確定齊備後，

泰國Ayuttaya佛教遺址在歷史上同時也是全國最重要的宗教歷史名城。

世界遺產中心及世界遺產委員會秘書處就會附上其推薦書及考核書送至世界遺產委員會。世界遺產委員會在收到這些檔後若覺得有必要，會再要求申請國提出更進一步的說明或資料的補充。

泰國Ayuttaya遺址被列為世界文化遺產。

6. 最後，世界遺產委員會在一年一度的「世界遺產委員會會議」（World Heritage Committee Meeting），邀請世界遺產委員會委員決定是否接受該申請國所提出的申請，並將之登錄在世界遺產名單上。

第二節　「世界人類遺產申報文本」的主要內容

「世界人類遺產申報文本」的主要內容之摘要如下：

1. 資產所在地的基本資料（Identification of the Property）。

2. 說明此資產應列為世界人類瑰寶（Justification for Inscription）是依據國際公約條文內之何條款？何特性？何特色？與全球特殊價值（Outstanding Universal Values）？

3. 資產之歷史緣由、內容及重點描述（Description）。

4. 資產之日常經營管理（Management）。

5. 外在影響之因素（Factors Affecting the Property），含：

　（1）開發破壞壓力。

　（2）環境破壞之壓力—污染及自然天候因素。

　（3）自然災害及危機處理。

　（4）文化旅遊之壓力。

　（5）直接影響到的居住人口數量之評估。

6. 協調、整合、專職及負責單位的確認（Monitoring）。

7. 科學及文化性的資料建檔（Documentation）。

8. 所在國之行政首長簽署，通常是由文化部長或環境部長，代表申請之會員國政府簽署（Signature on behalf of the State Party）。

第三節　從實施方式及案例
來看《世界遺產公約》制定後對世界遺產保護所帶來的正面影響

　　被列在世界文化遺產名單上的遺產，既然被稱之為「世界遺產」也就意味著它不僅僅是遺產所在國的資產而已，它們更是「全世界人類的文化結晶」。是故，遺產本身的保存及遺產周遭環境的開發，也就不僅僅只是當地國家的內部事務。所有世界遺產的保護整修，及周邊地區的開發狀況，必須要依照「聯合國教科文組織（UNESCO）的世界遺產公約」的要求，做到考慮整體性的保護規劃。若是沒有做到此項要求，世界遺產委員會及UNESCO可亮出黃牌警告觀察，或亮出紅牌將之列入「世界瀕危遺產名單」中，提出強烈的建議要求改善。德國的科隆大教堂因沒做好其遺產周遭環境的保

護，過度開發，就曾經一度被列至「世界瀕危遺產名單」中。

世界瀕危遺產名單案例：德國科隆大教堂

德國科隆大教堂（Cologne Cathedral）高一百五十七公尺、長一百四十四公尺，被認定為中世紀哥德式宗教建築藝術的極端表現。科隆大教堂由建築工程師Gerhard主導，始建於西元1248年，歷經六百多年的時間，由不同的建築工程師遵守原始的設計草圖，才整體完成教堂的建設。

聯合國教科文組織UNESCO根據《世界遺產公約》，於1996年將科隆大教堂登錄為世界文化遺產。但基於在經濟上的發展，科隆市政府同意推動在車站旁，離科隆大教堂不遠處的一個高樓開發計畫。然而國際古跡遺址保護理事會（ICOMOS）認為此高樓的建設，會負面影響到大眾瞻望科隆大教堂的視覺線。因此UNESCO便依據以下因素：

1. 德國政府未遵守世界遺產公約施行細則第56條款，提供UNESCO此高樓開發之相關資料。

2. 擔心此高樓建設開發執行會負面影響遺產周遭環境的保護。

3. 德國政府未能及時畫出科隆大教堂周邊的保護緩衝區。

4 建議科隆市政府重新評估是否該收回其開發計畫許可。

5. 應邀請UNESCO及ICOMOS與德國會員國及科隆市政府共同再次評估此開發計畫。

6. 為避免破壞建築及城市景觀的和諧性，避免科隆教堂重要都市空間的破壞。

故此，在 2004年第二十八屆世界遺產大會，UNESCO通過決定將此世界著名的科隆大教堂列為世界瀕危遺產名單（List of World Heritage in Danger）

至2008年6月止，八百五十一處世界遺產中共有三十處被列為瀕危名單，而德國科隆大教堂是歐洲發達國家中，唯一被列為世界瀕危遺產名單。UNESCO要求德國政府於2005年提出完整的改善計畫、視覺影響評估及教堂周邊之緩衝區的界定，以供UNESCO及國際社會在第二十九屆世界遺產大會中再次審核、監督這個歐洲唯一被列為世界瀕危遺產名單。直至2006年，德國科隆大教堂才脫離此瀕危遺產名單。

2006年另一處瀕危世界遺產德國Dresden古城，擬在市中心建設一座現代的大橋開發計畫，以疏減市中心交通的阻塞。然而此大橋的建設，會負面影響到Dresden古城都市

景觀的和諧性。在 2006年第三十屆世界遺產大會，通過決定將此世界著名的Dresden古城列為世界瀕危遺產名單遺產名單。

跨國性、整體性及線性的世界遺產：聖地牙哥基督教朝聖古道

聯合國教科文組織（UNESCO）制定世界遺產公約時，最早只希圖將世界上五十個最有全球特殊價值代表性的名勝古跡列為世界遺產。但沒想到近十年來，由於經濟急速發展，都市化擴張，與文化休閒旅遊的普及，各個國家、地區，都希望在其行政領域中擁有世界遺產，藉此美名宣傳其文化政績 加以發展文化旅遊產業。透過政界、大眾傳媒及旅遊界的關愛，世界遺產儼然成為一個政策推動及時尚、文化、品牌產品的代號。到2008年7月，UNESCO共登錄有分散於一百四十五個國家，高達八百七十八處的世界遺產名單，這驚人的數目遠遠超出最初的設想。為了不讓此世界遺產名單過速的擴充，UNESCO及世界遺產委員會一方面限定各會員國每年只能提報一個世界遺產申報文本送審；同時鼓勵各會員國儘量提報跨國性、整體性及線性的世界遺產申報。UNESCO有一個良好「整體性、線性的文化景觀」規劃代表性的例子，是在西班牙和法國這兩國境內的共同朝聖古道段。

教宗若望保祿二世於2005年辭世時，據估約有四百萬天主教信徒、各國領袖兩百多人，從世界各地搭乘飛機、火車、巴士或步行趕至羅馬，直接前往梵蒂岡，希望可以瞻仰教宗遺體及參加葬禮。此自發性的宗教集結精神，實為一特殊宗教象徵意義。在西歐，此宗教精神其來有例，從中世紀持續至今的聖地牙哥基督教朝聖古道實為一表徵。

據傳耶穌基督的主要使徒之一聖詹姆士（Saint James the Great）死後葬於耶路撒冷，後移靈於他當時捍衛及宣導基督教義的西班牙聖地牙哥古城內。從十世紀起，該地成為西歐基督教信徒的朝聖所，並持續至今。為因應眾多朝聖者所需，歐洲各國從中世紀以來在通往聖地牙哥朝聖古道上，設置了大小教堂、修道院、醫院、休息所、宗教指示標誌。聖地牙哥市中心也建置了大教堂，成為一個和羅馬、耶路撒冷齊名的基督教朝聖中心，據估計每年約有六百萬信徒及遊客湧入這個僅有九萬人口的宗教歷史名城。

聯合國教科文組織（UNESCO）根據《世界遺產公約》，將此「整體性、線性的文

聖地牙哥市中心也建置了大教堂，成為一個和羅馬、耶路撒冷齊名的基督教朝聖中心。

此圖為西班牙塞維利亞古城的Alcazar 皇室所在地。

化景觀：聖地牙哥基督教朝聖古道」列為世界遺產，具有以下意義：1. 歷史意義：此古道是中世紀以來西歐文化及宗教的交流見證；2. 文化意義：精緻的古道及宗教建築，是西歐中世紀以來基督教文化的象徵；3. 社會意義：古道見證了西歐各國、社會各階層信徒深受基督教教義及權利的影響。

為了確保此價值的保存，UNESCO於1993年將西班牙境內古道段；於1998年將法國境內古道段列為世界遺產，希冀整體保存古道及古道上的教堂、醫院、橋樑、休息所與十字架指標。

具有像這樣跨國性、整體性及線性的世界遺產不只在歐洲，目前在亞洲也有古代絲路遺址的世界遺產申報工程。古代絲路遺址主要路段含蓋中國及中亞五個新興獨立國家，擁有多元化的歷史、文化、民族與宗教遺址，完全符合跨國性、整體性及線性的世界遺產申報的方針。中國政府從2003年起就開始推動整體性、線性的絲路文化景觀中國段的世遺申報準備工程。對於境內已擁有三十七處世界遺產（截止2008年底）的中國來說，增加一處與眾不同的跨國性、整體性及線性的世界遺產，可視為錦上添花的美譽。但對於境內到目前都還未有第一個世界遺產的中亞

廣東開平雕樓群是一種融合中西建築風格特徵及技術的突出實例。

上：廣東開平雕樓建築群、建築樣式、
　　景觀位置在歷史上、藝術上、以及
　　學術上等方面具有顯著普遍價值。
下左：烏茲別克Samarkand為中亞絲路的
　　古城。(UNESCO／E. Eichenberger提
　　供)
下右：烏茲別克Samarkand古城優美的建
　　築樣式，解釋了烏茲別克建築技術
　　及藍色Samarkand瓷磚風格的美名。
　　(UNESCO／E. Eichenberger提供)

吉爾吉斯及塔吉克斯坦來說，實在是件不容易的工程。UNESCO及世界遺產委員會在配
合中國及中亞五個會員國推動這項工作時，得非常細心的處理如何尊重中亞新興獨立
國家的國家及其民族尊嚴。

第2章

2003年《保護非物質文化遺產公約》
（2003 Convention for the Safeguarding of the Intangible Cultural Heritage）

聯合國教科文組織（UNESCO）在1972年制定《保護世界文化與自然遺產公約》的準則性檔後，參照現有的國際人權文書，特別是1948年的《世界人權宣言》以及1966年的《經濟、社會及文化權利國際公約》和《公民權利和政治權利國際公約》，考慮到1989年的《保護民間創作建議書》、2001年的《教科文組織世界文化多樣性宣言》和2002年第三次文化部長圓桌會議通過的《伊斯坦布爾宣言》，強調非物質文化遺產與物質文化遺產和自然遺產之間的內在依存關係，意識到保護人類非物質文化遺產是普遍的意願和共同關心的事項，認為非物質文化遺產是密切人與人之間的關係，以及他們之間進行交流和瞭解的要素，它的作用是不可估量的。

同時UNESCO認識到，在現今全球化、自由化的趨勢不斷增強，對有形或是無形的傳統文化已經造成了嚴重的威脅與破壞，甚至瀕臨消失的危機。對此，聯合國教科文組織（UNESCO）強烈建議世界各國應儘快對正在日益萎縮消失中的傳統文化採取保存行動，對國際上現有的關於文化遺產和自然遺產的協議、建議書和決議，需要有非物質文化遺產方面的新規定，有效地予以充實和補充，建立一個較具約束力的保護非物質文化遺產的多邊檔，並於2003年10月17日通過《保護非物質文化遺產公約》。如此不論是對它們的保存、保護、研究、論證、復興傳統文化及民間創作，均可提高人們、特別是年輕的一代對非物質文化遺產及其保護產生重要意義的認識。

第一節　《保護非物質文化遺產公約》內容簡介

在1972年《世界遺產公約》（Convention Concerning the Protection of the World Cultural and

Natural Heritage）制定三十一年後，才在2003年出現了《保護非物質文化遺產公約》。此過程歷經三十多年，國際社會對於「非物質文化遺產」的概念不斷地探索，透過充分的討論、溝通、反思、辯證與協商、妥協後，建立出較為開放性的定義，不強調一種放諸四海皆準的標準化定義，考慮到人類文化的多樣性、文化的生命力與每個文化的自主權，最終應由非物質文化存在的當地或國家一級的政策制定者和相關團體作出決定，此公約提供較為寬廣的參考與遵循價值，站在以指導、協助擁有該文化的所在地或國家的立場，體現文化是與該文化產生地的原居民（native）具有密切關聯的生命共同體，尊重當地的文化價值觀點，一起共同保護此「活遺產」（Living Heritage）進行努力。

　　為保護非物質文化遺產新領域，UNESCO近幾年已跨過四個重要階段。例如在1993

南韓圓圈舞就是數十名婦女手拉手圍成圈，一邊唱着「羌羌水月來」（Ganggangsullae）一邊繞圈轉的遊戲。（UNESCO／DNPC提供）

左：中國的粵劇也被列為世界非物質文化遺產。（UNESCO／Hongyue提供）
右：阿根廷與烏拉圭跨國聯合申報為世界非物質文化遺產的探戈舞。（UNESCO／
Ministerio de Cultura Ciudad de Buenos提供）

年起鼓勵會員國建立《活的文化財制度》，2001年起建立及宣佈《人類口述及非物質文化遺產代表作》，以及在2003年10月的第三十二屆大會中所通過的《保護非物質文化遺產公約》。在聯合國教科文組織裡，所有對非物質文化遺產保護最重要的公約就是在2003年的《保護非物質文化遺產公約》，在此項公約裡，清楚的定義出何謂非物質的文化遺產，以及正面地提出我們要如何保護它們的概念。在此公約中的第一條即明確其宗旨如下：

1. 保護非物質文化遺產。

2. 尊重有關社區、群體和個人的非物質文化遺產。

3. 在地方、國家和國際一起提高對非物質文化遺產及其相互欣賞的重要性的意識。

4. 開展國際合作及提供國際援助。

另外根據《保護非物質文化遺產公約》中對非物質文化遺產的定義來看，非物質文化遺產是指被各群體、團體，有時為個人視為某文化遺產的各種實踐、表演、表現形式，知識和技能及有關的工具、實物、工藝品和文化場所。各個群體和團體隨著其所處環境與自然界的相互關係和歷史條件的變化，不斷使這種代代相傳的非物質文化遺

產得到創新，同時使他們自己具有一種認同感和歷史感，從而促進了文化多樣性和人類的創造力。而它的存在形式是包括五個方面：

1. 口頭傳說和表述（包括語言）；

2. 表演藝術；

3. 社會風俗、禮儀、節慶；

4. 有關自然界和宇宙的知識和實踐；

5. 傳統的手工藝技。

雖然聯合國教科文組織（UNESCO）在2003年通過了《保護非物質文化遺產公約》，但是當我們回顧對於非物質文化遺產概念的討論時，可發現針對此公約的名稱與所其所關聯的版權問題，一直都是個爭論不休的話題；此外對於非物質文化遺產的定義，因為它的複雜性、動態性、多樣性及與生活在當地人

上：此圖為西班牙聖地牙哥古城內傳統的基督教手工藝技能。

左：克羅埃西亞Hravatsko Zagorje地區流傳至今製作兒童木質玩具的傳統手工藝。（UNESCO／Kristijan Bezjak提供）

上、下：為位於非洲馬利王國康加巴地區為聖屋週期重新替換屋頂的儀式。（UNESCO／DNPC提供）

們間的文化與生活連結的粘結性，對於非物質文化遺產的定義是相當不容易涵蓋各個文化內涵的一項工作。因此，對於非物質文化遺產的定義，筆者認為應該以更開放性的態度、以與時俱進的動態觀點、及尊重生活在每個文化上的居民價值觀，綜合各方面的考慮，同時以國際社會高度的整體觀，結合當地國家政府、專家學者、與當地社團或個人的地方觀點，尋求最有利保護非物質文化遺產的方法。

聯合國教科文組織（UNESCO）對於世界文化遺產的推動保護過程，不斷地與文化擁有國與當地政府、社團、專家學者進行溝通和交流，從72年公約關注「文化與自然遺產」，到2003年認識到「非物質文化遺產」公約制定的迫切性，以及2005年對於《保護文化多樣性國際公約》的通過（筆者將於下一章節專文介紹），對於世界文化遺產各個領域的逐步立法保護，最欣喜的收穫除了已經開展的保護行動外，是透過此過程

中發現許多極具價值的在地聲音。例如在1999年6月，教科文組織與美國史密森尼學會（Smithsonian Institution）聯合組織召開全面評估《保護民間創作建議案》：在「地賦權與國際合作」的國際會議中，有來自二十七個國家的三十七位代表與四十位觀察員與會，席間來自厄瓜多爾的代表普萬尼奇爾（Miguel Puwainchir）以他們當地的一則諺語發表談話：「『沒有土地的人就是沒有文化的人』。如果教科文組織不能改變什麼，那麼我們一定要改變教科文組織。在西班牙佔領之前，我們擁有純潔的文化；今天，則充斥著太多的混亂！文化，已經遭到污染。我們需要促進並捍衛我們的文化……我們應該

尋求文化的相互關聯，負面的價值觀應該被忘記。……《建議案》基本上把文化描述成『物品』！但文化也是人類（有生命的）。我們為什麼要拆開這二者……我們一定要記住文化才是我們的真正本性。」

以上是《保護非物質文化遺產公

上、下：此圖為印度的傳統節慶Ramman結合了宗教儀式及Garhwal Himalayas地方戲劇。（UNESCO／Arvind Mudgil提供）

位於南美洲哥倫比亞的嘉年華會。（UNESCO／Juan Sebastian Zuniga A提供）

約》的制定與逐步概念化過程中的一個小插曲故事，我們可以感受到這三十多年來的意見磨合過程，對此公約的通過是如此地嚴謹、認真，充分採納不同文化背景的觀點與建議，經過多維度的思考碰撞與協商所得出的概念化結晶，相信經由聯合國教科文組織（UNESCO）、各會員國與文化擁有國的共同努力與交流中，對於保護非物質文化遺產的政策將會與時俱進，更臻完善。

第二節　UNESCO保護「人類口述及非物質文化遺產」的代表作

　　在UNESCO有一個非常具有代表性的保護非物質遺產文化的典範。北非摩洛哥王國（Morocco）境內共有八個由聯合國教科文組織指定的世界遺產，其中有四個古城，以極具阿拉伯文化發展反映於舊城區的特色，被列為世界遺產。「Medina」在阿拉伯文中指摩洛哥城市舊城區，目前已被廣用為指北非、中東國家境內具有阿拉伯城市特色的

舊城區。

　　UNESCO和摩洛哥王國共同保護Medina，並從文化來開創旅遊及經濟發展，在1981年Fez古城、1985年Marrakesh古城、1997年Tetou an古城、2001年Essaouira古城，逐年列為世界遺產，採取全方位的保護。

　　Marrakesh古城建於1072年，Medina城牆則建於1127年，歷史上為北非重要的政治、經濟及文化中心，其精緻的建築藝術更影響了北非及南歐（尤其位於西班牙境內的Andalusia）的建築風格。雖然早在1922年，此Medina被列為國家文化保護區，但近年來位於舊城入口處從十一世紀便有的吉馬‧埃爾弗納（Jemaa el-Fna）傳統文化廣場深受威脅、破壞。此廣場是Marrakesh古城的歷史象徵，聚集了北非、南歐販賣南北貨的商店及小販、說書談唱、蛇舞樂師、魔術雜技、露天傳統醫療、政治評論、占星巫師；其中匯雜了當地方言、阿拉伯語、法語、西班牙語系齊聚於這個北非最古老、最繁集、最奇特的廣場。UNESCO將此文化廣場於2001年列為第一批「人類口述及非物質文化遺產代表作」，和摩洛哥政府共同詳細控制現代化發展及城市擴張，推動十年保護計畫，通過當地特殊非物質文化，以期Medina的物質世界遺產和廣場內的非物質性的多樣的傳統文化能共同持續的發展、保存及更新。而這個範例，支援了UNESCO於2003年順利通過的《保護非物質文化遺產公約》。

上：日本秋田的大日堂舞樂。（UNESCO／Kazuno city提供）
中：日本岩手的早池峰神樂。（UNESCO／Matsumoto Naoki提供）
下：日本神奈川的女孩舞蹈節。（UNESCO／Miura city board of education提供）

第3章

2005年《保護文化多樣性國際公約》
（2005 Convention on the Protection and Promotion of the Diversity of Cultural Expressions）

UNESCO聯合國教科文組織將文化多樣性視為「人類的共同遺產」，文化多樣性對於人類社會就如同生物多樣性對於生物界，是不可少的構成因素。國際社會所有成員應該共同負起維護文化多樣性的責任，「把捍衛文化多樣性作為與尊重人的尊嚴一樣應盡的義務」。同時UNESCO加強與WTO（國際貿易組織）、WIPO（國際智慧財產權組織）、UNCTAD（聯合國貿易及發展會議組織）及美國政府（強調文化、影片、音樂市場，應如同其他商品一樣全面自由化）等平行組織，共同協商「文化產品與服務的特殊性，它們不同於其他商品」，同時「重視發展中國家在保護文化多樣性方面特殊情況的特殊條款」。

UNESCO及國際社會緊急的將被炸掉兩尊大佛滿地碎石集中造冊。
（UNESCO／Brendan Cassar提供）

依據《世界人權宣言》的基本精神，《保護文化多樣性國際公約》是站在承認世界上所有個人、民族或國家的文化及文明沒有所謂優劣的差別，是處於平等、有尊嚴及具有其特有價值的文化表現形式。近年來「全球化」與「地方性」的熱烈討論、擁有不同的政治制度與信仰和價值觀的地區或國家間，曾數次發生所謂「文明」的衝突，究其原因主要乃因不同的文化與價值觀之間的相互誤解與衝突所發生的。2001年11月2日《世界文化多樣性宣言》與2005年10月《保護文化多樣性國際公約》在聯合國教科文組織大會中的順利通過，反映出聯合國教科文

組織會員國、與在世界上各個不同文化價值觀的地區與國家間，對文化多樣性、差異性、多元化的現象表達認同與深刻地反思。用聯合國教科文組織總幹事松浦晃一郎的話來說，即是各個文化表現形式不同的個人、民族或國家，應透過交流、對話以避免「文化間的衝突」。

第一節 2005年《保護文化多樣性國際公約》訂定背景

在1993年，美國著名政治學家撒母耳・亨廷頓發表了一篇文章〈文明的衝突？〉（The Clash of Civilizations?），更在1996年出版了《文明的衝突與世界秩序的重建》（*The Clash of Civilizations and the Remaking of World Order*）一書，引起全世界廣泛的注意與討論，特別是在2001年「911事件」發生後，更

此圖為筆者代表UNESCO前往探勘塔吉克斯坦絲路遺址時，塔吉克好客以音樂及舞蹈歡迎我們。

引起全世界範圍的普遍關注和激烈地反思探討。

在「911事件」發生後不久，聯合國教科文組織（UNESCO）於2001年11月2日於UNESCO巴黎總部一致通過《世界文化多樣性宣言》，聯合國教科文組織總幹事松浦晃一郎提到：「在目前的國際環境中，有人也許已經看到了文化間的衝突。當此之際，UNESCO成員國召開第三十一屆大會，今天在掌聲中通過了《世界文化多樣性宣言》，由此重申了這樣的信念：文化間的對話是和平的最佳保證，從而徹底否定了各文化和文明間的衝突是不可避免的觀點。」同時，此宣言將文化多樣性視為「人類的共同遺產」，文化多樣性對於人類社會就如同生物多樣性對於生物界，是不可少的構成因素。國際社會所有成員應該共同負起維護社會多樣性的責任，「把捍衛文化多樣性作

為與尊重人的尊嚴一樣應盡的義務」。

　　然而《世界文化多樣性宣言》只表明了國際社會對於文化多樣性的重視與關注，但是如果要能有效力地推動並進行文化多樣性的保護，則必須使其具有法律約束力。在2003年10月，法國總統希拉克出席參加了聯合國教科文組織第三十二屆大會，席間他呼籲應該盡快制定有關文化多樣性的國際公約。並且，一個可執行的國際公約必須與已經為國際社會所公認的人權準則相符合，應與任何已存在國際公約、國際協議有不相隸屬性及互為補充性的關係，因此UNESCO在處理本公約與其他條約的關係時，應該堅持做出更有利於保護文化多樣性的安排。如加強與WTO（國際貿易組織）、WIPO（國際智慧財產權組織）、UNCTAD（聯合國貿易及發展會議組織）及美國政府（強調文化、影片、音樂市場，應如同其他商品一樣全面自由化）等加強協商「文化產品與服務的特殊性，它他們不同於其他商品」，「重視發展中國家在保護文化多樣性方面特殊情況的特殊條款」。

此圖為哈薩克斯坦的東正教的教堂。

　　在2005年1月31日～2月12日於UNESCO巴黎總部進行舉行的跨政府諮詢會議討論了這項公約，UNESCO希冀此國際公約，應力求可實現執行的原則，並達到保護文化內容和藝術表現形式多樣性的目標。期待此國際公約的制定，可以為促進發展和實現以人為本的全球化提供有益的幫助，只有這樣，富有表現、創造及創新能力的文化多樣性才能得到保護。在2005年10月20日正式通過《保護文化多樣性國際公約》（2005 Convention on the Protection and Promotion of the Diversity of Cultural Expressions）。

第二節　2005年《保護文化多樣性國際公約》內容簡介

一、聯合國教科文組織大會於2005年10月3日至21日在巴黎舉行第三十三屆會議，對

《保護文化多樣性國際公約》提出下列要點：

1.**確認**文化多樣性是人類的一項基本特性。

2.**認識**到文化多樣性是人類的共同遺產，應當為了全人類的利益對其加以珍愛和維護。

3.**意識**到文化多樣性創造了一個多姿多彩的世界，它使人類有了更多的選擇，得以提高自己的能力和形成價值觀，並因此成為各社區、各民族和各國可以持續發展的一股主要推動力。

4.**憶及**在民主、寬容、社會公正以及各民族和各文化間相互尊重的環境中繁榮發展起來的文化多樣性對於地方、國家和國際層面的和平與安全是不可或缺的。

5.**頌揚**文化多樣性對充分實現《世界人權宣言》和其他公認的文書主張的人權和基本自由所具有的重要意義。

6.**強調**需要把文化作為一個戰略要素納入國家和國際發展政策，以及國際發展合作之中，同時也要考慮特別強調消除貧困的《聯合國千年宣言》（2000年）。

7.**考慮**到文化在不同時間和空間具有多樣形式，這種多樣性體現為人類各民族和各社會文化特徵和文化表現形式的獨特性和多元性。

8.**承認**作為非物質和物質財富來源的傳統知識的重要性，特別是原住民知識體系的重要性，其對可持續發展的積極貢獻，及其得到充分保護和促進的需要。

9.**認識**到需要採取措施保護文化表現形式連同其內容的多樣性，特別是當文化表現形式有可能遭到滅絕或受到嚴重損害時。

10.**強調**文化對社會凝聚力的重要性，尤其是對提高婦女的地位、發揮其社會作用所具有的潛在影響力。

11.**意識**到文化多樣性通過思想的自由交流得到加強，通過文化間的不斷交流和互動得到滋養。

12.**重申**思想、表達和資訊自由及媒體多樣性使各種文化表現形式得以在社會中繁榮發展。

13.**認識**到文化表現形式，包括傳統文化表現形式的多樣性，是個人和各民族能夠表

此圖為加德滿都山谷的Changunarayan印度教廟的細部。

達並同他人分享自己的思想和價值觀的重要因素。

14.**憶及**語言多樣性是文化多樣性的基本要素之一，並重申教育在保護和促進文化表現形式中發揮著重要作用。

15.**考慮**到文化活力的重要性，包括對少數民族和原住民人群中的個體的重要性，這種重要的活動體現為創造、傳播、銷售及獲取其傳統文化表現形式的自由，以及有益於他們自身的發展。

16.**強調**文化互動和文化創造力對滋養和革新文化表現形式所發揮的關鍵作用，他們也會增強那些為社會整體進步而參與文化發展的人們所發揮的作用。

17.**認識**到知識產權對支持文化創造的參與者具有重要意義。

18.**確認**傳遞者文化特徵、價值觀和意義的文化活動、產品與服務具有經濟和文化雙重性質，故不應視為僅具商業價值。

19.**注意**到資訊和傳播技術飛速發展所推動的全球化進程為加強各種文化互動創造了前所未有的條件，但同時也對文化多樣性構成挑戰，尤其是可能在富國與窮國之間造成種種失衡。

20.**意識**到聯合國教科文組織肩負的特殊使命，即確保對文化多樣性的尊重以及建議簽定有助於推動通過語言和圖像進行自由思想交流的各種國際協議。

二、《保護文化多樣性國際公約》的目標是：

1. 保護和促進文化表現形式的多樣性。

2. 以互利的方式為各種文化的繁榮發展和自由互動創造條件。

3. 鼓勵不同文化間的對話，以保證世界上的文化交流更廣泛和均衡，促進不同文化間的相互尊重與和平文化建設。

4. 加強文化間性（文化間性指不同文化的存在與平等互動，以及通過對話和相互尊重產生共同文化表現形式的可能性），本著在各民族間架設橋樑的精神開展文化互動。

5. 促進地方、國家和國際層面對文化表現形式多樣性的尊重，並提高對其價值的認識。

6. 確認文化與發展之間的聯繫對所有國家，特別是對發展中國家的重要性，並支持為確保承認這種聯繫的真正價值而在國內和國際採取行動。

7. 承認文化活動、產品與服務具有傳遞文化特徵、價值觀和意義的特殊性。

8. 尊重各國擁有在其領土上維持、採取和實施他們認為合適的保護和促進文化表現

宗教建築則是尼泊爾的精華文物古蹟。

形式多樣性的政策和措施的主權。

9. 本著夥伴精神，加強國際合作與團結，特別是要提高發展中國家保護和促進文化表現形式多樣性的能力。

三、指導原則：

1. 尊重人權和基本自由原則。

只有確保人權，以及表達、資訊和交流等基本自由，並確保個人可以選擇文化表現形式，才能保護和促進文化多樣性。任何人都不得援引本公約的規定侵犯《世界人權宣言》規定的或受到國際法保障的人權和基本自由或限制其適用範圍。

2. 主權原則。

根據《聯合國憲章》和國際法原則，各國擁有在其境內採取保護和促進文化表現形式多樣性措施和政策的主權。

3. 所有文化同等尊嚴和尊重原則。

保護和促進文化表現形式多樣性的前提是承認所有文化，包括少數民族和原住民的文化在內，具有同等尊嚴，並應受到同等尊重。

4. 國際團結和合作原則。

國際合作與團結的目的應當是使各個國家，尤其是發展中國家都有能力在地方、國家和國際層面上創建和加強其文化表現手段，包括其新興的或成熟的文化產業。

5. 經濟和文化發展互補原則。

文化是發展的主要推動力之一，所以文化的發展與經濟的發展同等重要，且所有個人和民族都有權參與兩者的發展並從中獲益。

6. 可持續發展原則。

文化多樣性是個人和社會的一種財富。保護、促進和維護文化多樣性是當代人及其後代的可持續發展的一項基本要求。

7. 平等享有原則。

平等享有全世界豐富多樣的文化表現形式，所有文化享有各種表現形式和傳播手段，是增進文化多樣性和促進相互理解的要素。

8. 開放和平衡原則。

在採取措施維護文化表現形式多樣性時，各國應尋求以適當的方式促進向世界其他文化開放，並確保這些措施符合本公約的目標。

四、小結

通過對《保護文化多樣性國際公約》內幾條重要內容的簡介及瞭解後，可以清晰發現此公約主要展現以下幾點精神：

此圖為哈薩克居民的朝聖及祈禱表達出對於宗教的虔誠和敬意。

1. 對各種文化表現形式的尊重。

文化是抽象的概念，其具體展現乃為文化的表現形式，各個人、民族或國家他們在依循《世界人權宣言》的精神下，有權利享有其自身文化的表現形式多樣性的選擇，並且他們的文化表現形式應當受到不同文化表現形式的個人、民族或國家的尊重。

2. 對不同文化表現形式的包容與合作。

人類學家常用「文化相對論」這個詞，表達文化的表現形式沒有所謂的「文明」與「野蠻」、「進步」與「落後」的不同，文化的表現形式乃是該地區的人民，經由長時間生活經驗的累積所呈現出的一種價值觀、生活方式及其文化展現行為，都有其特殊的存在價值，並沒有所謂的優劣差別。《保護文化多樣性國際公約》的重要內涵之一，即表達了對世界上各個不同文化表現形式的肯定與支持，應當對不同的文化表現形式給予理解與包容，並且通過交流、溝通與合作，促使不同的文化表現形式得以延續其多樣性，並且可以與時俱進、永續發展。

3. 「文化表現形式」亦是一種財富（文化財）。

在公約的原則中提到：文化是發展的主要推動力之一，所以文化的發展與經濟的發展同等重要，且所有個人和民族都有權參與兩者的發展並從中獲益；同時，文化多樣性是個人和社會的一種財富。全球經濟一體化的趨勢，使得文化表現形式多樣性受到挑戰，如果脫離「經濟」問題，單獨談我們要如何如何保護文化的多樣性，往往會陷

上：此圖為塔吉克斯坦的傳統音樂、節慶及舞蹈表演。
下：此圖為作者參訪塔吉克斯坦與當地居民共舞。

入不實際的狀況中，因此我們必須正視這個問題。

如前文提到，應該將此議題加強與ＷＴＯ（國際貿易組織）、ＷＩＰＯ（國際智慧財產權組織）、ＵＮＣＴＡＤ（聯合國貿易及發展會議組織）及美國政府（強調文化、影片、音樂市場，應如同其他商品一樣全面自由化）等協商，特別是我們意識到此公約所要保護的文化表現形式多樣性的對象，主要是指那些處於弱勢的、瀕臨絕種的文化，因此如何振興這些需要保護的文化，並且使之能夠持續發展，往往必須同時也考慮其經濟層面，透過各種保護與協助的手段，使其漸漸地經由必須被保護的脆弱困境，轉變為得以自行有機地持續發展的文化產業。

結語

◆

關於三個世界性文化公約的思考

近十年來，由於經濟急速的發展，都市化的擴張，與文化休閒的普及，各個國家、地方，都希望在其國家行政領域中，擁有世界人類的文化遺產瑰寶。一方面，使其地域之環境與文化，更具有自明性（Cultural and Natural Identity）；另一方面，藉以世界人類瑰寶的美名，加以發展「無煙型」的文化旅遊產業。現在，由聯合國教科文組織所負責之世界人類的瑰寶名單，透過大眾傳媒及旅遊界的關愛，儼然已經成為一個時尚及文化產品的代號。這項時尚及文化產品的濫觴，配合著經濟極速的發展，都市化的擴張與文化休閒的普及，也提供了古跡建物保存的一個契機。

今日，除了單棟建築體的保存，文化環境的維持與塑造，終於受到行政單位及一般公眾的普遍重視。所有非物質性的文化資產，如歌謠、節慶與傳統聚落生活、文化特性的維持與振興，終於取得立論根基，世界上許多地區的歷史建物之更新和都市發展，終於不再背道互斥，得以互補長短，各取所需。比方說在1983年7月，法國所制定的城市、景觀資產特定保護區的政策：《ZPPAUP法規》（Les zones de protection du patrimoine, architectural, urbain et paysager — ZPPAUP loi du 7 juillet 1983）；1998年4月，歷史城市保護與發展國際合作的《蘇州宣言》（Suzhou Declaration on International Co-operation for the Safeguarding and Development of Historic Cities, Suzhou, China, 9 April 1998）；與1999年3月歷史城市發展與整合的《奈良宣言》（Development and the Integrity of Historic Cities, Nara, Japan, 7 March 1999），都足以提供我們參考。

但是保護的最終目的是為了居住生活在環境中的人，關注社會生活，維持社會的穩定性和可持續發展，不能只是為了保護而保護，而是應該體現「以人為本」的精神。除了工程技術、建設專案與一系列的圖紙的編測外，其他包括口頭傳說和表述、表演藝術社會風俗、禮儀、節慶、傳統的手工藝技能等非物質文化遺產，都要有效地保護、弘揚與反思。

雖然UNESCO大力推動文化多元化的可持續性發展、非物質文化遺產的保護與振興，但在全球經濟一體化、社會經濟飛速發展的背景下，各個國家、地區都積極企圖以文化來推動當地旅遊及經濟發展，可是，非物質文化遺產（含少數民族文化）實為脆弱，具體保護與振興措施應緩慢推動，切莫急功近利，為了打出文化旅遊的品牌，只留住了浮面的展演活動，卻犧牲傳統的民間文化和非物質文化遺產的精髓！

　　非物質文化遺產常常是一種生活方式或是生活經驗的結晶，與當地的地理生態、歷史文化和社會，成為一個整體的存在，但是若忽略了它的真正本性，即容易脫離「生活」，而變成為了發展旅遊或是城市行銷的展示名片，轉變成為畸型的「表演」取向、而被商品化了。非物質文化遺產的價值乃在於它是深深紮根於該地原居民的生態、文化、社會與生活環境中，若為了追求發展而脫離滋養它的土壤，將該非物質文化與生活切割開來，那麼原本為了保護非物質文化的努力與動機，轉眼間，反而會喪失其應有的價值和意義。這是我們在努力保護、保存非物質文化時，需要時時警惕的意識。

　　當然，非物質文化的保護與保存需要考慮到現實的經濟因素與可持續發展的動力，而這部分的考慮通常必須與市場結合，可能以文化旅遊的方式、博物館展覽的型式、或是以一種與生活體驗結合的節慶活動方式進行，筆者對此保護的方式不置可否，惟獨需要特別提出注意的是：在保護非物質文化遺產時，雖然考慮到以現代的行銷手段推廣，但我們一定要時時留心是否保存它的真正本性，不要因此使之脫離了與原居民的生活粘結性、也不應為了發展經濟而忽略了非物質文化的本質價值，在如此的保護觀念下，非物質文化遺產的「活的文化財」才有可能永續經營。

　　而在物質文化與非物質文化保存的思想基礎上來思考文化多樣性的概念，筆者認為可以帶來兩個主要的啟示：

一、「文化多樣性」與「生物多樣性」的重要性，帶來的啟示

　　曾有人類學家對人類食物獲取方式做了比較，發現畜牧業和集約農業比狩獵（採集）和初級農業雖然更有效率，但是一旦遭遇到自然災害時，食物短缺的情形卻更明顯嚴重。其原因很可能是在食物獲取上過分依賴單一的品種。此外，由生物遺傳學的

角度觀察，遺傳基因越是豐富多樣，其適應環境的能力也就越好。

聯合國教科文組織（CUNESCO）提出「文化多樣性」對於人類社會就如同「生物多樣性」對於生物界，是不可少的構成因素。近年來，因為傳播媒介與交通運輸無遠弗屆的便捷性，挾帶著經濟利益的滲透，使得「單一文化全球化」的可能性明顯加速，儘管有個別地區與國家意識到在「全球化」的影響下，其獨特的傳統文化發生逐漸消退的現象，但是在經濟利益的推波助瀾下，若不加以重視與保護，文化表現形式的多樣性很有可能在短時間內滅絕消失殆盡。對此，不論是已發展國家或是發展中國家都應該加以重視。

二、將捍衛文化多樣性作為與尊重人的尊嚴一樣應盡的義務

文化的存在是對於人類歷史價值的體現，因為文化代表著人類生活經驗的結晶，是長時間的累積，並且是經過自然與時間的篩選後而存在的，所以現存的文化不但是該文化表現形式的所在地區或國家所擁有，更是歷代先人留給當代人的財富，沒有任何國家或個人可以加以剝奪的。

對於文化多樣性的保護，是等同於尊重人的尊嚴一樣重要。文化多樣性不單單只是個「物」，他更是代表著人在歷史生活經驗中積累下來的「生命」表現形式，對於文化多樣性的捍衛，因此同時也是對人的「生命」尊重的表現。

第二篇
聯合國教科文組織(UNESCO)
推動下的世界遺產保存的
國際合作計畫

從1945年正式成立至今，UNESCO的努力，獲得許多國家政府、地方組織及專業界
的認同及配合。尤其是在六〇年代，埃及政府計畫建造尼羅河亞斯文水壩時，
面臨努比亞區建築古跡群可能遭河水淹沒的問題。因此，埃及古文明建築資產的保
存，成了當時重要的國際文化課題。從努比亞古跡群的保護至今，UNESCO在世界各地
陸續推動了二十六個國際古跡保護維修工程。UNESCO透過國際古跡保護維修工程的推
動（如最近的阿富汗巴米揚大佛、高棉吳哥窟、伊拉克戰後緊急國際古跡保護維修工
程等），結交了許多國際古跡保存專業的戰鬥夥伴。筆者將於後文逐一介紹UNESCO及
各國保護文化古跡、推動世界文化遺產故事。

第4章

中亞文化復興工程——
從李白故鄉吉爾吉斯斯坦的古跡保存談起

聯合國教科文組織（UNESCO）希望透過多元文化、宗教、民族的對話，來推動世界和平並維持文化多樣性。這個文化工程的重要性在冷戰結束後的中亞地區，更顯重要。

中亞地處「古代絲路」、「當代歐亞大陸橋」，聯繫歐亞、溝通回教世界且緊鄰中東「石油寶庫」的地理要衝，此地同時擁有豐富的天然資源，多元化的歷史、文化、宗教與民族色彩，對亞洲及世界的和平與穩定都具有重大意義。由於蘇聯的瓦解，1991年中亞產生了五個獨立國家——哈薩克

UNESCO所推動的中亞文化再興工程包含有：吉爾吉斯斯坦 Chuy Valley 絲路遺址、哈薩克斯坦Otrar 絲路綠洲古城、烏茲別克斯坦 Fayaz Tepaz 絲路佛教遺址、塔吉克斯 Ajina Tepa 絲路佛教遺址等。

斯坦（Kazakhstan）、吉爾吉斯斯坦（Kyrgyzstan）、塔吉克斯坦（Tajikistan）、烏茲別克斯坦（Uzbekistan）及土庫曼斯坦（Turkmenistan）。中國及俄羅斯從1996年起會同哈薩

克斯坦、吉爾吉斯斯坦、塔吉克斯坦成立了「上海五國」，烏茲別克斯坦於2001年加入此組織，改稱為「上海合作組織」，

左、右：塔吉克斯坦Ajina Tapa佛教遺址所挖掘出的18公尺大臥佛目前展示於塔吉克國家考古博物館。
（Yuri Peshkov提供）

簽署共同合作打擊國際恐怖主義、民族分裂主義、宗教極端主義等三種惡勢力。近年來美國進軍阿富汗斯坦、伊拉克，其勢力也順利地伸入中亞（注：阿富汗斯坦的地理位置雖然緊臨塔吉克斯坦及烏茲別克斯坦，但它並不在我們所稱的中亞五國內）。目前由於中、美、俄三個聯合國安理會大國積極的端出其眼中的「中亞政策」，使此地區成為國際競爭的政治、外交、軍事、安全及經濟的舞臺。UNESCO如何在兵家必爭之地，以文化促進世界和平理念，實為一大挑戰。

第一節 千禧年特殊任務──搶救古跡大作戰！

在一般人的想法中，聯合國各機構對於參與天災及人禍後重建的實際任務，應該要義不容辭的。但是對於UNESCO這個在聯合國系統內唯一將文化整建與保存明列於組織章程內的國際組織，在全球相關單位皆盡全力進行災區、戰區緊急搶救、防疫、複建等工作規畫時，通常只能以非常策略性及政治性的角度來參與工作規畫，因為災區首先需要做的事是：如何將災民的基本生存保障及防疫控制住，以及衛生環境和最基本的基礎建設處理好，而通常在事件發生四、五年之後，UNESCO才有可能開始進行橫向聯絡、整合各個不同體系，建立起在地方層級、國家層級、區域層級及國際組織層級間的共同認知：「在推動災區文化整建時，應加強古跡的文化及人文意義，進而建構社區總體再營造的精神。」

自筆者1993年參加聯合國教科文組織（UNESCO）工作以來，極少遇到針對天災人禍的緊急搶救、重建之類的任務。但在千禧年前夕，卻接到一宗燙手的中亞任命。

中亞從1991年蘇聯解體成立獨聯體後，內戰不斷，直到1997年局勢才算平穩。從1998年起UNESCO希冀重建戰後家園，並推動中亞絲綢之路古跡，特別是吉爾吉斯斯坦境內絲路遺址的修繕工程。

吉爾吉斯斯坦夾在中國、哈薩克斯坦、塔吉克斯坦與烏茲別克斯坦之間，宗教以伊斯蘭教（75％）及東正教（20％）為主，吉爾吉斯族占人口60％強，另有烏茲別克、俄羅斯、東幹（中國北方回族移民）、烏克蘭、維吾爾等少數民族。吉國雖擁有豐富的

吉爾吉斯（Kyrgyzstan)為常年山頂積雪的天山山群所包圍之內陸高山國。

水力、石油和礦產資源及全球最大的胡桃木林，但還是被列為全世界最貧窮的國家之一，水電交通通訊等基礎建設也相當落後。因飲水衛生問題，疾病流行頻繁。

從地理環境來看，吉國大部為天山山脈包圍，觀光資源豐富，極有潛力成為「中亞的瑞士」。絲綢之路東起中國西安，經河西走廊、艱險的天山山脈，進入豁然開闊、宜人定居和耕作的中亞吉爾吉斯斯坦。楚河谷地東起度假勝地伊塞克湖，西至首都比什凱克，每二、三十公里（驢馬趕集一天的路程）就有一處商貿與伊斯蘭、佛教或基督教文化的聚落遺址。楚河河谷的絲路文化遺址配合高山自然美景，很有文化旅遊的潛力。

從2001年起，歷經兩年的籌備，UNESCO和吉爾吉斯政府確認了吉國第一個也是惟一的大型國際古跡修繕工程——吉爾吉斯絲路遺址保護工程。雖然吉爾吉斯斯坦在1991年獨立後，明顯希望保護伊斯蘭教遺址，但UNESCO以「文化、宗教多樣性可帶動區域和平」的立場，提出以一佛教遺址（Krasnaya Rechka，古稱Navikat）、一伊斯蘭教聖塔

此圖為Burana回教聖塔遺址。（Jumamedel Imakulov提供）

遺址（Burana，古稱Balasagyn）、一基督教教堂遺址（Ak－Beshim，古稱Suyab）作為工程的選址所在，而吉國瞭解UNESCO可以作為協調者幫助吉國相關文化遺址保護及修繕工作，因此也欣然接受此建議。

其中的Krasnaya Rechka 為建於西元八至九世紀的古城，於1938～1940年間被發現，是當時在天山山麓附近所發現的第一個佛教遺址，城中發現存有多處珍貴的佛教寺廟，碑文包括有梵文、中文等文字記載，極具歷史價值，在1962年考古挖掘第二個佛教遺址時，挖掘出精美的佛教藝術品及一長達十六公尺的大臥佛，其中大部分藏於吉爾吉斯國立博物館及吉爾吉斯俄文大學考古研究所內。但十六公尺大臥佛卻在當年考古挖掘後直接「上繳」前蘇聯列寧格勒冬宮博物

1962年在Krasnaya Rechka考古挖掘出16公尺長的大臥佛。（Yuri Peshkov提供）

左：此圖為遺址中挖掘出的佛教銅雕像之一（長15公分、寬9公分）。（Tarcis Steven提供）
中：此圖為遺址中所挖掘出的佛教銅雕像之二（長36公分）。（Tarcis Steven提供）
右：此圖為遺址中所挖掘出的佛教銅雕像之三（長15公分寬6公分）。（Tarcis Steven提供）

館，從1970年代大臥佛被分割成數箱後一直置放於冬宮博物館的庫房，從此不見天日。目前UNESCO正同吉爾吉斯斯坦政府一道，謹慎地向俄羅斯索討中。

第二節 舉頭望明月，低頭思碎葉？

絲路遺址保護工程三處選址中的基督教教堂遺址位於古稱Suyab的古城，即中國人熟知的「碎葉」。碎葉古城為唐朝「安西四鎮」——碎葉、龜茲、於闐、疏勒之一，也是西域絲綢之路的十字路口，北道「草原之路」和南道「綠洲之路」在此交會。值得一提的是，碎葉古城經考證還是中國唐朝著名詩人李白的出生地。

至於碎葉如何成為李白的故鄉，說法有二，其一是說隋末李白先人因罪徙居碎葉，另一說則認為李白先人為由中原派駐當地的地方官。

為籌備UNESCO和日本政府合作的絲路遺址保護工程，我在2002年代表UNESCO文化資產處會同日方和吉國政府代表，共同前往探勘碎葉遺址。當時，筆者告訴日本外交部代表，我們所在的位置是詩人李白出生的故鄉，只可惜由於前蘇聯的「去歷史化」及吉爾吉斯斯坦政府「吉爾吉斯民族化」，只有少量考古報告提到李白，世人極少知

道李白這個名字。當日本外交部代表聞知碎葉與李白的淵源，他急忙以端正的漢字在紙上寫下「舉頭望明月，低頭思故鄉」的詩句，說：「李白低頭思的故鄉，大概就是眼前這一片青青草原及農田覆蓋住的碎葉古城吧！」這句話，至今令人印象深刻。

近幾年來吉爾吉斯絲路遺址保護工程頗有進展，傳媒不僅報導了楚河河谷絲路文化遺址的重要性及「文化、宗教多樣性」（吉爾吉斯人後知後覺地意識到其祖先亦曾是佛教徒），碎葉古城文化遺址為中國唐朝著名詩人李白出生的故鄉，也慢慢地在當地傳開來了。

第三節 一份得來不易的合作備忘錄

聯合國教科文組織（UNESCO）的每一項重要國際古跡修復工程的籌備，除了有科學性的選址、行政性的計畫書撰寫外，另外就是最政治性的官方檔：一份很制式化的「合作備忘錄」（Plan of Operations）。對於UNESCO和受援國來說，共同簽署此「合作備忘錄」一方面能保證支持資金不會被不善使用，同時受援國亦經此表態將全力的配合及支持。

而這份非常「制式化」的文件對於中亞新興國來說，卻是一份從未見過的文件（前蘇聯時期，此類檔全由莫斯科直接簽署及統一管理），吉爾吉斯對於這份文件的簽署非常謹慎，發文知會相關九個不同部委（外交部、文化部、教育部、內政部、財政部、稅捐部、建設部、總理辦公室、總統辦公室），因此籌備及簽署 此檔的過程變得極為複雜、有趣。

吉爾吉斯於1991年獨立後，全力推動「民主化」及「民族化」，一大部分的行政長官皆為「吉爾吉斯族」，而富有行政經驗的中亞俄國人則留任為副手或處級主管。這份十多頁「英文版」國際組織制式化檔送至吉國政府後，相關部門首先在檔案資料中，試著找出類似檔，希望以「類似前例」比照處理，但皆無所獲。

此外，吉國以「民族原則性」提出希望以「吉爾吉斯文」簽署此檔，經過了多次

溝通及親赴當地詳述該「備忘錄」原委後，吉國才同意以「英文」及「俄文」（UNESCO五種官方語言之二）簽署，而將「吉文」當為附件、副本。將「吉文」訂為副本的決定對計畫的執行有正面的幫助，因為「吉國」的部會首長向來優先批准及支援以「吉文」書寫之檔。接著外交部及內政部很爽快的贊同提供此計畫的國際專家及UNESCO人員免費的年度多次簽證及人身安全的維護；財政、稅務部也都爽快地贊同所有相關進口設備免繳當地稅款。

上：此圖為吉爾吉斯遊牧民族傳統的草原包搭建過程。（Yuri Peshkov提供）

下：此圖為草原包（Yurt）內遊牧民族的室內配置。（Yuri Peshkov提供）

在將近七個月的協商、籌備簽署過程後，本以為此檔將由文化部長或副總理簽署，但在預定簽署時間的前半個月，「吉國」突出奇招確認由吉國前總統阿凱耶夫（Akaev）於2003年10月6日首次正式訪問UNESCO時，在UNESCO巴黎總部中庭花園內（有艾菲爾鐵塔為背景），搭組吉國民族傳統的草原包（Yurt）前簽署此「合作備忘錄」，以告知吉國人民其吉國文化的世界重要性。

因為根據吉國權職區分，總統並未被賦予行政執行權，因此UNESCO得再次和吉國各相關部門確認有關的配合事項，又因各部會首長知道此檔將由總統代表簽署，此檔得在簽署後直接送至國家議會立特別法令通過此合作備忘錄的執行有效性，在最後半個月又加入了一些「非直接」相關計畫執行的行政語彙。但這一「奇招」卻讓我在這半個月，成為我在UNESCO工作近十年來最大的壓力期。

第四節 鬱金香政變後的文化保存

自2002年起，我所負責推動執行的吉爾吉斯絲路遺址保護工程，由於在2005年3月底吉爾吉斯發生「鬱金香」政變後，被迫暫停所有的保護工程。直至2005年7月10日代理總統Bakiev以高達近90%的支持票成為正式總統後，我才再度臨危授命出使至中亞吉爾吉斯比協克與新任的文化總會（即文化部）部長及官員們，商談保護工程持續實施的重要性及應有的籌備，展開吉國文化復興計畫（2006年底完成初步的修復）。

2005年年度會議上，吉國新總統Bakiev政府保證繼續全力支持，一切才算恢復正常。不料2006年初吉國的文化總會脫離了原本的教育文化部，正式成為文化部。新部會的成立本應使進行中的計畫更加順利地進行。但由於吉國整個國家政局不穩定，吉爾吉斯族出生的政治人士在「鬱金香」政變後，急於推動吉國的整體政治權應掌握於吉爾吉斯民族手上的想法。

中亞吉爾吉斯的絲路遺址保護工程，由於是由在「鬱金香」政變被人民驅逐的前總統阿凱耶夫（Akaev）於2003年首次正式訪問UNESCO時所簽署的，再加上UNESCO講究依據國際合約及國際修復標準，遴選了德籍教授為項目總顧問，國際古蹟遺址理事會（ICOMOS）鄉土建築委員會主任英籍紳士為專案古蹟顧問，比利時的歷史建築科學性繪測專家、義大利傳統材料測試及維修專家、及日本佛教考古專家等「國際」古蹟修復專家共同協力配合吉國的專家（大部分為俄裔），反而成為一些急於卡位的吉國政治人士全力推動「去非吉爾吉斯民族化」、「民主」化及「民族」化的政治化過程中，太重視外國人和外來技術的不好案例。

為了遊說2006年初吉國Bakiev總統新組政府的加強配合（尤其新成立的文化部），吉國UNESCO全國委員會特地在我2006年四月中旬再到吉爾吉斯出差時，安排會見了吉爾吉斯國務卿，以期他能以吉國國務卿暨吉國UNESCO全委會委員長之身分，進行吉國跨部會的配合及支持UNESCO在吉國的絲路遺址保護工程及其它共同維護中亞重要的歷史、多樣性文化、宗教及民族的傳承工作，以促進中亞區域合作及世界和平的策略。這位吉國國務卿，不像其他中亞高官，雖約好了開會時間，卻總是遲到。他雖有

天山及草原包成為吉爾吉斯遊牧民族文化的代表符號。

六十年歲了，但典型吉爾吉斯族的瘦高健朗的身材，配著中亞草原民族漢子尖銳如鷹的目光，身著非常正式的三件式黑色西裝，戴著吉爾吉斯族傳統的白色尖帽，準時的與會。一進門，他就透過翻譯告訴我們，他頭戴的傳統尖帽，除了睡覺外，從不脫下來。他接著說他從小成長在天山山脈山區，晚宿於傳統遊牧民族的草原包內（Yurt）。他接著再說吉爾吉斯族傳統的白色尖帽就是吉國的象徵，三角尖形是天山山脈，帽內中空是遊牧民族的草原包，白色代表天山山頂長年積雪，白色更代表了吉爾吉斯族人性的潔淨，外翻的帽底是好客的象徵。這段遊牧民族文化解析，除了值得與讀者分享，但讀者們可難想像這位吉國國務卿給我這個代表UNESCO國際組織的身分及陪同我的德籍教授、英籍顧問及義大利專家，當面來個「去非吉爾吉斯民族化」及「吉爾吉斯民族優先」的厚重大禮。好在我們準備充足，透過航照鳥瞰圖、考古學者的匯測圖、配合進行中的國際古跡修繕工程的現況圖，以科研的角度一步一步的說出吉爾吉斯除了目前強力標

吉爾吉斯人於傳統的草原包前。（Yuri Peshkov提供）

上：此圖為分布於中亞度假勝地Issy Kul內
陸湖畔的考古岩畫。（Yuri Peshkov提
供）

下：考古岩畫在考古及藝術史上是指繪、
刻在岩石上形象性的「史書」。
（Yuri Peshkov提供）

榜遊牧民族文化外，吉爾吉斯的傳統文化至深且廣。吉爾吉斯擁有豐厚的歷史深度，並且享有寬廣的地理廣度：從絲路東起中國西安、經河西走廊、艱險的天山山脈，進入豁然開闊的宜人定居、耕作的中亞吉爾吉斯。而且吉爾吉斯Chuy河谷地，東起於中亞度假勝地Issy Kul內陸湖，西至吉爾吉斯首都——比協克（Bishkek），每二十～三十公里（約驢馬趕集一天的路程）就有一處商業活動、回教、佛教或基督教的文化聚落遺址。這些線性的高度城市化的文化遺址，說明了西元六至十二世紀時Chuy河河谷是西域的十字路口，從北道「草原之路」和南道「綠洲之路」，都在此交會，有非常重要的區域政經地位。

　　吉國國務卿在會後豁然開朗且歡娛的跟我們說，這可真是吉國考古文化二十一世紀的大發現呀（由於前蘇聯的「去歷史化」及吉爾吉斯政府的「吉爾吉斯民族歷史優先」，這段Chuy河谷絲路遺址的文明歷史少為吉爾吉斯人所知）。他接著說，這段吉爾吉斯民族歷史的悠久歷史將可成為吉國強力推動Chuy河河谷絲路遺址的文化旅遊，以後吉國跨部會的配合及UNESCO在吉國的絲路遺址保護工程，包在他身上，不需要我擔心了。他接著再提到吉國拓展文化旅遊，希望成為中亞瑞士的企圖，除了目前強力標榜遊牧民族文化旅遊外，他的文化旅遊及經濟顧問前不久才建議他，可在天山山脈山區找出一些地貌凹陷的地方，編纂說成這些地貌凹陷的地方是外星人在天山山脈山區的基地，進而吸引國際觀光客

　　2006年四月下旬從吉爾吉斯出差返法後，UNESCO加拿大籍處長上司笑嘻嘻的手拿一張紙，走進我的辦公室。原來這位吉國國務卿，迅速的草擬了吉國Bakiev總統致函

UNESCO秘書長的檔，表示2006年吉國新組政府曾全力配合及支持UNESCO在吉國的絲路遺址保護工程及其它共同維護中亞重要的多樣性歷史、文化、宗教及民族的傳承工作，以促進中亞區域合作及世界和平的策略。Bakiev總統已簽名的信函副本，已送達我的加拿大籍處長的手上了。這位吉國國務卿，不僅有著典型吉爾吉斯族的瘦高健朗的身材，配著中亞草原民族風漢子的尖銳如鷹的目光，更有天山山脈天馬的遺傳，迅速敏捷並且行事有效率。

上：筆者與中亞岩畫專家於Tamgaly世界遺產前之留影。
下一：筆者參訪哈薩克Otrar綠洲古城與當地居民於蒙古包內合影。
下二：筆者與Tamgaly世界遺產主管人員於蒙古包前合影。

第5章

埃及努比亞區建築古跡群國際古跡保護維修工程

從1945年正式成立至今，UNESCO的努力，獲得許多國家政府、地方組織及專業界的認同及配合。尤其是在六〇年代，埃及政府計畫建造尼羅河—亞斯文水壩時，面臨努比亞區建築古跡群可能遭河水淹沒的問題。因此，埃及古文明建築資產的保存，成了當時重要的國際文化課題。

為了保護此建築群，UNESCO在1960年發起了第一個國際性的古跡保護工程，號召全世界著名的科學工作者、工程師、建築師、考古學家，配合埃及本土專業工作者、愛好埃及文化的民間組織，進行努比亞區建築古跡群國際古跡保護維修工程，經歷二十年的努力，細心的將努比亞區建築古跡群，完整的遷移至地勢比水壩水位高的地方，使此人類瑰寶免遭尼羅河水淹沒。

圖中為舉世聞名的金字塔。（UNESCO／Giuliana Riccio提供）

第一節 埃及努比亞區的自然和文化世界遺產

努比亞區屬於尼羅河谷的一部分。大約在北緯十八度到二十四度間，按國境來分，是處於埃及南部和蘇丹北部。按地理來分是處於尼羅河第一瀑布至第四瀑布之間。「Nubia」這個字源自Noub（nwb），按埃及語言解釋是「金」的意思。

從史前時期以來，尼羅河谷一直是地中海文化及非洲文化的唯一通道。努比亞很自然的也就成為地中海文化及非洲文化的融合地。雖然從1822年法國埃及文化考古專家商博良（Champollion）開始找出了埃及碑文的解讀法，但至今埃及古文明還是考古學上重要的課題。而努比亞區豐富的文化歷史，也很自然成為人類文化史的重要課題。

尼羅河及亞斯文水壩

大體而言，尼羅河每年均有一次氾濫。氾濫時期大約從夏至之日起，延續百日。此氾濫使沙漠變良田。通常大水一退，埃及就進入農作旺季。因此尼羅河河水的氾濫，對埃及農業而言，是一大自然資源。

但是由於埃及人口的的快速激增，從1882年六百萬人，1897年九百萬人，1917年一千二百七十萬人，1934年一千六百萬人⋯⋯單靠尼羅河氾濫時期的農業旺李，已不能使社會經濟富足，再加上歐洲十八、十九世紀工業革命的影響，埃及邁向工業化也是必然之事。如何利用尼羅河水力來促進工業發展，便是埃及二十世紀初期的重要目標。

1902年，由英國工程師們的協助，埃及建造了第一個亞斯文低水壩，此水壩大約長有二公里，高三十公尺，伸入地基三十公尺，在當時也算是世界重要水壩之一。1907年到1912年間，水壩加高五公尺。1929年到1934年間，水壩再次加高到四十一點五公尺。可是由於世界二次大戰後，衛生及醫療技術的進步及普及，埃及和其他第三世界國家同樣的再度人口激增，在1947年人口已有二千萬人，1961年二千七百萬，1980年已高達四千萬人，在1902年所修建的亞斯文水壩已不敷使用。從1954年起，埃及和國際專家就開始籌劃著名的亞斯文高水壩（Assouan Barrage）工程計畫。此水壩是位於距第一低壩南方七公里處，長有三千六百公尺，寬為九百八十公尺，高度為四十公尺，伸入地基一百公尺。它的建築體積，據估計大約為著名的大金字塔之十七倍。水位可達到比

海拔高六十三公尺到一百八十三公尺。水壩容量最高可達到一千五百七十億公升，亞斯文高壩經過四年籌畫，在1960年1月9日正式開工，預計以十年的工程時間來完成此水壩。

據埃及官方估計，此高水壩建立後，可使埃及工、農業有下列的改善：

1. 可耕地將高達一百萬費丹（Feddan，一費丹約等於四千二百平方公尺），從而埃及將有七十萬費丹的地是經由此水壩蓄水灌溉。

2. 農作物的耕作期，將更有保障，不需只靠尼羅河氾濫時期的水源灌溉。因此每年將可有一百萬費丹的土地可種植稻米。

3. 對水土的保持也將有明顯的改善。

4. 對尼羅河航運的條件也有改善。

5. 每年的水力發電可高達一百億千瓦（kilowatt／hour）

雖然以社會經濟著眼點來看，此水壩的建造，可促進高度的工業、農業發展。但努比亞區的一連串建築廟群將被尼羅河部分或全部淹沒。

第二節 UNESCO與埃及政府對努比亞區建築古跡修繕保護的準備

從1952年開始，埃及政府和國際考古學者、工程師、建築師及埃及學專家，就希望能對古跡如何保存，找到妥善的解決方法。而各國際的考古團體也紛紛希望在文物被尼羅河淹沒之前，盡最大的可能性，找出珍貴的古跡資料。因此在努比區尼羅河沿岸，到處都有各國的考古工程。而埃及政府和UNESCO也在1954年延請在當時法國羅浮宮的埃及專家黛斯羅什·諾伯古爾（Christiane Desroches-Nob-lecourt）女士，親赴埃及努比亞區，觀察考古工程的進行。同時在1955年，設立了埃及古跡藝術的資料中心，對努比亞區的建築群作有系統的攝影、建築繪圖的製作、存檔〔此一系列對各建築物的攝

影、存檔是由法國國家地理研究院（Institut géographique national de France）在1956～1964年間承辦〕。此後埃及努比亞區建築古跡修繕保護工程就有一個基礎的模型。此模型發展到1959年1月，由埃及文化部長歐卡夏（Sarkoito Okacha）、UNESCO的文化部長馬荷（René Maheu），及法國埃及學專家黛斯羅什·諾伯古爾，三方面對修繕工程做了以下二點工程方針：一為文化、古跡資料的攝影存檔；二為找出建築物如何能不被尼羅河水淹沒，繼續能展現在人類眼前做歷史的見證，這兩點一直到後來都是努比亞區建築古跡修繕保戶工程的重點。

1960年1月9日亞斯文高壩的正式開工，加速了UNESCO對國際支持埃及文物保存的腳步。UNESCO主席維隆內斯（VittorinoVeronese），在1960年3月8日，向國際團體發佈了努比亞區建築古跡修繕保存的計畫。同年11月份，在UNESCO的第十一屆年會中，維隆內斯向各國代表申請國際贊助活動，得到巨大的迴響，收到各國政府大力的經援。一直到工程結束前，共有五十個國家捐助此工程，共募得了二千五百餘萬美元（在1960時期，仍是由中華民國政府代表在UNESCO的席位，也捐了二千美元對此國際修繕工程盡了博愛的精神）。再加上非政府組織、民間團體的贊助、發行紀念幣、展覽活動等的收入，總共約有四千萬美金的預算來進行這項破天荒的第一個國際大型古跡修繕維護工程，其中特別是阿布辛貝勒神廟的修繕（二千一百萬美元預算），及菲萊神廟群（一千五百萬美元預算）第二個最重要的切割、運送、重組工程。

第三節 阿布辛貝勒神廟的修繕工程

阿布辛貝勒神廟（Abu Simbel）位於埃及和蘇丹交界的努比亞區，乃是在埃及第十九王朝法老王拉美西斯二世（Ramsès II）統治時期（約在西元前1275年）完成的。共有二座神廟，一為法老王拉美西斯二世大神廟（Grand Temple），另一為皇后奈費爾塔莉（Néfertari）小神廟。此兩

阿布辛貝勒神廟是在埃及第十九王朝法老王拉美西斯二世統治時期完成的。（UNESCO／Alexis N. Vorontzoff提供）

阿布辛貝勒大神殿內部最深處的殿中，雕有國王拉美西斯二世及其他三位埃及神祇的坐像。（UNESCO／Roger, Dominique提供）

座廟宇全部都是在尼羅河西岸的懸崖峭壁上鑿出而成的。大廟宇高約三十三公尺，寬約三十七公尺，縱深有六十一公尺。廟的正面雕有四尊高約二十公尺的法老王拉美西斯二世的神座像。雕像二耳之間寬約四公尺，嘴寬一公尺，在肩膀上依據埃及宗教故事，分別刻有不同的名稱。第一尊刻著Rénheqaou（太陽之王），第二尊Hega Taouy（二國的至尊權威），第三尊Mery d'Amon（所喜愛的阿蒙），第四尊是Mery d'Atoum（所喜愛的阿圖姆，也稱太陽之神）。在四尊雕像的小腿間有皇后奈費爾塔莉及其它王族的小雕像。寺內石壁上刻有文字及浮雕圖案。大約是描述拉美西斯二世當政時期的生活情形，尤其是一些戰事的描述。神廟深入崖壁達六十一公尺，每年在春分及秋分二天，陽光射入廟宇最深處，是人類建築藝術的高超表現。

此圖是採用義大利專家所提出的使用650台水壓起重機，將阿布辛貝勒大神殿保持原狀地遷移到高於亞斯文水壩的地區。（UNESCO／Nenadovic提供）

而在法老王拉美西斯二世不遠處，有皇后奈費爾塔莉的小廟宇。此廟也是在懸岩上雕鑿成的。正面雕有六座法老王及皇后的雕像。四尊法老王雕像採立姿，代表法老王至尊的權威。而四尊法老王雕像中，有二座皇后雕像。同時在廟內也有許多皇后精美的雕像。藝術

表現之高深，居古埃及十九王朝之冠。

這二座人類藝術史上的傑作，如何能免遭尼羅河水的淹沒，乃是1960年代國際古跡保護的最大挑戰。

1960年10月，義大利趁UNESCO年會，向埃及政府建議將此二廟宇全部整個往高於水壩地勢遷移。當時立刻有兩方面的反應。一方面有人認為此計畫太過複雜，無實際性。另一方面又有人認為，這將是保存古跡的創新方法。

1961年1月，由埃及、美國、蘇俄、瑞士及德國，五個國家的專家開始從各個角度來觀察研究此工程的可行性。當然國際專家發覺，這工程將會有很多各方面的技術上問題及困難，但其可行性及建設性的方案卻值得實行。

1961年6月20日，埃及政府決定採用義大利的建議，委請瑞典VBB工程公司（Vatteu Byggnads Byran, Stockholem），對此工程做了最詳盡的研究及建議。同時進行財政上、政治上、技術上各方面的研討。一直到1963年11月9日，才由UNESCO與埃及政府正式簽訂遷移此二廟宇的工程協定。工程從1964年4月正式展開，一直進行到1968年才告一段落。

1963年11月的工程協定，最主要的內容是如何把阿布辛貝勒二座神廟切割，而後完整的在比以往所在地海拔高約六十五公尺處重新安裝。

由於亞斯文水壩工程的進行，在1964年尼羅河已開始高漲，淹沒廟宇。因此工程師們利用

上：趁著修繕、切割與重組工程，古老的法老王、埃及神祇、皇后與王妃塑像也重新整理一番。（UNESCO／Roger, Dominique提供）

中、下：圖中可見埃及阿布辛貝勒大神殿正面法老王拉美西斯二世神像頭部的分割及運送至比原來地勢高出65公尺之處重組的作業方式。（UNESCO／Nenadovic提供）

二十七公尺及三十七公尺高的鋼板，把古廟四周圍起來，進而用抽水機，把上游的河水及已淹沒部分廟宇的尼羅河水抽乾。

　　又由於阿布辛貝勒二個廟宇都是利用天然地勢，鑿入山陵而成的。工程的施行，也應考慮到遷移後山陵的重建，如此不僅能保持山水之美，也達到古跡的保存及其完整、穩定性。從中又可看出在1965年7月及9月如何的注重非廟宇建築體的右上方山陵的建築重組考慮。也說明了如何有效率的以二階段（先垂直切割之後水準切割，手工鋸及電鋸配合使用），來切割建築物，再有順序的往新址重組。

　　工程一直進行到1968年才完成廟宇的重整及人造山陵的設置。阿布辛貝勒二神廟重新展現其雄偉的建築光采。

第四節　菲萊神廟群的修繕工程

　　在埃及亞歷山大港口（Alexandria）南方一千公里處，距亞斯文城南方不遠的菲萊島上（Philae），有一組著名的埃及古神廟群——菲萊神廟群。向來有「古埃及國王寶座上的明珠」之美稱。

　　菲萊島長四百六十公尺，寬一百四十六公尺。位於尼羅河畔靠東側，神廟群在島上矗立，早就以壯觀奇特的建築形象，宏偉、生動的石雕及豐富多樣的石壁浮雕圖案聞名於世。其中伊西斯（Isis）建築的雄偉，柱廊之精美乃世所罕見。

　　但如同阿布辛貝勒二神廟一般，1960年亞斯文

左：菲萊島神廟群列柱歷經風吹雨打，柱頭已多處受損。（UNESCO／Raul Delongaro提供）
右：菲萊島上神廟群矗立，早就以壯觀奇特的建築形象、宏偉又生動的石雕及豐富多樣的石壁浮雕圖案聞名於世。（UNESCO／Giuliana Riccio提供）

水壩的建造，將使菲萊神廟群幾乎全部浸在尼羅河水中。因此如何使此神廟群重放光采，也是埃及政府及UNESCO所關心的工程。1959年10月，在開羅參加努比亞區建築古跡會議的國際專家，提出以下四個解決菲萊島神廟群的方案：

　　1. 神廟群繼續立在原址，而在島的四周建築水壩。

　　2. 把神廟群的地基，整個加高八公尺。

　　3. 神廟群繼續立在原址，而在島周圍建築三個小水壩，並在島上建立人工湖。

　　4. 將神廟群切割，然後重組在菲萊島西北方四百公尺處的阿吉勒基亞島（Agilkia）上。

　　由於阿布辛貝勒廟宇重組工程的成功，埃及政府在1968年夏季決定採用第四方案，將神廟群切割，然後在阿吉勒基亞島上重組。1968年11月6日，UNESCO主席馬荷也發起國際贊助修繕保護菲萊島廟群工程的活動。而在1971年5月6日埃及政府也正式的和UNESCO簽訂了國際工程協約。

菲萊島上的圖雷真亭，乃是由一組別出心裁的菲萊裝飾列柱所構成的建築物。
（UNESCO／Alexis N. Vorontzoff提供）

上：菲萊島的伊西斯神廟建於西元前4世紀初期，此圖為浮雕
　　細部。（UNESCO／Alexis N. Vorontzoff提供）
下：菲萊神廟上的浮雕精美堪稱人類文明的瑰寶。（UNESCO
　　／Alexis N. Vorontzoff提供）

　　工程在1972年正式開始，同樣的，工程專家們
先在神廟組四周築起鋼板圍堰將堰中河水抽乾。然
後將這組廟宇順次的切割成近五萬塊的石塊和百餘
根石雕柱，在1979年8月，此神廟群，在菲萊島西
北方四百公尺的阿吉勒基亞島上一一重建起來。而
在1980年3月10日，菲萊神廟群重新正式對外開放，
讓世人有福能重睹此宏偉的建築群。

　　UNESCO所發起的第一個國際古跡修繕保護
工程，在1980年圓滿結束，先後拯救了三十多座
努比亞區的神廟。法國前文化部長安德列・馬候
（André Mairaux）針對努比亞區古跡修繕工程的開
工曾說過：

　　「世界上如果有什麼可以勝過永遠閃耀的星星
或自顧東去的江河，那麼該就是人類從死神手中
強行奪回生命的那種行動了。」努比亞區的建築
瑰寶之能重獲生機，不啻是人類追尋永恆的一個
最佳見證。

此圖由東側拍攝重建於阿吉勒基亞島上的菲萊神殿群。（UNESCO提供）

第6章

◆

印尼婆羅浮屠國際古蹟保護維修工程

　　位於印尼爪哇島中部的婆羅浮屠，建於西元約800年，（Borobudur，梵文意指「山丘上的佛塔」）是世界上最大的佛教建築之一，同時是「東方五大古蹟」之一。佛塔圍繞一座小山丘而建，處於多震區，1006年一場火山爆發中，佛塔嚴重損毀，幾乎要被人遺忘。直到1814年，英國人萊佛士（Sir Th.Raffles）再度發現此建築及佛教重鎮。1980年後，婆羅浮屠佛塔古蹟的修繕、維護成了一個重大的課題。

　　印尼的婆羅浮屠塔（Borobudur），是聯合國國際教科文組織（UNESCO）繼1960年的第一個巨大國際性的埃及努比亞（Nubia）區建築古蹟保護修繕工程後，另一個重大的國際古蹟保護修繕工程，同時也是UNESCO在亞洲發起的第一個最大的保護古蹟修繕工程。

第一節 印尼的自然和文化世界遺產

印尼的自然古蹟

　　根據世界銀行組織（World Bank）在1991年的資料顯示，印尼是亞洲及太平洋地區，最保護自然生態的國家。在印尼一萬三千五百個島嶼中（其中六千個是無人居住的島嶼），大概有一半以上的地區仍保有原始的自然生態（biodiversity），是印度—馬來西亞區（Indo-Malayanrealm）自然生態最完整的地區。在UNESCO世界自然遺產名單上，印尼共有四個世界自然遺產（Komodo National Park；Lorentz National Park；Tropical Rainforest Heritage of Sumatra；Ujung Kulon National Park），列為印尼國家一級保護區的自然景觀高達三十七處，算是東南亞最多的。由此我們可以看到印尼景觀的豐富性。又具同份資料顯示，在亞洲，除中國外，印尼的自然景觀豐富性仍名列前矛。

印尼的文化古蹟

　　印尼有很多佛教古老的文化古蹟，同時也有伊斯蘭教文化古蹟。大多都具有強烈的

民族性和地區性色彩。其中列入UNESCO世界文化遺產名單上的有三個，一為婆羅浮屠佛塔；一為巴馬南神廟（Prambanan Temple）；以及梭羅河（Solo River）沿岸的史前爪哇原人（Pithecanthropus, Sangiran Early Man Site）遺跡。

婆羅浮屠總共有九層，底層為方形塔基，接著是四層方行回廊的方形平臺，再加上三層圓臺及主佛塔。（UNESCO／Herry Wiyauto提供）

第二節 婆羅浮屠佛塔

　　婆羅浮屠佛塔是世界最大的古老佛塔。它與中國的長城、印度的泰姬嶺（Taj Mahal）、柬埔寨的吳哥窟（Angkor Wat）以及埃及的金字塔，共同擁有「東方五大古跡」之美稱。

　　婆羅浮屠佛塔位於印尼爪哇島中部，東南部距日惹市（Yogyakrata）約四十公里。佛塔是建在一個長一百二十三公尺，寬一百十三公尺的小山丘上。「婆羅浮屠」梵文的意思就是「山丘上的佛塔」。此佛塔大約是建於西元八世紀末期，屬於印尼夏連特拉

此圖為Lahshn女神浮雕。（UNESCO／Jarga Dominique提供）

（Sailendra，西元750～850
年）王朝建築。當時是由幾
十萬農民及奴隸所建成的。

　　佛塔的建築形式，具
體的表現出大乘和密宗教
義的結合，整個建築物造
型，就如同一個巨大的墳
場，總共有九層，底層為
方形塔基（Kámadháu），
接著是四層方行回廊的方
形平臺（Rúpadhátu）。

婆羅浮屠佛塔的最上層為三層圓台及主佛塔。（UNESCO／Vauthier, Mireille提供）

此種佈局，可以按照佛教「三界」來解釋：方型基塔代表「欲
界」，四層方行回廊的平臺代表「色界」，而三層圓臺及主佛塔則代表「無色界」。

　　方型基臺每邊長為一百二十公尺。四層回廊也成方形，邊長分別為八十九公尺、
八十二公尺及六十一公尺。每一層共有四百三十二座佛龕（Niches），在每座佛龕內有
一佛像盤足而坐於蓮座上。各台基之間以石階連接，石階上以牌樓間接覆蓋，而壁上
刻有爪哇式的浮雕。據估計約有一千四百個浮雕，總面積為二千五百平方公尺。這些
在回壁上及欄杆上的浮雕，據瞭
解是敘述佛本生經故事，取材於
大乘經典。再加上對當時人民生
活習俗、人、物、花、草、鳥、
獸的精緻雕刻，這些浮雕的聯接
長度約有四公里，擁有「石塊上
的美詩」之稱。

　　平臺上面的三層平臺，直徑
分別為五十一公尺、三十八公尺
及二十八公尺。每個圓臺上皆有

左：此圖為男神像，展出於巴黎小皇宮博物館婆羅浮屠佛塔佛教文物特展。
（UNESCO／Roger, Dominique提供）
右：此圖為象徵財富和繁榮的財神。（UNESCO／Roger, Dominique提供）

一圈鐘形小塔（Stupa）。最頂端是主佛塔，氣勢極為雄偉，旁繞有七十二座小塔。如眾星拱月般，佛光普照大眾。而每座小塔內供奉一尊大約如成人般大小的佛像。這些佛像按東、西、南、北、中不同方位，做出各種不同的手姿：「指池」、「施與」、「禪定」、「無畏」、「轉法輪」……都可以在這些佛像中看到。佛像形狀別緻，設計巧妙。面部神情各個不同，是爪哇雕塑工藝的菁華。整個佛塔，距估計約有五百零五尊佛像。

主佛塔也是中型的尖塔，是佛陀的坐禪所在地。高有七公尺，直徑約有十六公尺。塔頂端與山丘底部約有四十二公尺的差距。塔座上面有蓮花石雕圖案。四周密封，塔內有兩室，在室內則有一尊神態莊重但尚未完全竣工的佛像端坐於內。

由於其雄偉的建築外觀、豐富的藝術、宗教色彩，婆羅浮屠佛塔從八世紀末建成後，就成為一重要的佛教聖地。一直到1006年的麥拉比（Merapi）火山爆發，中爪哇王朝衰亡，政治及文化便迅速轉移到中爪哇，佛塔也逐漸地被遺忘。之後再加上地震、火山爆發等諸多原因，曾一度被埋沒在泥土中。幸而在1814年，英國人萊佛士（Sir Th.Raffles）再度發現此建築及佛教重鎮。此後，婆羅浮屠佛塔古跡的修繕、維護變成了一個重大的課題。

據專家研究觀察，我們可以大致歸納下列六個重點，來注意防止佛塔的損壞：

1. 佛塔是處於多震區的山丘上，不是一個良好的地基選擇。

婆羅浮屠佛塔的浮雕及牆面是植物滿佈，長滿青苔。（UNESCO／Roger, Dominique提供）

2. 佛塔是由泥土及石塊所組成，沒有以水泥性的凝固物固定，結構不十分穩定。

3. 建築體是位於地震頻發地。

4. 建築物所採用的石塊（安山岩為主，配合些許玄武岩），石塊表面空隙大，容易滲水。

5. 建築物以力學觀點來看，太過繁雜。

　　6. 佛塔位於熱帶赤道區，氣溫大約全年皆超過攝氏二十度，物理變化的熱脹現象，容易促使建築物崩潰。

　　此六項原因，再加上爪哇雨林地帶的雨水，造成了建築物外觀老舊、地基處於危險狀態不穩定、浮雕及牆面受到嚴重的侵蝕問題……，這些原因都成為婆羅浮屠塔修繕工程所需要注意的問題。

由於材質、自然天候與所處地層條件等因素，使得婆羅浮屠佛塔的佛像受損嚴重，再加上其雕工繁複更使得修繕工作不易。（UNESCO／Vicas, George A. 提供）

第三節　首次的重要修繕工程

　　佛塔的首次正式修繕工程可上溯到1907年，此工程是由荷蘭人梵・厄普（Van Erp）和其他二位專家對三層圓臺的修繕。由於此修繕工程，佛塔再次受到大眾的注意。從1926年到1940年間，許多整修工程計畫一一進行。

印尼政府申請UNESCO的技術援助

　　1955年，印尼政府正式申請UNESCO對佛塔整修，進行技術上的援助。

　　1956年，UNESCO派遣柯雷曼（P. Coreman）至印尼對此古跡做了一個全面性的觀察評鑑。同時也安排一些印尼考古修繕專家赴比利時布魯塞爾進修。

　　1966年，一些重要的修繕工程開始進行。

　　1967年，印尼政府由於缺乏現代化的設備，再次向UNESCO申請技術支援。

　　1968及1969年，UNESCO再派了葛洛西勒（Grosiler）及武特（Voute）二位專家至印尼觀察國際修繕工程的可行性。同時聯合國開發計畫組織（UNDP，United Nations

Development Program），也在1967年開始支持此次修繕工程。

UNESCO發起婆羅浮屠佛塔的國際修繕工程

1970年，UNESCO在年會中通過婆羅浮屠佛塔國際修繕整修工程，要求各會員國對此活動作經濟上及技術上的援助。

1971年起，一些國際團體，包含法國及荷蘭等國加入佛塔修繕工程。

1972年，UNESCO主席馬荷（Mr. René Maheu）發起國際性的認捐及支持活動。

從1973年起，婆羅浮屠佛塔修繕工程正式開始。

UNESCO在婆羅浮屠佛塔國際修繕工程所扮的角色

UNESCO在婆羅浮屠佛塔國際修繕工程所扮的角色如下：

1. 發起國際認捐支持，收集並開發各方面的經濟支持、技術支持……。

2. 支援一些修繕工程所需要的現代化設備。

3. 支持並協助印尼政府號招國際水準的修繕專家、組織參與此修繕工程。

修繕工程的主要方針

從1956年一直到1969年，UNESCO先後派了柯雷曼、葛洛西勒和武特幾位專家至現場評估，做了下列修繕工程的主要方針：

1. 排水系統的整修及改善工程。

2. 底層方形塔基及四層回廊的方形平臺加以重新切割、整修、安裝（三層圓臺的修繕已在1907～1911年由梵・厄普完成）。

3. 對建築石塊的清理、整修。

4. 以混凝土加強建築的結構。

5. 對內層石塊的清理、整修。

6. 在石塊表面，漆上防止雨水滲透至底層的過濾漆。

7. 佛塔建築的重新再建工程。

佛塔修繕的重要工程

從1973年起，對佛塔的地理位置，重新考慮，同時進行佛像、建築石塊的維修及上漆工作。

1975～76年，進行建築物北面、南面的重新切割、安裝，再接著建築物東西兩面的拆卸安裝。預計七年完成佛塔的修繕工程。

1981年初，大致完成佛塔的切割、重組及修繕工程，開始觀察及加強建築物結構的穩定性。

1983年3月，婆羅浮屠佛塔國際修繕保護工程正式完成。

修繕工程的基金

一直到1982年7月31日，UNESCO所收到國際認捐及經濟支援高達六百五十萬六百三十美元，其中包含二十七個國家的支援，十來個非政府組織、基金會的認捐，同時也有為數不少的志願參與工程的國際專家……。而印尼政府本身對此工程也投入了進一千三百萬美金的修繕資金。

婆羅浮屠佛塔從1973年開始進行國際修繕保護工程，將近有一百萬建築石塊，重新拆卸、安裝。約有六百位專家參與此修繕保護工程。在1983年正式完工。印尼政府也更加重視此佛教勝地，把佛塔及其周遭八十五公頃的土地，闢為國家遊覽勝地，並建立了許多旅遊設施，婆羅浮屠佛塔在二十世紀末重顯當年雄姿，並為印尼帶來豐富的文化、旅遊資源。

婆羅浮屠佛塔從1973年開始進行UNESCO國際修繕保護工程，並於1983年正式竣工。（UNESCO／Hattori, Eiji提供）

第7章

瓜地馬拉Tikal遺址國際古跡保護維修工程

　　1976年2月4日，中南美洲的小國「瓜地馬拉」因大地震面臨前所未見的慘狀──二萬五千人死傷，45％在地震範圍區的建築物毀損，成千上萬人無家可歸。政局不穩的瓜地馬拉軍事政府，是否有能力進行全面性的建築物與古跡修護工程及對人民居住的重新安排？

　　為此，瓜地馬拉政府和聯合國教科文組織攜手合作進行震後維修工程，期望能使維修的十六座建築物（瑪雅古城遺跡、西班牙殖民時期建築），結構穩定性增加、建築物表面恢復舊觀，使他們重新展現新的文化、社會、經濟及觀光價值。

第一節　蒂卡爾（Tikal）：瑪雅文化的重地

　　今日，歷史學家及考古學家談及中南美洲的文化，通常是以哥倫布發現美洲大陸來分期。一為前哥倫布時期文化；一為後哥倫布時期文化。歐洲西班牙文化對後哥倫布時期有極重大的影響，也就是所謂的西班牙殖民文化，而前哥倫布時期文化則是印地安人在美洲大陸的文化，包含有印加文化（Inca）、阿茲特克文化（Aztec）和瑪雅文化（Maya）。印加文化、阿茲特克文化，在哥倫布到達美洲大陸後，被西班牙殖民主義所毀壞，而瑪雅文化幸運的經由一批西班牙天主教士，以拉丁文記錄了下來。他們以拉丁文記錄了瑪雅文化的重要內容，甚至還編撰了一本拉丁文和瑪雅文的對照字典。

　　瑪雅文化起源於墨西哥，而瓜地馬拉則是瑪雅文化的首要重地。在瓜地馬拉三個列於世界古跡名單中，基里瓜（Quirigua）及蒂卡爾（Tikal）都是瑪雅古城遺跡，而另一古跡，安地瓜則是以西班牙殖民時期建築為主。瑪雅文化的文化圈極廣，涵蓋了中南美洲。除了瓜地馬拉外，也包括了宏都拉斯、百里斯、薩爾瓦多各國及墨西哥南部的猶加敦半島。瑪雅文化的盛世，相當於中國東漢至唐朝時期（約在西元三世紀到九世紀），瑪雅

文化在文字、數學以及曆法三方面，也在這六百年的盛世時期，達到巔峰的表現。

今日在瓜地馬拉三個重要遺跡中，基里多及蒂卡爾在瑪雅文化都是非常具有代表性的。

基里瓜，位於瓜地馬拉東部，介於伊薩瓦爾湖（Izabal Lake）及莫塔瓜（Motagua River）之間，據資料，專家學者估計此城約建於西元195年，到十四世紀左右沒落。直到1840年才又被考古學者發現遺址。基里瓜以宏偉莊嚴的金字塔、廟宇和大廣場為中心，四周則有高大華麗的宮殿，而建築物則刻有精緻花紋的瑪雅象形文字石碑與石柱。其中最高的石碑高漢十一公尺。而在西元771年雕成的最大

上：1979年，瓜地馬拉政府和UNESCO簽署了國際古蹟協定，蒂卡爾古城在同年被列入「世界文化遺產」。（UNESCO／Inguat Gamajua提供）

下：圖中三梯級的神殿突出叢林的高度，不僅突顯了神殿的雄偉亦頗有相互競美之勢。（UNESCO／Ainsa, Fernando提供）

石柱重達約六十五噸。此外1975年掘出一座最著名的太陽神石像。今日，瓜地馬拉政府已在基里瓜石刻、石柱、石碑附近，建成了公園，發展文化觀光事業。

蒂卡爾位於佩騰省（Peten）東北部，靠近墨西哥與瓜地馬拉接壤處，佩騰湖畔的原始密林中。據考古學者估計，此城約建於西元前三世紀，古瑪雅人稱之為「百聲匯合之地」，是瑪雅文化六百年盛世期間最大的政教中心和最重要的城市，也是最大的宗教中心之一。

蒂卡爾城建在沼澤環繞的丘陵上，占地面積約一百三十平方公里。中心部分占地約十六～十七平方公里。考古學者已發現了各種建築古跡約四十處。包含神殿、廣場、城堡、城市道路、民宅和出土石碑群二百多塊。而最著名的六座神殿、五個廣場及三

個城堡，則集中在不到一平方公里的範圍內，可以判定此區乃是當年蒂卡爾城的市中心所在。

　　蒂卡爾城的建築佈局是以大廣場為中心，四周則是高聳莊嚴的金字塔。東側一號金字塔，約建於西元810年。由於它形狀像一頭雄踞山丘的美洲豹，因此有「美洲豹神廟」之美稱。神廟高度超過六十公尺，頂端有小廟，在神廟南部是衛星城，此衛星城是由六個庭院組成的長廊式建築群。據考古學者研究，此種神殿－城堡－民舍的建築佈局，和統治者－貴族－平民的社會結構，有著密切的關連。

　　此重要的瑪雅古城在瑪雅文化盛世時，是重要的中心。但在九世紀後便開始沒落。一直到十七世紀末（1699），才被西班牙教士安德列‧德‧阿文達諾（Brother Andrés de Avendaño）發現，而到1848年才由圖特（Ambrosio Tut）及蒙德茲（Modesto Mendez）正式向大眾宣佈這個古瑪雅文化城市存在的事實。然後，逐漸才有考古學者參與蒂卡爾古

蒂卡爾城建在沼澤環繞的丘陵上，占地面積約130平方公里，中心部份占地約16～17平方公里。（UNESCO／Inguat-Samajoa提供）

城的研究。1931年，瓜地馬拉政府更把蒂卡爾城列為國家建築物重點保護區。1955年3月26日列為蒂卡爾國家公園。瓜地馬拉政府深知文化古跡之重要性，在1970年開始成立一個大規模的蒂卡爾古城修復工程。1979年，瓜地馬拉政府和UNESCO簽署了國際古跡協定，蒂卡爾古城很自然的也在同年被列入「世界文化遺產」。今天，瓜地馬拉政府已將蒂卡爾州

五百七十六平方公里的建築古跡、碩大的熱帶雨林，列為保護古跡及保護自然生態的國家公園。

除了上述兩個重要的瑪雅文化古跡外，安地瓜城也以其西班牙殖民建築風格，被列入世界古跡名單中。安地瓜市位於海拔一千五百三十公尺的臺地。在1543年開始建立成為重要的城市。十七世紀時，安地瓜成為瓜地馬拉的首府，十八世紀更發展成為拉丁美洲最富裕

的城市。在1773年曾遭一次強烈地震，1779年後，瓜地馬拉首都便從此東遷至新的瓜地馬拉城。

安地瓜市是一座山城，四周樹林圍繞，空氣新鮮。現今市內設有現代化大旅館及礦泉水浴池，是一個舒適的旅遊、療養勝地。瓜地馬拉從1524年淪為西班牙殖民地以來，各地都建有西班牙殖民式建築物，而在安地瓜市，我們仍能看到許多西班牙殖民時期

的華麗建築。著名的中央廣場〔即阿莫斯（Armas）〕，不定期的舉行鬥牛及市集貿易活動。在廣場的東面有1543年建造的大教堂。廣場南邊是總督府，北邊則是市政府和聖卡洛斯大學，市內的博物館、聖佛朗西斯科女修院……都是西班牙殖民時期的遺跡。

第二節　首次重要的修繕工程

在1976年，天災地震無情的毀壞了大部分具有歷史意義的古建築物。UNESCO的國際古跡修繕工程中，最主要的工程便是對受1976年地震範圍區內的建築物進行維修。維修的內容著重在建築結構穩定性的加強，以及建築外表的修繕，期望能使所維修的十六座建築物（六座在安地瓜的教堂及十座在其他受地震損害地區的建築物），重新展現新的文化、社會、經濟及觀光的價值。

在1994年初，美國加州大地震，造成了許多人、財、物、力的損失。建築物、道路的倒塌、毀損狀況，經由大眾傳播媒體，經由大眾傳播媒體，很清楚的把此天災後的廢墟呈現在世界各地觀眾的面前。這些人、財、物、力的嚴重損失，即使在二十世紀末，對科學進步、商業發達的世界首富之國而言，處理地震後的修護工程，仍倍感吃力，進行緩慢。試想在三十二年前（1976年）2月4日，中南美洲的小國「瓜地馬拉」所面臨大地震後的慘狀──二萬五千人死傷，45％在地震範圍區的建築物受到毀損，造成了成千上萬人無屋可住。政局不是很穩定的瓜地馬拉軍事政府，如何有能力來進行全面性的建築物及古跡修護工程及對人民居住的重新安排呢？

瓜地馬拉政府及古物專家們，經過此次地震後，深知建築物結構穩定性的重要，以及古跡毀損的可惜，便開始積極的提出古跡及建築物的保存維修計畫。首先，瓜地馬拉政府在1979年簽署了「世界遺產公約」。之後，UNESCO及瓜地馬拉政府，便更進一步的進行建築物及古跡的維修計畫。最後在1985年8月27日，正式由UNESCO及瓜地馬拉政府，更進一步的進行建築物及古跡的維修計畫。最後在1985年8月27日，正式由UNESCO主席Amadou-Mahteu M'Bow先生及當時的瓜地馬拉文化部長Aracelly Samayoa de Pineda女士在安地瓜（Antigua）古城，簽訂了「瓜地馬拉的建築古跡保護維修國際工

程」。

這項國際保護維修工程，最主要的主體工程是增加受到1976年地震毀損的十六座建築物的結構穩定性，以及對建築物表面的維修，預計經費四百五十萬美元（其中瓜地馬拉政府自資一百三十萬美元，另外三百二十萬美元由UNESCO的各會員國及其它國際與私人組織贊助）。

除了建築物維修保存的具體行動外，此項國際工程，也希望能達到下列各目標：

1. 帶給瓜地馬拉，在經濟上及社會上正面影響發展。

2. 在瓜地馬拉發展文化性的旅遊。

3. 以這些文化遺跡的修繕行動，來肯定發揚瑪雅文化的光采。

4. 喚起國際大眾對古瑪雅文化，在歷史上及文化上之重要性的認同，並能更進一步的研究及瞭解瑪雅文化。

但由於中南美洲政治的不穩定，UNESCO各會員國對瓜地馬拉國際建築古跡保護工程的贊助，倒不十分踴躍。除了瓜地馬拉政府自資一百三十萬美元外，UNESCO各會員國、聯合國開發計畫（UNDP）及美國私人Getty基金會等所贊助的三百二十萬美元也很平均的分配在兩個瑪雅文化古跡中進行（四十萬美元），安地瓜市六教堂的維修（一百一十萬美元），及其它地震範圍區所受毀損的另外十座建築古跡的維修（一百七十萬美元）。工程從1985年開始，預計以六年的時間完成。

很不幸的是，瓜地馬拉在1988年發生政變。古跡整修工程難以如計畫中順利進行。雖然如此國際古跡建築工程在1991年已由瓜地馬拉政府宣佈完成，但還有許多重要的工程尚未完全完工，工程還要繼續持續。本來UNESCO所發起此類國際建築古跡維護工程的初衷，只是喚起一種當地政府、當地居民對當地古跡的認知，及培養修繕古跡的人才。瑪雅文化，也只有靠中南美洲各瑪雅文化國家及人民的重視，才有可能再次重新展現迷人的魅力。

第8章

摩洛哥非斯古城國際古跡保護維修工程

此圖為皇宮，位於古猶太舊城區。（UNESCO／
Roger, Dominique 提供）

　　非斯古城是摩洛哥第三大城、摩洛哥最古老的皇室所
在地。它擁有被史家鑑別為世界上最古老的大學——「卡
拉維因」、眾多清真寺、華麗住宅以及古老的鞣革業，非
斯古城活靈活現地將伊斯蘭教城市的一切表現出來，是伊
斯蘭教城市都市規劃的活標本。十一世紀以來，非斯一直
發展均衡，充分供應城市生活的各種需要，發揮其都市之
完美功能。然而自十九世紀開始，隨著經濟、社會及人口
的急劇變遷與不正常增生，一些行政機構如大學、法院
等，都不願留在城中心，取而代之湧進的都是大量鄉村人
口。新住民並不尊重古城的居住傳統。這麼一來，嚴重破
壞非斯城之生態平衡，令非斯古城近乎癱瘓！非斯城如何
才能回復過往的樞紐地位，並讓大眾瞭解搶救非斯古城的
重要性？

第一節　非斯古城——伊斯蘭城市的最佳寫照

　　非斯古城是摩洛哥第三大城，也是摩洛哥最古老的皇室所在地。古城市中心依舊完
整的保存伊斯蘭風貌，堪稱伊斯蘭城市的最佳寫照。非斯有被史家鑑別為最古老的大
學——卡拉維因、有眾多傳統風格的清真寺、傳統華屋、古老的鞣革業，凡此種種皆說
明了非斯的確不負「伊斯蘭文化的結晶」之美稱。

　　聯合國教科文組織的前任總裁M. BOW先生於1980年提出「搶救非斯（Fès）古城」
的呼籲中，將非斯形容為「伊斯蘭文化的結晶，其創造力與融合力的最高體現」。的

上：古城市中心依舊完整的保存伊斯蘭風貌，堪稱伊斯蘭城市的最佳寫照。
（UNESCO／Roger, Dominique提供）

下：此圖為Borj Nord堡壘。（UNESCO／Roger, Dominique提供）

確，非斯是一個極特別的城市，它在人口上是摩洛哥的第三大城，也是最古老的皇室所在地，亦是世界上最懂得保存伊斯蘭風貌的城市。這個曾經令無以數計的皇親貴族、藝人巧匠及學者名流流連的城市，一磚一瓦訴說著千年的故事，其價值舉世無雙。

它的地理位置得天獨厚，既是歐洲賴以吸收東方智慧精隨的最便捷管道，又是聯結歐非兩大洲的臍帶。要深刻瞭解它的歷史，必須回溯至西元八世紀。伊斯蘭先知的後裔伊德里斯（Idris Ben Abdalah）因與當時的哈里發（伊斯蘭國家領袖）不和，於是逃到摩洛哥，成為當地阿拉巴（Awraba）部落之首長。五年後他去世，留給其長子伊德里斯二世介於大西洋、地中海及撒拉拉沙漠間的伊斯蘭王國。西元805～06年間，伊得里斯二世決定興建首都。非斯城因為眾

水環繞，土壤肥沃，氣候溫和，更因位居要衝，且極具經濟、文化及軍事價值而雀屏中選。賢明的伊得里斯二世主持破土典禮，他並祈願上蒼使非斯成為「科學與知識之城」，於是成為非斯立城之精神，並為歷代蘇丹所恪遵並力加延續的傳統。王室雖時時遷離非斯，但幾乎沒有一位蘇丹在其任內未為非斯添上一些建設，卻又極度地尊重非斯的傳統。這一切構成非斯今日傲人的文化遺產。

非斯擁有被史家鑑別為最古老的大學卡拉維因（Qaraouiyin）。事實上，它兼具了清真寺與大學兩個功用。非斯城的最大財主之女——法蒂瑪（Fatima）在繼承了龐大的遺產之後，決定興建一座清真寺。她以六十盎斯的銀子購買一塊地，並極其審慎地就建築的形式請教專家及博學之士。工程於西元895年開工，一切所需砂石皆就地開採，以維持聖地之純淨，並鑿井以供淨手池之用。最早的寺廟長三十六公尺，寬三十二公尺，分隔四個東西南北向的橫排及十二個南北向的拱廊。一世紀之後即已不堪其雙重任務，遂於934年進行第一次擴建；兩百年後

被史家鑑別為最古老的大學卡拉維因。（UNESCO／Eric, Bonnier 提供）

又再一次擴建，西元1137年後始呈現今日風貌：占地約半公頃，擁有十八個富麗堂皇的大門，雕著繁複精細的圖案和銘文，並貼著銅箔。圓頂、柱頭、拱頂及拱廊、條飾等，顯示出瑪格里布工匠的鬼斧神工。

卡拉維茵也是唯一一個有五個不同水源的寺廟。供水在伊斯蘭教的建築上扮演著舉足輕重的腳色，而卡拉維因巧妙的供水系統使的該寺廟即使在酷寒炎暑或盛夏，也不致於遭遇缺水的情況。此外，卡拉維因還擁有最古老的尖塔（minaret），該尖塔的形式成為往後八百個清真寺模仿的對象。它曾被當作天文臺使用，其上有古老的刻漏、

以造型來看，水池與噴泉都與建築物十分均衡與和諧。（UNESCO／Eric, Bonnier 提供）

沙漏等計時器。現存最古老的水力鐘也收藏於此，供當時天文學家及科學家們研究應用。卡拉維因是世界可蘭經研究的重鎮，曾設有一百多個教席。在中世紀時期遠播的聲名不知道吸引了多少從西班牙、法國、中東等地前來負笈的學生。

　　非斯境內約有七百多個清真寺，除了傳統建築風格外，非斯自十三世紀起發展出西班牙—摩爾式藝術形式（art hispano-mauresqne）。其代表作稱為「梅德沙（Médersa）」，即所謂的可蘭經學院。它們的建築者是梅里尼德王室。梅里尼德原是入侵的遊牧民族，在十三世紀時建于非斯，武力強大，曾多次遠征西班牙。在他們的

統治下發展出這種形式與功能均特別的建築。在此之前，清真寺是唯一的授課場所，但那些無法在寺廟附近找到住所的留學生等於被剝奪了聆授的權利。皇室便決定建造一些可蘭經學院來滿足他們在物質及精神上的雙重需要。可蘭經學院皆遵循

卡拉維因還擁有最古老的尖塔，該尖塔的形式成為往後800個清真寺模仿的對象。
（UNESCO／Roger, Dominique提供）

一定的格式：包括中庭及其水池；回廊和小室做睡房或課室使用；一個面向麥加的聖地的壁室（mihrâb）做為禮拜堂。最著名的一座可蘭經學院叫做布伊那尼亞（Bou Inania），為蘇丹阿布伊南（Aboúlnan）所建，該學院建有一座鐘樓，我們至今能看到其殘存的十三個銅鈴。布伊那尼亞的功能相當於天主教的主教堂，備有講壇供每週五的講道。其尖塔及中鐘樓可用以提醒非斯的信徒祈禱。

非斯至今仍保有許多傳統的華屋，均位於古老的城中心（medina，在阿拉伯文中指城市舊城區）。今日當我們行走其間時，只會覺得道路狹小曲折，四周皆是高大灰樸的牆垣；乃是因為他們的民房皆是圍繞著中庭的背像式建築，一旦登堂入室，便是別有洞天。幾乎所有的屋主都不計花費地裝飾他們的屋子：地面全鋪以磁磚（Zellijs）所構成的藍白或黑綠棋盤紋，柱子、走道及房間的壁面全嵌著熠熠生光的彩石，閃爍著繹紫、青

圖上可以看到圍繞古城的古城牆遺址。
（UNESCO／Roger, Dominique提供）

建築物地面全鋪以磁磚所構成的藍白或黑綠棋盤紋，這些磁磚的紋路多為幾何圖紋。（UNESCO／Eric, Bonnier 提供）

綠、蔚藍及翡翠的光澤。這些磁磚的紋路十分複雜，是不斷交錯及重複的幾何圖紋：之字型、六角形、編帶飾、玫瑰型……。熟練的老工匠不需要任何的器具即能測出所需的磚數，並將之毫無錯誤的排在牆上。這些裝飾因其構圖簡潔清晰、線條色變化微妙而和諧著稱，具有藝術上極高的價值。

傳統建築物中的裝飾因其構圖簡潔明晰、線條明快及色調變化微妙而和諧著稱，具有極高的藝術價值。（UNESCO/Eric, Bonnier 提供）

非斯傳統的手工業以鞣革業最為古老。相傳蒙萊・伊得里斯（Monlay Idris）在建成時已立業。事實上非斯城的地形最能助長其發展：充足的水源可供皮革整制時多重清洗及淨泡，四環的山嶺則是牛羊的好牧場。非斯因而成了皮革生產及出口的重鎮，自古即享有盛名。鞣革場也因而成為非斯城市特別的景觀：聰明的非斯人將工廠設於山坡地，以便巧妙地利用此地形引水及排水；其上挖滿大小

不一的窟窿以浸泡、洗滌或染制各種不同的皮革。架高的貨棧則用以懸樑成品。傳統的市集（souks）是非斯古城的命脈，陶瓷、銅器、鐵絲及刺繡等產品皆集中於市集拍賣，並有極發達的同業公會組織來策劃經營及排解糾紛。驛站（Fondouks）則供聚集的商賈旅客或外交人員居住。

非斯古城將一個伊斯蘭教城市的一切表現出來，是伊斯蘭教城市都市規劃的活標本。透過它，我們可以清楚意識到伊斯蘭教城市的三大特徵：一、公共區段（經濟活動區、在傳統觀念裡是男人的天下），及私有區段（住宅、女人的領域）是

此為自Borj Nord堡壘拍攝的非斯城鳥瞰圖。（UNESCO/Roger, Dominique提供）

絕對分開的。二、社會異質及同質團體的緊密相交或是結合；如同公會或宗教組織。三、都市的結構原則乃是細胞型增生。基層分子（民宅、商店、小禮拜堂）皆圍著主建築（清真寺）做周邊式發展。此一結構不停地系統重複，構成一個自主性強又息息相生的網路。

第二節 摩洛哥非斯古城國際古跡保護維修工程

十一世紀以來，非斯一直發展均衡，充分供應城市生活的各種需要，發揮其都市之完美功能。然而自十九世紀開始，在經濟，社會，及人口的極劇變遷之下，這座古城陷入空前的危機，幾陷於癱瘓！根據其市長在1980年所接受的訪問中指出：人口的不正常增生是最大的主因。原住於城中心的居民因該區比諸現代化城市的生活水準已有捉襟見肘的趨勢，遂逐漸地遷移至摩登的新興區達耳迪巴比（Dar Debibagh），最後連一些行政機構如大學、法院等，都不願留在城中心。取而代之湧進的通通都是大量的鄉村人口。這些新住民並不尊重古城的居住傳統，遂嚴重的破壞了非斯城之生態平衡。非斯城現存最緊迫的問題乃是：一、逐漸失去過往的樞紐地位，淪為棄城。二、人口過剩、住房及工作不敷所需，違章建築及非法營業問題嚴重。三、市容遭到破壞，環境被污染（包括水源問題及垃圾問題），基礎建設荒涼（電力，飲水系統供應不足）。四、傳統手工藝式微，取而代之的機械工藝將傳統的社會結構摧毀殆盡。

1976年，UNESCO在摩洛哥政府的請求及各國的支持下，將非斯古城劃為全球性的歷史瑰寶，並決定倡議一個國際性的搶救運動，來合力解決非斯城迫在眉睫的問題。1980年4月9日，UNESCO總裁於非斯正式地向全體會員國發出呼籲：非斯需要立刻加以搶救！1983年1月4日被定為非斯日，國際性的研究會在此日召開，三十六個方案在此日被提出。摩洛哥政府於同年8月提出非斯城都市整體規劃，這是一個需時數十年，耗資估計五十四億美元的龐大計畫！

該計畫的總體目標可以分為以下數項：

1. 加強Medina（城市舊城區）作為城市中心的地位和角色。

此為非斯城的空中鳥瞰圖。（UNESCO／Eric, Bonnier 提供）

2. 為Medina（城市舊城區）的未來發展提供一個合適的環境。

3. 促進Medina（城市舊城區）的自然功能並保護建築物。

從而，依據該目標，計畫分解為兩個部分：城內及城外。

從城外開始：1.在郊區興建住宅區，疏散在城中心的一萬四千戶居民。該住宅區將依循傳統風格建築。2.發展東郊艾因科諾比（Ain Nokbi）工業區，以安置位於城中心那些製造噪音及污染的機械工業。3.興建一些勞工住宅區，供勞工們居住。

其次在城內：1.消毒，及浚治水道，修復中世紀之給水系統。2.改善運輸網路，加強對外之連絡。3.修建橋樑。4.興建車站、水力及電力中心，處理垃圾及飲水問題，及基層設施的現代化。5.古跡之修復：包括皇宮、寺廟、經院、驛站、水泉、大學、陵墓及城門等。6.傳統手工藝之振興及保護，恢復市集之功能，重修磨坊，設立傳授傳統工藝之學校。7.在城內設立一伊斯蘭文化研究中心。8.行政區域之重劃及政經文化健康教育等機構再納入，規劃綠地、住宅群集及運動文化娛樂場所，恢復卡拉維因之學術地位，成立其從屬學院以烘托之。最後，成立一宣傳資訊中心，以讓全民瞭解搶救非斯

此圖為非斯市舊城區的聲光表演。（UNESCO／Eric, Bonnier 提供）

之重要性。

　　工程實際起步於1989年。在進行總體可行性研究之後，摩洛哥政府組建了「埃德非斯」，負責實施和協調該項救援計畫的一個實體機構，涉及到大約五十處從歷史或建築角度看最古老和最有意義的紀念性建築物。經評估，其重建修復費用總計約需六億美元。第一期修復工程正根據援助承付額的收訖情況一步步在進行中。

　　「埃德非斯」任用了當地最好的工匠，所謂「瑪阿勒姆」，即恪守本城傳統技術去修復重建建築物最初的建築風格。同時還創辦了一所傳統建築技藝培訓學院和一所修復和重建實驗室。不過，現場工作進展緩慢。Medina的街巷非常狹窄，因此所有的材料都不得不用驢子馱運。修復工作精雕細刻，一般都曠日費時，如梅斯巴希亞穆斯林學校，幾乎只剩下幾塊平臺，幾片天頂，以及少量的裝飾構件。這所穆斯林學校的基礎如今已經奠定，下一步則是要盡量完美地修復其建築細部了。

　　這一宏圖大業之所以取得成功，文化背景也起了重要作用。「埃德非斯」總幹事阿卜杜勒‧拉蒂夫‧哈賈米說：「這裡的老百姓並非為藝術而重藝術，他們更重視土耳其浴室，而不是紀念性建築物。若要讓人們接受重建計畫，就必須為紀念性建築物找到一項新的社會功能。」對於整修納賈林集市（十八世紀時曾是牲口市場）及其附近的木工露天市場（業已成為木工博物館，並將安排一個專家圖書館和修復實驗室），所採取的就是這種態度。

　　對於始建於1348年，又在幾十年前毀於一場大火的卡拉維因大清真寺瞭望塔的修復工作，也本著同樣的精神在實施。由馬里尼德蘇丹阿布伊南始建於1356年的布伊南尼亞穆斯林學校也在修復之中。布伊南尼亞是以裝飾精美典雅而著稱的一座建築，至今還活在人們的記憶中。它收藏有世界上最古老的水壓鐘。

　　最近的保護行動的目標之一則是達拉迪爾宮，十七、八世紀風格的一座建築。與其

他一些同類當代建築比較，這座豪華住宅要寬敞得多，而且在建築上有其獨到之處。它曾屬於十七世紀的非斯總督所有。在對它的結構進行加固時，不得不重新製作那些由灰泥鏤雕切割成的裝飾構件、木製品以及被稱為「澤利傑」的小花磚。修復完工後，達拉迪爾宮將像過去一樣，成為一所安達盧西亞音樂學院的所在地。

正在修復中的具有歷史意義的紀念性建築物目前總計有十數幢，但住宅、管網和道路的施工同樣也很棘手。排水系統修復的成功與否在很大程度上將取決於能否把最主要的污染活動——製革、榨油和銅器加工——轉移到埃因諾克比去，那是位於Medina（在阿拉伯文中指城市舊城區）之外的一個新手工業區，那裡已經配備了各種設施，以處理它們排放的三廢。

在整修工程開始以前，麥迪那因人口增長和外地農村人口流入而存在一個人口過剩問題。由於經濟狀況不好的人家多棄城他去，古城陷入了每況愈下的貧困境地。公用設施越來越缺乏。這種狀況目前已得到控制。

對有倒塌危險的二百多幢建築物已採取了緊急措施。「埃德非斯」還打算在市政當局和相關人士的幫助下，整修一大批具有歷史價值的住宅（在麥迪那總數一萬三千三百八十五幢住宅中有一萬多套要整修）。已開始大規模的電腦化調查，把每幢建築的地址、建築類型、文化價值、住戶數目和健康狀況都一一錄入了電腦。

儘管整修活動離完成之日還差得很遠，但麥迪那昔日獨特的光彩與魅力有些已經尋找回來，失而復得了，它在伊斯蘭宗教信仰和文化交流方面所扮演的重要角色，也將逐漸地持續下去並逐步得到加強。

非斯是最古老的皇室所在地，它的地理位置得天獨厚。
（UNESCO／Eric, Bonnier 提供）

第9章

尼泊爾加德滿都建築古跡群國際古跡保護維修工程

尼泊爾既是佛教始祖釋迦牟尼的出生地；亦是印度佛教的發源地。
（UNESCO／Gerlinde Unger 提供）

現代文明生活，從大氣污染至日益增加的交通量，一年四季不斷的侵襲著，加上人們從城市中迅速的擴展其腹地到鄉村，圍繞都市周圍的土地也漸漸地城市化，破壞了大環境的結構。地區的特性因新式建築物的大量興建而消失，地方觀光事業的蓬勃發展，大量觀光客的到來，無異火上加油，使狀況加速惡化。所幸尼泊爾政府本身並未忽視這些嚴重的問題。1952年，尼泊爾政府便在教育、文化部下設置了考古部門，對其境內的古跡加以修護，而在1956年也公佈了古跡保護法案。可是要如何保持這美好的自然環境及文化古跡，同時發展經濟、旅遊，這之間的平衡，就是尼泊爾政府必須面對加德滿都建築古跡群的首要問題。

第一節　佛教宗教建築的文化遺產——加德滿都山穀建築群

　　尼泊爾位於喜馬拉雅山南麓，是一個內陸國家，全國約一半地區在海拔一千公尺以上，故有「山國」之稱，是佛教始祖釋迦牟尼的出生地，同時也是印度佛教的發源

地。宗教建築堪稱尼泊爾的精華文物，尤其加德滿都山谷，三步一小塔，五步一大廟，聚集了為數眾多的古跡。

　　1994年末，貝托魯齊的影片《小佛陀》（Little Bouhdda）在歐美國家掀起了一片佛教熱。借著影片的呈現，我們也不由得的進入尼泊爾，神遊加德滿都這個充滿宗教色彩的谷地。

　　尼泊爾，這個古老的宗教國家，人口約有一千六百萬，國土面積十四萬餘平方公里。大約自十三世紀起一直到十八世紀，尼泊爾建立一個馬拉王朝，到了十八世紀中葉，外族廓爾喀族統一了整個尼泊爾，於是廓爾喀族從此成為統治民族。十九世紀初（1816年）英國殖民主義者侵入，尼泊爾成為附庸國。1846年尼泊爾發生軍事政變，建立了軍事獨裁統治，國王變成了虛位。到了1923年，英國與尼泊爾簽訂了「永久和平與友好條約」，表面承認尼泊爾獨立，卻依然對其進行政治統治與影響。直至第二次世界大戰後，英國才被迫退出印度，跟著英國在尼泊爾的特權也才正式宣告結束。

　　1950年11月，尼泊爾國王聯合了大會黨推翻了軍事統治獨裁拉納家族一百零五年的世襲統治，在1951年2月18日，國王宣佈實行君主立憲，由大會黨組織內閣，尼泊爾從此進入現代化，開始和外界以同等地位進入國際舞臺。尼泊爾多數的居民，居住在以首都加德滿都為中心的這個高原河川谷地區域，並且向北縱向河谷地，和向南平地延伸。由於與西藏非常接近，因此在語言和宗教文化方面與西藏極為相近。由於地緣的關係，尼泊爾人民在普通生活上，與西藏人民有一定程度的交流，尤其是經濟、民生、宗教上的關係極為密切。相形之

尼泊爾的建築物大都是二至三層，使用石磚、泥土築牆，厚而堅實，其他部分則以木材作為支撐、裝飾。

下，尼泊爾與印度的關係反而較不緊密。由於印度在地理位置上控制尼泊爾和西藏對外聯繫的管道，印度便假「損害印度的經濟利益和印度的政策」為藉口，時常拒絕給尼泊爾提供過境便利，並且提出限制尼泊爾對外貿易的種種苛刻要求，危害尼泊爾的民族獨立和國家主權。因此尼泊爾政府希望能運用政治及國際外交的途徑，來調整兩者間的平衡狀態。

尼泊爾的居民所使用的住宅建築物，大都是二至三層的房屋，一樓大半做為牲畜家禽的欄柵和堆放雜物的倉庫，而以上的樓層則供家居使用，建築物大都使用石磚、泥土築牆，厚而堅實，其他部分則以木材作為支撐、裝飾。金屬材料不易見到，結構系統是承重牆結構系統。以石材作為牆面的建築物，採用片狀塊狀的石材，不規則地相互迭砌成牆，以磚作為牆面的建築物，都是規則地迭砌。兩者都以泥土作為填補空隙的材料。外牆，不一定會使用裝飾色彩，而表現出原始粗曠的自然風貌；內牆，則會有一定程度上的修飾平整。

至於開口的部分，會先在其上下左右使用木材做框，再安放門和窗戶。當地人民在門和窗的上方小橫樑部分，則有一些傳統的裝飾木雕，保持原色或繪以色彩，十分美觀。少部分居民索性加大窗戶的尺寸，成為落地窗形式，再搭建小陽臺。若是二層樓以上，室內使用木材做柱子、樓板及樓梯。柱子通常細長，間距小。樓板則是以長木板交叉搭蓋於梁上，屋頂仍是木構造，其表面都會加上石片壓頂，或是以瓦片鋪成。屋頂下簷部分則使用木材支撐而向外延伸，頗像中國建築中斗拱的部分。

宗教建築則是尼泊爾的精華文物古跡。這些建築物，表達出尼泊爾人民對於宗教的虔誠和敬意。雖然尼泊爾境內建築古跡眾多，但由於尼泊爾政局並不太穩定，再加上生活現代化所造成的污染，交通量的增加所造成的危害，雨林帶每年一次的雨季所造成的酸化危害，頗多建築物的基座面臨材料結構腐蝕而向中間「搭靠」，增加中央部分的負荷，產生斜移的現象。有些廟因年久未加維修，其屋頂已長出植物，而屋頂支撐的木材也已腐蝕，基座部分則產生不均勻沉陷及倒塌現象，原本精雕細鏤的柱子，也因污染而產生黑化的情形。這些珍貴的資產，尼泊爾政府應要細心的維護、整修，恢復它們原有的光采。

一項文化遺產，是提供給後代瞭解祖先們歷史、精神價值和道德紀律最好的見證。但常常卻在歲月的流轉中，一步一步走向毀滅殆盡的不歸路。尼泊爾許多的古跡亦遭到同樣的問題。從自然因素來討論尼泊爾古跡的凋零，主要是來自日趨惡劣的地層結構，由於造山運動的持續，地震被視為

加德滿都的寺廟為尼泊爾深具代表性的藝術。（UNESCO／Roger, Dominique提供）

主要的禍首，持續零星不斷的地震，一步步地搖鬆建築古跡的堅固基礎及其承重牆。同時每年定期的大雨，也對建築物的外觀，造成了許多負面的影響。而大量人為的因素，也侵佔了原本單純的生活、宗教活動空間，加重了建築物的使用負荷。

第二節 加德滿都山谷建築古跡國際整修工程

針對這些珍貴的文化遺產卻在歲月無情的摧殘之下日漸荒蕪。直到七〇年代，尼泊爾政府延請聯合國教科文組織協助，致力於加德滿都山谷建築古跡的維修，古跡才受到應有的重視。從七〇年代起UNESCO派建築、經濟、旅遊各界的專家至尼泊爾協助、考察和指導。1973年UNESCO的英國建築師山岱（John Sanday）的任務，便要對舊王宮猴神廟（Hanuman Dhoka, Royal Palace）的整修計畫及文化旅遊的發展做一番考察，這便是「加德滿都山谷建築古跡國際整修工程」的第一步具體行動。從此之後，尼泊爾政府，當地考古、修繕專家及UNESCO的建築師便開始致力於加德滿都山谷建築古跡保護

UNESCO於1979年6月25日發起全世界拯救加德滿都山谷建築古蹟的號召。

維修整體計畫（The Master Plan for the Conservation of the Culture Heritage in the Kathmandu valley）而努力，終於在1977年訂出了大概的整修計畫。尼泊爾政府及UNESCO也就在1979年6月25日發起了全世界拯救加德滿都山谷建築古跡的號召。

由於尼泊爾加德滿都山谷，三步一小塔，五步一大廟，古跡處處的情況下，尼泊爾政府與UNESCO便列出下七項最具代表性及最急需維修的七項古跡，進行加德滿都山谷建築古跡整修的工程。這七項建築古跡大部分是在加德滿都市及其近郊，但也包含了巴德岡（Bhadgaon）古城及帕坦（Patan）古城。

帕坦古城

帕坦是尼泊爾第二大城，著名的古都，位於加德滿都以南五公里的巴格馬提河畔，建於西元298年，是尼泊爾最古老的城市，也是加德滿都河谷古代商業中心。帕坦（Patan）意為「商業城」；又名勒利德布林（Lalitpur），意為「藝術之城」。十一至十八世紀曾是尼瓦爾人帕坦王國都城，也是古代帕坦王國都城，同時也是古代大乘金鋼佛教中心。城內接見廳廣場（Patan Durbar Square）周圍，尖頂廟宇林立，殿堂富麗堂皇，佛塔、神像雕工精美，宛如一個露天博物館。其中廣場上最醒目的建築物為黑天廟（Krishna Mandir），建於1723年，為一座三層高，全座石雕的廟宇，廟宇四周雕滿各種神像及戰爭場景。而從1991年起UNESCO的日本基金（由日本政府出資近四十萬美元），也在帕坦接見廳廣場上的兩幢建築古物幕樂廟（Mul Chowk）及申得利廟（Sundari Chowk）加以整修，工程在1997年完工。

巴德岡古城

巴德岡（Bhadgaon，又名Bhaktapur）乃是尼泊爾歷史名城，梵文意為「信仰者之城」，位於加德滿都谷地，西距加德滿都十二公里。建於西元389年，城市依山坡而築，呈梯形。十三世紀初馬拉王定都于此，成為尼泊爾政治、文化中心。是中世紀尼泊爾藝術和建築的發源地，有「露天博物館」之美稱。

巴德岡古城建築時期不同，風格迴異，大小不一的寺廟、佛塔、石亭、雕像林立在大街、鬧市、住宅、商店之間，古城氣息濃郁。其中五層神廟（Nyatapola temple），建於1708年，相傳瑪拉國王曾揹運磚石，參加建造，是全巴德岡最高的廟宇。塔建在一方形五層磚砌台基上，每層都有四方形塔簷向外伸展。台基正中，石階兩旁自下而上，豎有勇士、大象、雙獅、鷹頭怪獸及護廟女神五對巨型石雕。塔廟畫柱雕梁，色彩斑斕，神像所刻花飾，絢麗多姿，反映了瑪拉王朝

上：巴德岡是尼泊爾歷史名城，建於西元389年，此圖為舊皇城市中心。

下左：巴德岡古城其中五層神廟建於1708年，是全巴德岡最高的廟宇。

下右：巴德岡古城宗教建築反映出建築和雕刻藝術的高超水準。

後期建築和雕刻藝術的高超水準。

加德滿都

加德滿都是尼泊爾的首都，是世界聞名的遊覽勝地。建於723年。加德滿都尼泊爾語為「獨木廟」之意。原因是在十二世紀時，國王以一棵樹建造了一座塔廟——巨木寺（Kastha Mandap），加德滿都便以此廟為中心，發展成現在的城市。從1768年後成為都城，城內文物繁多，難以盡述。城內大小寺廟達二千七百多座，有寺廟之城的美稱。建築物有的佈局嚴謹，造型典雅，有的畫棟雕樑，金碧輝煌，有的以廟內精美的木刻神像著稱，有的以廟前的鋼金銅獅馳名，造型各異各有特色。其中哈努曼多卡皇宮（Hanuman Dhoka Palace Royal，又稱猴神廟），是尼泊爾故宮，現有皇宮博物館設於此，是全國現存歷史遺跡中規模最大，藝術收藏最豐富之處。位於加德滿都市中心，哈努曼多卡意為「猴神門」。哈努曼是古代神話中神通廣大、揚善除惡的神猴，頗像中國西遊記裡的孫悟空。在此廟，被視為捍衛正義的化身，而頗受善男信女之崇拜。

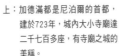

上：加德滿都是尼泊爾的首都，建於723年，城內大小寺廟達二千七百多座，有寺廟之城的美稱。
下：哈努曼多卡皇宮位於加德滿都市中心，哈努曼多卡意為「猴神門」。

除了哈努曼多卡宮外，猴廟〔亦稱斯瓦揚布納特寺（Swayambhu Nath）〕也是加德滿都市附近的重要建築物。此廟建於西元前三世紀，位於加德滿都市郊的斯瓦揚步山

頂上。是亞洲最古老的佛教聖跡之一，也是尼泊爾發展國際佛教交流之中心。據傳，佛祖釋迦牟尼曾親臨此地，收了一千五百個弟子。建築物分為五層：第一層圓形、第二層方形、第三層三角形、第四層傘形、第五層螺旋形，分別代表水、地、火、風及「生命的精華」，以表示萬物的組成。其中第二層是一截鍍金的方形砌石建築，其四面繪著四雙巨眼，稱慧眼，代表佛陀眼觀四方，俯覽整個加德滿都市。

八眼佛塔（Boudha Nath）也是列入修繕工程中的主要建築物之一，位於加德滿都市中心東北方，是世界最大的佛塔之一，規模比上述猴神廟稍大一些。入口處有一巨大法輪，供善信運轉，塔旁圓牆上有很多小法輪，許多善男信女便以順時鐘方向，轉動各法輪，一面念經，一面求平安。

印度教聖廟（Pashupati Nath）位於上述八眼佛塔西南，是尼泊爾地位最高的印度教廟，也是加德滿都河谷建築古跡修繕工程的唯一印度教廟。

以國際合作的方式，執行在加德滿都山谷的保修維護文化遺產工程，對於資金、專員、技術缺乏的尼泊爾政府，是一項重要的幫助。國際間，相繼有德國、日本、美國、法國、義大利等國家共同參與，使得修復的工程得以順利進行。今日上述各項古跡的維

上：猴神廟供奉的神猴被視為捍衛正義的化身，因而頗受善男信女之崇拜。

下：斯瓦揚布納特寺（亦稱猴廟），廟建於西元前三世紀，位於加德滿都市郊的斯瓦揚步山頂上。

修工程尚未完全完工，但又有其他建築物被認為應快速的維修，如在1991年帕坦皇宮廣場的慕樂廟及申得利廟便由UNESCO以日本資金的名義（由日本政府出資三十七萬六千三百美元）來進行此二廟的整修，整修計畫預定在1995年結束。

該項計畫的主要目標包括：

1. 對加德滿都山谷的佛教建築遺址進行全面的勘測和調查。

2. 對維修工作進行全面的組織和指導。

3. 決定與引入古跡保護的行政制度與工作框架。

4. 在進行古跡保護維修的同時，提高當地居民的生活水準。

5. 開發與促進旅遊業的發展。

6. 保護環境。

而總結已進行完成的該項計畫可以得出以下幾處特徵：大量的古跡維修工作是由尼泊爾

上：斯瓦揚布納特寺建築物分為五層，分別代表水 、地、火、風及「生命的精華」，以表示萬物的組成。
下左：八眼佛塔是世界最大的佛塔之一，位於加德滿都市中心東北方。
下中：八眼佛塔也是列入修繕工程中的主要建築物之一。
下右：尼泊爾政府與UNESCO將八眼佛塔列為加德滿都河谷最急需維修的七項古跡之一。

政府主導完成的；UNESCO專家在UNDP的支持下全面參與及指導了這項維修計畫；由UNESCO在1974年的總體規劃建議下設立的國家遺產保護維修委員會成為計畫實行的堅實基礎。同時還有兩點經驗可供總結，一是整體的維修計畫在爭取國際援助時被切分為數個小型的維修項目，從而有利於更好的爭取國際援助，同時這些小型的維修專案以合適的規模限定在一定的範圍內，也便於更好的展現維修成果，以利於未來持續的外部援助投入；二是充分重視與挖掘對地方技術人才的培訓，並重新尋回傳統的建造技術，使得古跡的維修成為傳統技術與文化發揚的契機。

修不完，理還亂；國際古跡維修工程本來就不是三年五年的短期工程，而是應持續不斷的進行。尼泊爾這個三步一古塔、五步一古廟的文化國，也只有在UNESCO等國際組織會合其他先進國家支援、尼泊爾政府及居民不斷努力，才能使這些露天博物館重放光采。

上：筆者與尼泊爾文化部考古研究院主任及副主任共同討論尼泊爾世界遺產問題。
中：筆者與加德滿都帕坦古城（Patan）皇宮主管人員的合影。
下：此圖為筆者造訪加德滿都哈努曼多卡皇宮之際與各界專家學者的合影。

第10章

海地國際古跡保護維修工程

上：海地典型的沙灘景觀：細軟的黃沙、墨綠的棕櫚，伴著一片深藍海水。（UNESCO／Claude, Michel 提供）

下：1842年一次大地震造成屋頂與北立面幾乎全毀，只留下一些殘餘的建築磚塊，而南面門倖存，然裂縫處處。（UNESCO／Claude, Michel 提供）

海地素來被稱作「安地列斯群島之珠」，與多明尼加共同位於加勒比海，僅次於古巴的第二大島──伊斯帕紐拉島。海地自從立國以來就一直脫離不了政局紛擾的命運。歷代諸位皇帝中，亨利一世不計一切代價建築一座不易攻克的堡壘──即今日之拉費席埃城堡，之後並為自己修築

了一座皇宮──無憂宮。亨利國王死後，這兩座皇宮都受到無情的劫掠，之後被廢棄了長達一世紀之久。直到二十世紀七〇年代，海地政府才開始全力修復。

第一節 「永遠攻不破的堡壘」──豎立在海拔九百五十公尺主教帽山峰的拉費席埃城堡

海地共和國在人們的印象裡往往是政治紛擾、貧窮落後，社會衝突等等的同義字。然而這島國擁有號稱「世界第八大奇景」的文化遺產，

卻是鮮為人知。

海地位於加勒比海，僅次於古巴的第二大島上，該島占地七萬七千二百五十三平方公里。西邊的三分之一乃海地之領土，於下的三分之二則屬於多明尼加共和國。

海地向來被稱作「安地列斯群島之珠」，除了地形上彷彿珠串的墜子之外，它在歷史背景上確有比其他島嶼有其獨特之處。西元1492年，在歷經四個多月的航程後，哥倫布發現了這個住著阿拉瓦克族（Arawaks）印地安人的島嶼。在他的日誌中，我們還能讀到他因原住民的熱情款待而驚訝不已。他將島名命為伊斯帕紐拉島（Hispaniola），以紀念他的贊助者西班牙國王。12月26日，他在今日海地角的附近豎起了西班牙國旗，成立了有史以來第一個白人殖民

上：此幅為二十世紀重要的海地藝術家派菲德·杜佛的作品，其作品主題大多圍繞在「想像的城市」。（UNESCO／Vorontzoff, Alexis N.提供）
下：此畫內容描繪巴托洛梅·德拉斯·卡薩斯教士於1533年在巴奧魯科山，為亨利·卡西克和他的同伴解釋基督教。（UNESCO／Roger, Dominique提供）

地，並將它命名為聖誕島（Fort de la Nativité），並留下三十九名士兵駐紮該地。

西元1493年，哥倫布率領十七艘戰艦重返海地，對整著島嶼進行佔領和開發，並強制原住民進貢棉花、糧食和黃金。從此西班牙人縱橫全島，對原住民進行殖民式的壓榨和殘殺。當地的原住民人數因此急速銳減至近乎滅絕的地步，當地的金礦脈也近乎枯竭。十六世紀中葉時期，伊斯帕紐拉已經是荒涼一片！1625年左右，法國的探險家在龜島（île de la tortue）附近出沒，他們可說是法國殖民海地真正的先驅。1697年，根據

拉費席埃城堡初建的目的就是為了防禦。（UNESCO╱Claude, Michel提供）

賴斯維克條約（Traité de Ryswick）的協議，西班牙正式將海地割讓給法國，成為法國人口中的聖多明哥（Saint-Domingue）。海地因此成為美洲唯一以法語為官方語言的獨立國家。貪婪的法國人為了提高農業產品的產量，在十八世紀一整世紀之間大量的從非洲引進黑奴。以致於到了十八世紀末法國大革命時，島上的人口比例已經是三萬法國人比四十五萬黑奴。這造成海地第二大特色，為它取得「黑人國」的綽號。

　　當時受到法國本土民主思潮的影響，島上的法人之間分黨結派，各自對殖民問題持不同的看法。主張自由平等的一派即與黑人聯合起義，反抗殖民者，爭取公民權。於是乎展開一連串的暴亂及流血事件。1792年，巴黎國民大會同意給予混血兒及非洲奴隸身分的黑人公民權。這項決議引起殖民者的強烈反彈，並給西班牙及英國可乘之機。也就是在這樣的混亂的局面中，出現了圖森‧路為杜爾（Toussaint-Louverture）、薩德利納（Jean-Jacuqes Dessalines）及亨利克利斯多夫（Henri Chricostophe）這三位主要的黑人民族英雄。他們在西班牙和美國的軍旅學校中習得了軍事技巧，竟以遊擊戰術推翻了殖民者。然而，拿破崙不願就此善罷甘休，旋即派遣大軍，在其妹夫勒克雷爾（Le Clerc）將軍的率領下，大舉收復失土，圖森不幸被擒。法軍在獲得短暫的勝利後，卻突然遭到黃熱病的侵襲。反抗軍在薩德利納和克利斯多夫的領導下，終於獲得決定性的勝利。聖多明哥於1804年元旦宣佈獨立，成為美洲第一個黑人共和國，及第二個取得獨立的被殖民國。自此沿用印地安阿拉瓦克語「海地」為國名，意為「多山之地」。

自海地立國以來，一直脫離不了政局不穩的命運。獨立後的第一任總統薩德利納上任甫滿一年即遇刺身亡。海地因此南北分裂：克利斯多夫據北部稱帝，佩地翁（Alexandre Sabès Petion）據南部共和。克利斯多夫自封為亨利一世，大行帝制。這位缺乏安全感的皇帝日夜活在政權被顛覆及法軍捲土重來的夢魘裡。為了平息心中的不安，他決定不惜一切代價，建造一座「永遠攻不破的堡壘」，即今日豎立在海拔九百五十公尺的主教帽（Bonnet-de-l'evêque）山峰之拉費席埃城堡（Citadelle la Ferrière）。該城堡始建於薩德利納統治下（約1804~05年），全部由堅硬的石塊築成，成不規則的四邊型。四個腳各突出一個巨塔保護著城堡。其內築有八個堡壘，每個堡壘配備有層層相迭的大炮二十座。城牆的厚度從二公尺到五公尺不等，高度則達二十七公尺。其內圈著一個中庭，沿其周邊分列著指揮官室、軍人營房（可容納二千至五千人）、小教堂、軍火庫、冷卻槍枝用的水井、巨大的蓄水池（附有全套的排水系統）。在城堡的南邊數百公里另有一處遺跡，即是拉米埃遺基（Site des Ramiers），它乃是城堡的周邊建築，整個建築面積達一公頃，功能可能是營房或是統帥的住所，只是人們對此遺基所知仍甚為有限。

整個浩大工程一直到1820年亨利死時仍尚未真正完成。人

上：拉費席埃城堡，整座城堡皆由堅硬的石塊所築成，呈不規則的四邊形，高度高達27公尺，非常壯觀。（UNESCO／Claude, Michel提供）
下：在拉費席埃城堡的南邊數百公尺另有一處遺跡，即是拉米埃遺址。（UNESCO／Claude, Michel提供）

上：無憂宮位於距海地角20公里處的米洛村。建築主體共分四層，由著了色的磚塊建築組成。（UNESCO／Claude, Michel 提供）

下：無憂宮被譽為「新大陸前所未有的最『皇家』的建築」。
（UNESCO／Claude, Michel 提供）

們總喜歡拿它來和法老王的金字塔相提並論，因為兩者之慘烈，即使相隔遙遠的時空仍可相互呼應。亨利國王徵調了一千多名奴隸，全憑人力將大炮和石塊等建築材料拖曳到地形險峻的山頭。今日的遊客，也只能步行或騎馬至城堡所在地。不難想像興建時的過程是如何的險象環生，又有多少人因之命喪黃泉！

若是拉費席埃城堡象徵對入侵者嚴密的防禦，山腳下六百公尺的無憂宮（palais de sans souci）則非常矛盾的呈現對入侵者文明非常之強烈的歡迎。這座亨利一世為自己修築的皇宮，其命名與風格皆直接取材於普魯士王腓特列二世（Frédéric II）在波茲坦所建的宮殿，並因之被譽為「新大陸前所未有的最『皇家』的建築」。這座巴羅克的龐然大物占地八公頃，位於距海地角二十公里處的米洛村（Milot）。建築主體共分四層，由著了色的磚塊建築組成。主體的周邊另有附屬的建築群，包括行政法院、部長辦公室處、鑄幣廠、圖書館、皇室繼承人的住宅、馬廄、兵營、兵工廠、監牢和一座皇家禮拜堂。皇宮由遼闊的法式花園環繞，至今處處可見噴水池的遺址。花園四周築有圍牆，庭院及過道皆由壯麗的壁柱，並飾有銅獅（今已移至太子港之法院）及雕像（至今仍遺有一米羅的維納斯之複製品）。無憂宮長五十一公尺、寬二十五公尺，計有地下室、主層、規劃為房間的樓層及閣樓。由正中央的階梯拾級而上，即面對高達五公尺的雄偉壁龕，內飾以噴泉。階

梯由此左右分為二，分別通往由五個拱門及半柱構成的大門。皇宮內鋪著珍貴的木製地板，牆壁上掛著來自法國及佛萊芒的壁毯，屋頂則垂著水晶吊燈。除了建築的部分像極了歐洲的皇室，亨利一世更在此為自己的親信們建立了美洲第一個貴族，大封其諸侯。

在人看來，在民不聊生的情況下如此地耗費鉅資，真是不可思議的作法。然而亨利一世卻自有主張：當他的友人霍姆·波帕姆爵士（Sir Home Popham）警告他過度揮霍所可能引致的後果時，他答道：「若不能親眼見到及觸摸到我們自己完成的浩大工程，我們永遠不能有真正的自尊。這就是為什麼只要我活著一天，就要極力地建立我民族的尊嚴，且這尊嚴必須以黑人及白人都能瞭解的語彙表達出來。我要教會海地人民自重，甚至不惜把他們弄的筋疲力盡。」誰能想像的到如此驚世的豪語及見地，乃是出於一位黑奴的後裔，文盲的國王口裡呢?! 只可惜波帕姆爵士不幸言中他的命運，在一次中風引致的終生癱瘓之後，耳聞佩地翁將軍已兵臨太子港之際，他以一顆金子彈結束了自己的生命。

拉費席埃城堡及無憂宮在亨利國王死後，遭到無情的劫掠，之後被廢棄達一世紀之久。1818年，拉費席埃堡即因軍火庫爆炸而受到損害。1842年一次大地震更增加其受損程度。而無憂宮則屋頂與北門面全毀，南面門倖存，然裂縫處處，窗門無存。它們的地基更因滲水、侵蝕（拜熱帶豪雨之賜）及植物蔓延等交相作用，受到極度的威脅。

無憂宮長51公尺、寬25公尺，計有地下室、主層、規劃為房間的樓層及閣樓。
（UNESCO／Claude, Michel提供）

第二節 拉費席埃堡國際整修工程

亨利國王的驕傲便如此被遺忘在時間的洪流裡，直到二十世紀七〇年代，海地政府

左：拉費席埃城堡於1818年因軍火庫爆炸而受到損害。（UNESCO／Claude, Michel提供）
右：無憂宮的專業維修必須同時做到外觀草藤類的清除、排水防治工程、防漏技術，以及結構性的補強加固工程。（UNESCO／Claude, Michel提供）

重新體認到這些恢弘的建築物所象徵的重大意義，及其可茲開發利用的價值。

　　海地政府擬定了三項目標：一、立即制止這些古跡遭到人為的破壞，即刻開始修復的工作。二、建立一個以該建築群為基礎的歷史性國家公園。三、發展文化旅遊及觀光事業，不僅對古跡加以修復和保護，更是積極開發其潛在文化與經濟的資源。

　　海地政府相信此舉能鞏固海地人民的文化認同與民族向心力，且能促進社會、經貿及觀光的拓展。更進一步的，藉此造成世界各國對海地文化遺產的認識，並引起學術界的興趣。自1973年起，海地即與美國合作，展開修復技術上的研究，並成立「保護國家遺產研究所」（ISPAN）來主其事。1978年起，聯合國教科文組織（UNESCO）即不斷派專員予以協助。然整個計畫最大的困難乃是貧窮的海地政府無法撥出足夠的款項。1979年，該項計畫的預算為三百萬美元，海地政府於1979至1985年間陸續撥款一百一十多萬，聯合國及國際文化推廣組織則捐款達一百五十多萬美元。且因部分古跡被列入「世界遺產名單」（World Heritage List），所以也受到世界遺產保護基金（World Heritage Funds）的資助。

　　修復的工程於1980年正式開工，由UNESCO及聯合國開發計畫署（UNDP）共同倡議。著名的海地建築師阿爾貝‧曼戈內（Albert Mangonès）在UNESCO顧問吉賽勒‧伊佛

爾（Giselle Hyvert）的協助下，指揮由當地雇工組成的工程隊展開艱巨的任務。由於無原始藍圖為據，工程師必須進行廣泛和深入的研究，以期恢復建築物的原始風貌。大凡建築技術、石工、木工、鐵工、磚瓦工皆成立有專屬的工作室加以研究。米洛村的一個工廠負責提供修復的十五塊磚瓦，在拉費席埃堡就地成立的一個車間則負責生產鉸鏈、門鎖等金屬配件及油漆。排水防治工程、牆基加固工程及裂縫填補等皆是主要的課題。將來在拉費希埃城堡裡，將成立一個歷史博物館，供人們憑弔克里斯托夫與圖森等人的偉大時代。整個修復的工程已在1991年大致完成。

上：已修復的拉費席埃堡壘俯瞰圖及其天然地貌與景色。（UNESCO／Hyvert, G.提供）
下：此為已修復的堡壘俯瞰圖。（UNESCO／Hyvert, G.提供）

　　亨利國王若地下有知，一定欣喜當年的雄心壯志竟然能於今日圓滿達成。這位文盲國王，能精確地體察到文化遺產對一個國族的重大意義！今天，他所遺留給海地人民的這三件瑰寶，不僅真成了他們的自尊，更是世界所有被歧視、被壓迫的種族追求獨立自主的象徵！

結語

◆

對於UNESCO國際古跡保護維修工程的總結與體會

鼓勵國際社會參與和加強公眾及居民教育

UNESCO鼓勵國際社會、會員國政府、非政府組織、地方政府文史團體及私人企業，積極參與保存世界文化遺產的工程，注入當地的文化保存活力，共同開展保護工作。同時加強與國際社會、會員國政府、學術研究單位、各級地方政府、非政府組織、及私人事業團體進行多面向的合作，以確保文化保存事業的執行力。建立全球各文化保存專業學院建立科學性、教育性及技術性文化保存工程推動的互助網路。

世界文化遺產的所有權、使用權應屬於當地居民，他們對保護和維修負有他人不可替代的責任。因此UNESCO鼓勵加強居民教育和鼓勵公眾參與世界文化遺產保護。文化資產的保護，不應只有學者及老年人積極參與，更要透過籌辦活潑和號召力強的青少年認知文化遺產活動，使文化自明性及文化認知能一代接一代的永續接續。UNESCO因此推動了「遺產在年輕人的手上」（World Heritage in Young Hands），配合國際社會，推廣加強世界公民對「重視文化資產的認知」。

縱觀而論，UNESCO希冀在世界文化遺產保存與可持續發展的大架構下，推動國際合作，遺產復興、保護、旅遊振興等方面的國際合作。也希冀國際社會、世界公民積極配合共同保護世界文化遺產、軟體多樣的世界多樣性傳統文化及和諧生態系統的文化景觀。也號召全世界的科學工作者、工程師、建築師、景觀學家及人類學者，配合本土專業工作者、愛好世界多樣性傳統文化的民間組織，共同進行世界文化遺產保存、保護與振興工程，使人類瑰寶免遭不可逆轉的破壞。

策略性的文化外援

聯合國教科文組織在推動每一個國際古跡修復工程，都會委請國際和在地專家、專業組織進行古跡修復實作，經常必須協調及支付昂貴的運送古跡修復設備及材料到重

建第一現場的經費，但UNESCO的年度預算非常有限（大部分用於人事及事務管理費用上），目前又為了配合聯合國行政革新，經費實捉襟見肘。但有幸UNESCO從1960年發起了第一個尼羅河埃及努比亞區建築古跡群保護工程至今，已獲得認同及配合。若干會員國也「策略性」提出積極配合UNESCO文化資產處及世界遺產中心的國際文化外援工程，達成「UNESCO及某會員國基金」的協議，以UNESCO的名義來保護世界遺產，如UNESCO在中亞國際絲路遺址的保存，主要靠「UNESCO—日本基金」及「UNESCO—挪威基金」的經費來推動。

這種「UNESCO及某會員國基金」協定，提供了較充裕的經費，有效的保護世界重要性的古跡遺址。而出資的外援國，一方面以加強與UNESCO合作的名號賺取文化大國的美名，另一方面也以國際文化外援來「策略性」的幫助其國內加強與受援國之間產、官、學的實質關係。這些贊助國，在協定中，明白要求儘量鼓勵及支持贊助國的產、官、學界積極參與受援國古跡修復工程的協調及實作，也就是希冀在1. 科學性的調研繪測、質材測試考古遺址；2. 示範性的修復遺址；3. 在地培訓（in Situ Training）受援國人員（尤其是青年人）時，盡量使用贊助國「國產」的專家學者、設備、儀器及材料，以擴大其「國產」設備、儀器及材料的出口貿易、並將其「國產」的專家學者送上國際舞臺。同時也可透過贊助國「國產」的專家學者全程參與構思受援國可持續性的文化旅遊發展總體規劃時，為贊助國的產業界日後投資和併購先前卡位。

天災人禍後重建工程及社會發展相結合，透過文化尋求和平

文化古跡的最大傷害，往往來自天災人禍。聯合國教科文組織（UNESCO）從第二次世界大戰後，以國際性整合方式，為天災人禍後的慘狀，尤其是針對博物館、歷史建築物和古跡，作緊急整修、復原及善後輔導工作。

UNESCO以文化遺產保護為切入點，在吳哥窟、東南歐、阿富汗、伊拉克等地的戰爭或動亂地區，積極參與戰後重建工程。近年來阿富汗學生軍蓄意炸毀了巴米揚二座大佛、美英發動阿富汗及伊拉克戰爭，UNESCO目前除了針對阿富汗卡布林首都博物館、伊拉克國家博物館進行戰後修護大規模的國際古跡保複工程外，更扣住了美國於2003 年10月重回UNESCO的時期，達成UNESCO的國際協議，以UNESCO的名義來保護世

界有戰爭危機或動亂後的博物館保存、修復、建立藏品清冊、加強庫房設備及災害預防工作。博物館提供建構戰後人民的文化自主認知，也可反映了國家及民族的過去、和現在的進步與發展，應受到國際及UNESCO極度重視。 目前透過這項協議，UNESCO共動用了三百五十萬元美金的經費，來配合各會員國政府，推動了在阿富汗、吉爾吉斯、塔吉克、巴基斯坦、葉門、瓜地馬拉、肯亞、馬里、納吉里亞、蒙古、蘇丹、甘拿等十二個國家十一項操作型的戰爭危機或動亂後的博物館國際保複工程。 UNESCO希望透過推動一系列的博物館國際保複工程，夥同各會員國，進行博物館保存、修復、建立藏品清冊、加強庫房設備及災害預防工作，以進而與其他戰後重建工程及社會發展相結合，進而提升戰後國家形象、促進戰後經濟成長，也期透過博物館提供大眾學習、人類傳遞經驗、累積智慧的場所，或許這也是另一種尋求和平的方式。

在2004年年底發生南亞大海嘯悲劇後，全球相關單位皆盡全力進行災區緊急搶救、防疫、複建等工作。聯合國教科文組織（UNESCO）依其在 1968年協助建立太平洋現有海嘯預警系統的經驗，推動設立印度洋區域海嘯預警系統及全球海嘯預警系統，同時對南亞災區的世界遺產進行整建工作。 2004年年底南亞大海嘯，共計有斯里蘭卡的 Galle古城、印度的Mahabalipuram古跡及Koranak太陽廟、印尼的Ujung Kulon國家公園及Sumatra熱帶雨林，五處世界遺產受災，UNESCO強調要結合所有相關專業領域共同思考：如何藉此整建經驗，建構一套「文化資產國際防災搶修系統」。 其實UNESCO早在1996年就推動成立了「文化資產紅十字—國際藍盾聯盟」，結合四個非政府專業組織，針對天災及人禍規畫一套搶修系統與操作準則，並擬出文化資產防災的國際建議。 UNESCO在1997年（日本阪神大地震兩周年省思檢討會議）配合日本政府共同發佈了「1997年神戶／東京宣言：文化資產防災機制—社區、地方政府與中央政府使用需知」，在此宣言裡對緊急搶修、記錄研究、培訓教育、宣導推廣、複建集資等五大主軸，有一套詳細的搶修系統與操作準則以供參考。2005年年初在日本神戶召開的世界國際防災會議（World Conference on Disaster Reduction），UNESCO更強調文化資產防災機制，應要橫向聯絡整合各個不同體系，平時就要建立起在地方層級、國家層級、區域層級及國際組織層級間的防災合作機制；同時應在發生天災人禍之後，面對災區文化

遺產整建時，加強保住古跡的文化及人文意義，進而建構社區總體再營造的精神。

　　2008年5月12日發生一次強烈地震襲擊了中國四川，對民生、社會、經濟與藝術遺產造成了巨大的破壞。舉世著名的都江堰、青城山古跡遺址及熊貓培育基地等世界遺產受災。這次四川的大地震，不但使都江堰、青城山古跡遺址結構坍塌，也震驚了中國相關古跡建物專家、學者及領導人士的危機意識。一些不朽的文化資產破碎了，古跡建物受到了毀損，但人類的歷史、美學及宗教意義不能坍塌於自然災害。我深信，都江堰、青城山的歷史及美學意義再生，並非只是一座用磚頭或木材建立起來的建築體，而是一個重新振興、充滿希望的歷史空間。因此除了古跡修復匠師和藝術家們以傳統技藝重整文化資產。現代工業科技進步所提供的技術，也應考慮如何順利進行地震災害後，加固及維修整建工程。而古跡修復人材的培訓，教育大眾對地震災害後文化資產振興的重要認知，進而賦予歷史傳承責任與意義，則可以癒合災民心靈的傷痛。古跡建物震災遺跡應該保存下來並加以修復與振興。同時應好好思考，如何一方面讓它們的歷史及美學意義留存下來，同時賦予歷史傳承的責任與意義，去癒合災民心靈的傷痛。

體現「以人為本」的精神

　　綜上所述，我認為文化遺產保護，除了嚴格保護文化遺產，妥善地處理保護與開發利用、傳承與發展的關係外，更應深化歷史文化的保護內容。目前保護歷史文化名城面臨最大的挑戰，是如何從總體保護角度來有效的突顯深厚的文化底蘊？這不是一味的仿製和復原，其他包括口頭傳說和表述、表演藝術社會風俗、禮儀、節慶、傳統的手工藝技能等非物質文化遺產，都要有效地保護。保護的最終目的是為了居住生活在環境中的人，關注社會生活，維持社會的穩定性和可持續發展。不僅僅是體現在古遺址、古建築、近代現代重要史跡及代表性建築等不可移動文物物質形態的保護，重點還是生活在歷史文化名城內的人。不能為了保護而保護，而是應該體現「以人為本」的精神。

第三篇

從傳統街區保護與都市適度的
更新案例來思考城市和諧性與
歷史文化名城的永續發展

歷史文化名城的保護應從由現階段保護古建築、遺產、改造環境、物質形態的保護轉向社會文明、經濟生活整體保護、保持城市活力、同時為居民創造舒適的居住環境。我認為目前歷史文化名城的規劃發展，除了充分尊重城市的歷史和現狀，嚴格保護城市的格局和肌理，妥善地處理保護與開發利用、傳承與發展的關係外，更要加強歷史文化的保護內容：不是一味的仿製和復原不可移動文物及文化遺產，其他包括口頭傳說和表述、表演藝術社會風俗、禮儀、節慶、傳統的手工藝技能等非物質文化遺產，都要有效地保護。更應關注社會生活，維持社會的穩定性和可持續發展，針對歷史文化名城內，不僅僅是體現在古遺址、古建築、近代現代重要史跡及代表性建築等不可移動文物及文化遺產的保護，重點還是生活在歷史文化名城內的人。不能為了保護而保護，而是應該體現「以人為本」的精神，保護的最終目的是為了居住生活在環境中的人。後以專文逐一介紹從傳統街區保護與都市適度的更新案例來思考城市和諧性與歷史文化名城的永續發展。

第11章

巴黎都市傳統街區的保護與適度更新

　　法國首都巴黎（Paris）是歐洲大陸上最大的城市，也是世界上最繁華的都市之一。地處法國北部，塞納—馬恩省河西岸，距河口（英吉利海峽）三百七十五公里。塞納—馬恩省河蜿蜒穿過城市，形成兩座河心島（斯德和聖路易）。市區人口二百一十七萬。城市本身踞巴黎盆地中央，屬溫和的海洋性氣候。

　　巴黎是法國最大的工商業城市，也是世界上最大的商業和文化中心。北部諸郊區主要為製造業區。周邊城區專事生產傢俱、鞋、精密工具、光學儀器等。大巴黎（都市）區電影生產量占法國電影生產總量的四分之三。按照年度國內生產總值排名，巴黎的經濟實力位居全世界城市第五位，2006年它佔據了法國國內生產總值的四分之一。大巴黎地區聚集了三十六家世界前五百強公司，德方斯新區成為歐洲最大的商務區。而巴黎同時也成為眾多國際組織總部的聚集地。

　　巴黎建都已有一千四百多年的歷史，而城市自身的歷史已有二千多年。人們漫遊這座城市，所留下最深刻的印象是：它既保留著許多聞名世界的歷史遺跡，又有許多宏偉壯麗的現代化建築，有「花都」之美稱。

第一節　巴黎現代都市的形成與發展特徵

　　現代巴黎都市的特徵可以歸結為兩大特點，即在巴黎傳統城市歷史發展的基礎上，體現了恢宏的帝王氣勢和現代的總統氣派。這兩大特點鑄就了今日巴黎成熟、大氣、豐富、多彩的城市面貌。

帝王氣勢

　　十九世紀中葉，值法蘭西第二帝國成立時，拿破崙三世任命奧斯曼男爵總理巴黎

事務。在「改造巴黎成世界最美的首都」的目標號召下，不到二十年的時間，整個巴黎改頭換面。地籍重劃使個別基地擴大，建築物臨街立面平均寬度增加到十八公尺，其高度限制，屋頂退縮線，陽臺欄杆的規範配合當時巴黎中產階級的居家及商業活動需求，構成特色鮮明的都市建築典型。最值得一提的是總長九十公里的林蔭大道的開闢，與總面積達一千九百三十四公頃的新設綠化空間。

　　這一充滿遠見的大變革，雖是十六世紀始自羅馬的巴羅克戲劇性都市空間與十七世紀法國後古典造景風格的延續，卻透過奧斯曼男爵的系統化實施而完全扭改了巴黎的空間尺度，毗鄰縣市也被一舉合併到巴黎社交生活圈內。雖然這一個顯得激進粗魯，風格單調的改造運動引起當時某些意見領袖如作家雨果的諷刺與批評，不可否認的是它的影響力遍及世界各個角落，儼然成各重要城市模仿的物件。即使在一百年後的今天，巴黎新街廓的規劃整建，也無法廻避奧斯曼男爵所塑造的獨特的巴黎都市意象。

總統氣派

　　法蘭西第五共和國於1958年成立，戴高樂總統在1964年敦促完成大巴黎地區第一份都市開發綱領：新市鎮，高速公路，金融辦公區，集合住宅等標榜現代化的建設，都以一整個都會生活圈為長期規劃尺度。以經濟效益為主要考慮的結果，使得這個時期的建築沾上商業色彩，與傳統都市尺度有相當的差距。

　　龐畢度總統延續同樣的作風，在他任內巴黎完成四條區域快速捷運線 （RER: Reau Express R`egional），塞納—馬恩省河堤右岸快速道路以及緬因蒙巴納斯車站大樓。這座高二百公尺的大廈矗立在市區古典建築中央，曾被戲稱巴黎的墓碑，但它的優點是在頂樓提供全巴黎最好的視野（因在那看不到一棟大樓）。無論如何，龐畢度留給巴黎一座引人議論卻深具國際聲望的現代藝術文化中心，展現他尊重競圖評審專業判斷的態度。

　　德斯坦總統對古典都市空間與建築資產的保護相當投入。在他上任之後，已經進入規劃階段的塞納—馬恩省河堤左岸快速道路，聖馬丁運河改建成南北快速道路，以及十三區義大利廣場摩天大樓等計畫相繼喊停，而他本身也提出幾項重要的改建計畫：奧塞美術館，小鎮 （LA VILLETTE） 科學工業城，La Défense新區地標與中央市場 （LES HALLES） 舊址改建。但由於中央與地方政府和巴黎關係失和的緣故，這些計畫一波三

折，前三項拖到密特朗任內才完工開幕，最後一項的決策權也硬被巴黎市長希拉克拿回去。

　　密特朗當選總統不到半年，馬上宣佈他任內所要推動的大型公共建築計畫。有了德斯坦的前車之鑑，這一回總統與市長的默契從一開始就打點好，讓元首的企圖心再造巴黎風華。

　　密特朗強烈的個人色彩主導每一個個案計畫內容的策定，對於競圖甄選與開幕的慎重與排場，使建築設計再度成巴黎甚至全國各個市民階層爭議的話題。以國家元首的身分，如此介入首都的都市空間塑造，在現代民主國家之中的確罕見。不可否認的是，這一連串重量級的建設，使法國現代建築在國際間的聲譽達到另一個高潮，也使這原本就擁有傲人的建築資產的城市，展現她勇於創新的一面，從歷史軸線上羅浮宮前的玻璃金字塔到城西新凱旋門金融辦公區，從巴士底歌劇院、科學工業音樂城，到塞納河左岸新社區的國家圖書總館，雖然巴黎人對密特朗的強勢作風褒貶不一，他透過建築藝術所昭示的現代法國，無疑地將鐫刻在這一座文化首都的歷史，成就一個黃金年代的標記。

第二節 巴黎都市發展現狀及未來規劃

一、巴黎都市發展的社會經濟現況

　　巴黎市隸屬於大巴黎地區（Ile de France），面積一百零五平方公里，現有人口二百一十七萬人，其中法籍居民約占84.1%，外國籍居民約占15.9％。

　　對於巴黎市社會經濟的發展，可以從住宅、交通、產業三方面進行分析。

　　首先是住宅：現狀表現為強勁的主要需求與不足的供應能力之間的矛盾，發展趨勢表現在居住品質的改善與居民要求標準的提高：舊屋翻新，室內面積增大，地點的選擇。在自由經濟體系內，住宅品質空間分佈與居民收入的關聯相對明顯，而政府則強調在各類住宅之間加強混合。

　　就交通運輸而言：內圍衛星市鎮之間的交通需求持續增加，除了興建中的周邊快速

道路之外，當局以加強公共運輸服務品質及效率為目標，緩和居民對自用車的倚賴。

而就產業發展方面而言，大巴黎地區一方面服務業十分發達，另一方面各類經濟活動仍維持相當程度的多角化經營。它既是全國行政中心與許多大型企業總部的所在地，同時也在貿易，觀光旅遊以及商業情報傳遞各領域都有相當良好的表現與評價。整個大巴黎地區2005年國民生產總值達四千八百零八億歐元，在歐洲，不僅勝過所有其他規模相當的城市，甚至還超越其中某些國家國民生產總值。

在全球經濟自由化的時代，大巴黎地區所面臨的挑戰主要來自於兩方面：

——掌握急速變化的國際投資貿易需求，提高企業機動應變的能力。

——在經濟秩序重整的脈絡之下，除了維持既有投資環境優勢之外，調整企業規模，面對新興都市的競爭。

二、巴黎都市永續發展的思考與實踐——巴黎建設約章 （CHARTE D'AMAGEMENT DE PARIS）

緣由：

1977年所制定的大巴黎都市開發綱領，對十五年來的區域發展有一定的貢獻：有一部分計畫案已經完成，另一部分則因客觀條件的變動而顯得不合時宜。同時，法國中央政府在1991年公開的區域開發綱領預備書與地方政府的實地觀察與期望不盡相同。巴黎市政府遂主動編纂這一份建設約章，作與中央對話及地方施政的指標。

編纂過程：

1991年6月，由市府與民間共同組成的協調委員會，針對刺激經濟活動、環境保護、家庭與青少年輔導等與市民生活攸關的課題，邀集各區市民代表、工商促進會、社會工作團體、學術甚至宗教界人士出席討論，為巴黎建設約章的主題提供意見；三個月後，市政府對全市每一戶發出一份長八頁的約章簡介，同時作民意調查，得到的回復比率有 7.5%。於1992年1月，正式建設約章編纂完成。

都市計畫法令：

「巴黎建設約章」與「巴黎東區都市計畫指導」一樣，並不具有強制法律效力。它

的主要角色在於界定市政當局所要追求的建設目標與方向。當各個細部開發案進入實際作業階段時，可以參考這一部以整個市區甚至都會區著眼點的都市計畫政策在已有的認知基礎上往前推動。

約章內容：

作為國際大都會，巴黎市的長遠建設政策定位在「追求均衡發展」的企圖上。它包含都市功能 （居住、工作、文化、休閒） 的均衡，代步工具種類的均衡，東西兩半部與環城社區發展的空間均衡，以及新舊建築造型的均衡。各種都市服務水準的整齊，是現代巴黎之所以能在許多新興都市之中保持一貫優勢的關鍵。

以下配合綜合計畫圖，針對四個重點政策加以討論：

住宅與人口政策：

從八〇年代初以來，巴黎市人口數相當穩定，維持在兩百一十五萬人左右，占整個大巴黎地區的五分之一。每一戶平均有一點九二人。近幾年來，新建住宅的數目平均每年五千至六千戶，而且大部分集中在東半部。然而，整體而言巴黎的住宅數卻減少了，因有些狹小住宅合併了，有些老舊住宅被拆除了，更有一些被改成辦公室使用。針對這個現象，我們可以在約章的綜合計畫圖上看出巴黎市政府的兩大政策：在開發較完整，企業辦公室或服務業持續集中的西半部以及中心地帶，力求都市功能的均衡；在老舊社區較集中的東半部，進行住宅品質改善與新社區開發，促進不同階層市民共用生活空間。

活化經濟政策：

二十年來，巴黎市的工業活動外移以及服務業增加的結果使就業機會減少10％。一方面，政府希望留住輕工業及手工藝人口繼續在市內發展，另一方面也必須面對全球經濟自由化的挑戰，提供現代化的辦公空間。在綜合計畫圖上，火車北站與東站至環城快速道路之間的倉儲用地可與北郊的商業帶連結，轉輕工業作商業房利用；另外在東南面的巴黎里昂及奧斯特黎茲車站至環城快速道路之間，大型文化、休閒及辦公設施的興建已經大幅展開，與東南郊連成一氣，將在國際投資的版圖上具備相當的吸引

力。

生活環境改善政策：

除了全面性的增設並改善大小公共體育文化醫療設施，控制噪音公害及空氣品質之外，一系列都市開放空間將是市政府進一步提升花都形象的重點。水岸的整治包括塞納河沿岸貨運用地向上下游集中部署，與連結東西兩座新公園的十二公里不間斷散步道的設置。聖馬丁運河沿線及遊艇河港的綠化也與新設的自行車道相得益彰。另外，從巴士底廣場往東透迤數公里，蓋在廢棄的舊鐵道上的綠寶帶（la Coulée Verte）也說明巴黎市政府對帶狀綠地網的高度興趣。至於講究氣勢的法式透視空間，除了香榭麗舍大道人行道部分的品質升級之外，在綜合計畫圖上可以看到幾個整治重點——火車站廣場以及外環道路往市中心的輻輳幹道——都以城市入口意象主軸。

交通運輸政策：

大捷運一向是巴黎交通建設的核心課題。除了區域捷運D線往東南方巴黎里昂車站延長，東西向全自動快速地鐵十四號線階段性通車之外，通過北站，東站及聖拉茅車站的區域捷運E線也進入完工的階段。塞納河左岸整體開發特區，就有幾條捷運路線經延長或改道，以發揮最大載客效能。市政府同時積極研究環城電車部分路段複駛的可行性。此外，完成郊區外環道路以減少市內穿越性車流，重點設置行人徒步區也是市府當局改善交通服務品質的對策。

第三節 巴黎市東區都市發展現況與整體特區改造實例

一、巴黎東區都市計畫指導（PLAN PROGRAMME DE L'EST DE PARIS）

緣由：種種歷史與地理環境因素，使得巴黎市東西兩半部都市開發程度存在明顯的差異。這個現象早在1977年3月所頒佈的大巴黎都市開發綱領（SDAU: Schéma directeur d'aménagement et d'urbanisme）中就被特別提出來討論，巴黎東西兩半部的均衡發展也被列為當局行政主要目標之一。

在經過一系列的研究與分析之後，巴黎市議會於1983年11月公開這一份巴黎東區都市計畫指導，進一步闡明市政府在全面改善東區生活品質的課題上，所採取的基本方向與作法。

現況分析：現況分析所涵蓋的區域包括第十至第十三區與第十八至第二十區，此七個行政區。在這個範圍內所進行的調查與分析，與西半部及整個巴黎作比較的結果，構成以下三項觀察的依據：

——巴黎東半部是市內近二十年來改變最大的地區。在這個區域內，62至82年間新建的住宅占總住宅數目的27％，而在西半部，只占了15％。同樣地，政府對東區的公共設施如學校，公園等也投注大量的資源從事建設。

——然而，東區的住宅與公共空間品質卻仍舊與西區保持相當的差距。這個對比首先表現在老舊住宅的數目上：很多公寓面積狹小，缺乏衛浴設備；它們充斥在所謂的劣質街廓，造成低收入戶及晚近移民過度集中的現象。此外，兒童及青少年數目的增加使公共設施顯得相對不足，直到七〇年代末，蓋在貝西舊酒廠邊的多功能室內體育場才提供整個東區第一個具有都會水準的大型集會場地。在經濟活動方面，全巴黎沒有一個大型企業總部設在東區。一向以手工及中小企業主的就業形態也逐漸受到商業結構轉型的挑戰。最後，從都市景觀角度來看，東區最顯著的弱點在於公共空間品質乏善可陳。七〇年代所施行的都市更新，完全沒有尊重先前的空間尺度，臨街建築線支離破碎，建材更沒有最基本的協調性可言。都市紋理的破壞，在東區留下明顯的印記。

——儘管如此，東區的發展潛力卻是十分客觀。首先，它是巴黎市區再開發的關鍵契機：巴黎現存有待開發的土地，有四分之三集中在東半部，而且這一區域佔據半個巴黎市，有利於實施大尺度的全面改善計畫。其次，東半部有許多人文地理上的優勢，塞納河及聖馬丁運河的水岸，足以與蒙馬特媲美的丘陵地，具有象徵意義的歷史空間如巴士底廣場，以及許多具有小鎮尺度與風味的傳統街區。這些空間特質讓東區在提升都市生活品質，增加發展機會的同時，保有多樣化的歷史認同。

這一份都市計畫指導的法律地位值得我們加以解釋。它與所謂的都市開發綱領（SDAU: Schéma directeur d'aménagement et d'urbanisme） 並不相同，在實際施政上不具有強

制效力。是一項參考用的檔，其編纂的目的在於提供一個思考的架構，針對巴黎市當局所應當創議的多都市（再）開發方案加以統籌、協調、組織，使這些僅牽涉局部的方案不互相矛盾，而且能夠彼此配合。因此，這份計畫指導的價值在於往後一段時期（六年）的各項都市計畫奠定一個堅實的基礎與中肯的出發點。

它所提出的建議可分兩大類。第一類涉及生活環境的全面改善，如社區安全與照明、清潔工作與公物維護、噪音管制以及社區文化的推動等等。第二類則針對幾個關鍵性的主題，在特定的地點加以強調，如新社區與傳統街區的共存共榮、公家補助的民間舊屋翻新方案、公共空間的綠化與美化、鄰里公共設施的加強，並在重要節點改進捷運交通網，刺激二級、三級產業的更新。

執行方式：從宏觀尺度的大體構想到市民日常生活環境的具體改善，這期間執行過程的繁複可想而知。簡單來說，它的四個主要步驟如下：

——根據所要處理的課題擬定計劃指導。

——根據法定流程界定建設權利的歸屬。

——指揮作業預備階段，包括土地的取得、資金的籌措、與建築設計。

——最後便是動土施工。

在這一份都市計畫指導中，巴黎東區每一地段的現況分析與開發方向都被逐一列舉，而其中「整體開發特區（ZAC）」的設立是最常被引用的作業模式之一。

二、巴黎整體開發特區 ZAC （ZONE D'AMAGEMENT CONCERT ）

在法國，整體開發特區是地方當局實施都市計畫的主要模式，它標示以實現公眾利益開發目標的意願，與其他以個人利益出發點的土地開發權利核准流程立意並不相同。

1. 定義界定

法國都市計畫法對整體開發特區的定義如下：在一定區域內，由地方當局或公家機構決定進行或委託他人進行土地開發和基礎建設，這些土地隨後將出售或轉讓給私人或公家建設機構進行開發。如此，地方當局可以在掌控都市計畫同時，將基礎建設費用轉嫁給開發者或建設商承擔。

整體開發特區被引用的機會很多，其適用範圍也很廣：目前大巴黎地區每三戶新建的住宅就有一戶位於整體開發特區範圍內；不論是城市周邊新興社區的開發還是舊市區的改造，包含商業與公共設施的住宅區，企業辦公區還是居住／工商／公共設施混合區，都可以考慮援用此開發方式。整體開發特區的倡議基本上來自於公部門，但其實施則可以委託公營、民營、或公私合營的土地開發機構來進行。這是一種合夥的關係，地方當局與土地開發機構雙方的權利與義務必須透過合約，明確規定。沒有民間機構參與的開發特區，地方當局就要負擔全部財務責任，包括可能會有的虧損。在公私協議開發的情形下，風險相對大為分散：土地開發者和地方當局談判擇定開發範圍，由前者承擔資金供應並負責該範圍所需公共設施及道路網的興建。

從整體角度來看，不管是針對舊區改造或新區開發，整體開發特區的原則在於協調流程的完整與全面性，它確保政府或私人建商在這些特區內的開發計畫，在空間規劃與財務管理上的統一協調。

2. 設立目標

開發特區必須以實現明確的目標而設立：在有建物或無建物的土地上從事土地開發及基礎建設，尤其是興建居住用、商業用、工業用與服務用建物，或興建公家及民間公共設施。

開發特區必須位於都市計畫區內或土地利用分區計畫之中，其設立必須遵循明確的程式：

——設立特區前必須經過事先調查研究；

——設立特區的提議權屬於地方當局或公立機構

——提出創議的地方當局必須編纂一份「創議文件」，內容涵蓋總體報告，影響評估和實施方式的選擇分析。

計畫的起草必須經過各相關單位的協商。如果市鎮是該特區的創議者，而且該特區只涉及此一市鎮，同時該市鎮又具備經核准的土地利用分區計畫，則該特區設立的決定權屬於此一市鎮。在其他情況下，決定權屬于國家的代表－省長。

3. 技術方案

開發特區可經由四種不同技術方案展開：

——第一種方案是直接由具管轄權的地方當局經營管理。

——第二種方案是把工程委託給公立新市鎮發展局，與第一種方案十分類似，

——第三種方案是特許，將開發權力授予新市鎮發展局或地方公民合營的機構。在這種型式下，投資風險由地方當局和土地開發者共同分擔。

——第四種方案是協定，這種方案與前三種都不同，投資風險完全由協定受益者承擔。這種協議通常是與民間土地開發商簽訂的。

4. 實施方式

開發特區的實施方式如下：

——基本方案是以平和方式取得土地，由管轄此特區的地方當局或公立機構進行收購，必要時得使用徵收方式。

——公共設施的建造按照實施檔中的規定分配：其費用由主管地方當局、土地開發者和建築商分攤。

——在財政方面，地方當局必然要努力收回投資：這是特區業務的經濟目標。它透過土地開發者或自行出售開發完成的土地，土地賣價中已包含興建公共設施和道路網的費用以及建築權利金。

三、塞納河左岸整體開發特區 （ZAC SEINE RIVE GAUCHE）

1. 開發特區的設立

1990年6月，巴黎市議會通過決議，設立「塞納河左岸整體開發特區」。這一塊沿著塞納河往東南郊區延伸的基地，距離奧斯特黎茲火車站不遠，有錯綜複雜的鐵道將河岸與市區隔絕開來；河堤本身一向是以建材倉儲為主的工業用地。

八〇年代，巴黎曾考慮爭取奧林匹克運動會的主辦權，並且舉辦國際博覽會慶祝革命兩百周年。這兩個大型計畫後來都沒有實現，不過卻讓東區這一塊基地的開發潛力備受矚目。九〇年代，正當全球各大都會競相展示造型新穎的都市計畫，吸引跨國金融企業集團進駐之時，塞納河左岸整體開發特區無疑是巴黎一張絕佳的王牌。

況且，這個都市計畫與「巴黎東區都市計畫指導」所強調的區域均衡發展相得益彰。繼貝西多功能室內體育場、新財政經濟部進駐、巴士底歌劇院啟用、貝西公園綠地住宅群等大型計畫陸續成形、以及東西向全自動十四號快速地鐵通車之後，這一整片新興市區與東南郊目前構成「塞納河上游」極具區域甚至國際競爭力的繁榮地段。

2. 開發計畫內容

這一塊基地面積達一百三十公頃，從奧斯特黎茲車站到東南環城道路，濱臨塞納河的水岸線有二點七公里長。它與右岸的貝西－巴黎里昂車站商業辦公區僅僅一水之隔，與東南郊有待開發的伊弗蓮市連成一氣。

文化設施：除了樓板面積達二十萬平方米的國家圖書總館 （Bibliothue de France）之外，巴黎大學新校址、美術學校、藝術家工作室等也在考慮之列。同時，這一塊基地與左岸拉丁區距離很近。

商業辦公區：面積九十萬平方米的辦公室樓板面積，一方面有助於平衡建設預算，另一方面也可以避免在加蓋的鐵道上建住宅的困難。它與市中心歌劇院辦公區交通便捷，與城西的La Defense 新區構成區域平衡。若再加上傳統工藝工作室與商店，塞納河左岸開發特區提供五萬個工作機會，其經濟活力與一個十萬人口的市鎮不相上下。

住宅計畫：在法國國鐵所釋放出的土地上，預計新建的住宅達五十二萬平方米，相當於五千戶。這在巴黎東區計畫指導內已經有初步的構想。

交通網絡：區域捷運C線及幹線火車站的局部遷移、十號線地下鐵的延長、十四號全自動地鐵通車，使這一開發特區的運輸需求在計畫完工之前即準備就緒。

都市景觀：覆蓋鐵道的工程規模浩大，新區的建築尺度也將與西鄰十三區的傳統街市有相當差距，所以新舊市區建築高度及體積的協調與銜接將是景觀設計的重點。地形坡度的突顯、水岸車地道下化都是加強空間特色的關鍵。在鐵道上新建的法國大道 （Avenue de France） 寬四十公尺，長二點五公尺RER A縱貫開發特區，無疑是近百年來巴黎林蔭大道的最新詮釋。

巴黎聖安東尼街區空照圖。（APUR提供）

第四節　巴黎市傳統街區——聖安東尼舊街區振興方案（Faubourg Saint-Antoine）

　　聖安東尼傳統街區在巴黎市都市紋理中有其代表意義，自羅馬帝國以來，聖安東尼街區（Faubourg Saint-Antoine）就是通往巴黎城東的唯一道路，是中古時期的法國國王往來巴黎與東郊文森城堡的必經地，在巴黎的都市紋理間有其獨特的意義。同時由於它的地理位置靠近塞納河，有泊運木材的便利，這一帶自然發展成為供應王室貴族精緻木造傢俱的製造供應據點，日後發展成為巴黎市的手工業中心；法國大革命前後時期，一度演變成為中下階級勞工市民對統治者進行抗爭的大本營。九〇年代初期，聖安東尼區的新舊建築衝突愈加對立，新拓寬的道路讓原先廣場視覺尺度消失殆盡……，巴黎市政府耙梳這複雜的都市紋理，重建這市區域的自明性（Cultural Identity）的過程是一個成功的案例。

歷史建築與都市發展的思考

　　一些具有特色的建築物或公眾場所，必須加以保護，這些地點，可能是設計十分獨特，或是能代表當地形象，或具有豐富的歷史意義。同時，應透過研究公眾的參與活動，維持最能代表都市的文化、風貌及環境的元素。

　　注重都市發展的整體風貌，維持都市文化及環境的自明性（Cultural and Natural Identity），實為當今都市更新發展之指標與手段。但相對的，也必須十分謹慎，避免以復原過去的形象為名，在新建築的外殼，死硬地穿戴著不符「都市紋理」的傳統建物之假面具。與其致力於羊披虎皮的點狀裝飾，反而應該注意保存及更新許多慢慢被視為具有都會價值或歷史文化緣由的建物或空間，特別是建構其「都市紋理」的建物或

空間。

　　所謂建構其「都市紋理」的建物或空間，包括一些一般性的小型建築物、小房舍群（小社區及小城鎮）、公共活動空間，以及一些性質比較混雜的都會過度性空間。而在不破壞都市的紋理條件下，在非古跡特定區的一般舊城區內或其邊緣地區，擴張原有的道路及公眾空間的結構、重新規劃街廓的架構、重新制定道路寬度與建物高度比例，並且設立新型的建物與空間，以達都市及經濟發展及現代需求。但除了一般的都市發展需求外，對當地深入的社會人文演變研究也應同時展開，以便讓土地規劃方案與一些都市紋理及架構特色能夠更契合。思考新的都市發展方針，應強調維持新舊交融的和諧及維護古跡與都市風貌。土地規劃方案及都市規劃與整治之主導計畫，在都市更新時，也應表達這種觀念。

巴黎聖安東尼傳統街區保護與都市適度的更新案例

　　古跡與古物保護制度的進行，使人們意識到，除了富麗堂皇的城堡、大宅院外，其他形式的先人遺跡，也是集體記憶的一部分。工廠廠房、都市景觀、鄉村農舍、公共活動空間，凡是留有歷史、人文特殊紋理的空間，都可能是值得保存的文化資產。巴黎聖安東尼街區（Faubourg Saint-Antoine），就是因此而受到特別的注意。

　　巴黎聖安東尼街區，並不是特殊單體建築，也不是古跡周邊特定保護區。然而巴黎市政府所要保護的物件，乃是它的空間佈局——狹長的中庭與過道、聳

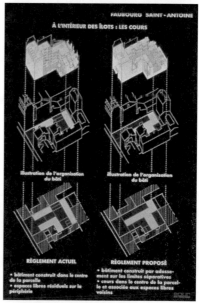

上：巴黎聖安東尼街區的空間佈局——狹長的中庭，構
　　成街區的特色。（APUR提供）
下：巴黎市政府所要保護的巴黎聖安東尼街區。
　　（APUR提供）

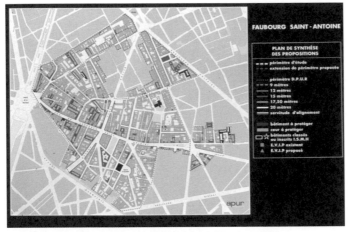

巴黎市議會提案保護聖安東尼傳統街區，此圖為聖安東尼街區域圖。（APUR提供）

立的煙囪、十八世紀的街道與樓面、精緻的木造傢俱產業，構成整個聖安東尼街區的地區特色。

保護聖安東尼傳統街區提案

二十世紀九〇年代初，這一帶新舊建築間的衝突越來越尖銳，新拓寬的馬路，使原有的都市尺度消失殆盡。富含特色的公共中庭與過道，也在房地產以追求最大獲利的邏輯下，漸漸的成為分割的、破碎的殘餘空間。在熱心人士、專業團體及民意代表的呼籲下，巴黎市議會提案保護此傳統街區，劃定現況調查範圍、透過法規的修訂、居民的參與及公部門的補助，進行保護這一個富含歷史意義的空間。

巴黎市議會，於1994年1月，通過保護傳統街區提案，劃定現況調查範圍，同意針對該特定區，局部修改土地使用條例。

這方案主要三個目標在於：

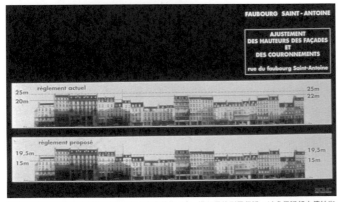

巴黎聖東尼街區部份建築物有歷史及人文意義的元素，進行登錄列冊保護，以求保護都市傳統街區景觀。（APUR提供）

1. 尋求新建物與舊街區的協調。

2. 延續本地區住、商混合的特色。

3. 將部分街道中庭、後院與單棟建築物等有歷史及人文意義的元素，登錄列冊保護，以求保護傳統街區與都市發展兩全其美。

聖安東尼傳統街區保護措施

聖安東尼傳統街區的保存計畫，主要透過下列四個管制及獎勵性措施，齊頭並進：

1. 修訂聖安東尼傳統街區之土地使用條例——主要在於研擬一套專為聖安東尼傳統街區制定的特別法規，以求達到保護都市景觀與維持住商平衡的目標。

2. 編訂公共空間準則——日後在聖安東尼傳統街區範圍內，任何公共空間改善工程，都必須遵照這一個準則來進行規劃與施工，以期新建與重修的商店街、人行道、小廣場等公共空間與傳統街區的保存同時進行。

3. 由巴黎市政府與巴黎工商保護促進基金會，共同研擬如何保存並發展傳統街區之手工業與商業活動的具體辦法。

4. 透過獎勵性的舊屋翻新計畫政策，改善老舊住宅的居住品質。

目前聖安東尼街南北兩側，共有七十五公頃被劃入現況調查範圍區，計有三百餘棟建築物與四十二個中庭、後院，登錄列冊管理。列入登錄管理的房屋，一律不拆除。因天災毀壞，得依原樣重建。此外為鼓勵商業與傳統手工業繼續發展，新建物底層樓高，不得低於三公尺半。舊屋翻新，

上：新建物底層樓高不　　得低於二公尺半。　　（APUR提供）

下：聖安東尼街南北兩　　側，計有三百餘棟建　　築物與四十二個中　　庭、後院，登錄列　　冊管理。（APUR提　　供）

可享有舊法規所允許的高容積率，但必須遵守一個條件，保存原先商業樓板面積的比例。最後，為避免中低收入戶受排擠、被迫遷離此社區，巴黎市政府在這一帶地區實施舊屋翻新補助經費政策，以適當誘因鼓勵屋主改善老舊房子的居住品質。

巴黎市政府，一方面在此設立了保護聖安東尼傳統街區工作室，同時，也透過組成政府與民間合作開發公司的機制（類似日本所稱的第三部門），廣徵社會大眾意見，凝聚市民共識，來進行此區的都市保存、更新與適度開發。並透過一些活動，如配合法國每年一度的古跡日舉辦聖安東尼街區傳統手工藝展。在活動時期，彩釉細瓷、精緻傢俱、各種傳統產業，圍繞在公共中庭四周，底層一般為工作室，樓上為住家，傳統社區熱鬧的景象，不難想像。

舊社區再開發，需要各方面因素配合，除了都市空間特色的認定登錄、保護與適度更新和市民共識的凝聚，同時也應尊重原居住人口結構與社會經濟活動。因為沒有生活內容、產業形態做基礎，都市景觀將淪為空洞的佈景。

從聖安東尼傳統街區保護的個案瞭解，巴黎市政府一方面推動傳統市區保護與都市適度的更新，另一方面兼顧新興文化娛樂產業的發展與住宅需求，動員了政府與民間、學術界、建築界等各方資源，共同來描繪巴黎市民未來的理想生活環境。雖然以往傳統產業集聚中庭的美好歲月一去不返，但這個歷史公共空間，再度成為傳統市區保護與都市適度的更新的契機。

── 舊市區再開發，需要各方面因素配合：都市空間特色的認定、保護與適度更新、市民共識的營造，然而最重要的還是尊重原始人口結構與社會經濟活動，因沒有生活內容作基礎，都市景觀將淪空洞的佈景。

── 巴黎文化資產保存，原則上是遵循前述法國文化資產保存法規與制度來執行。但由於其都會地位特殊、歷史性建物及空間數量眾多，若用傳統的古跡保存區標準的法規來執行文化保存的話，整個巴黎市中心，皆會被劃入古跡保存區（目前只有十八世紀時，未經過奧斯曼公爵巴黎市改造的瑪黑區與藝文風味特殊的聖傑曼區兩處劃為古跡保存區）。但巴黎市歷史性建物及空間，至今卻仍十分完善的保留下來，同時亦不限制都會現代發展。其中最主要的因素，其實在於其十分詳盡與完善的容積

率及建築高度限制、建照嚴密管理核發與土地分區使用條例 （P.O.S.-Plan d'occupation du Sol）的全面考慮。巴黎市因此甚至不需要藉由近年在其他省、市，執行有方的「古跡、建築、都市發展與景觀保護的整體特定區」之法規（法國城市、景觀資產特定保護區的政策ZPPAUP法規，Les zones de protection du patrimoine, architectural, urbain et paysager—ZPPAUP loi du 7 juillet 1983），來進行文化資產保存。

　　但為了更有彈性的顧及現代需求，及與常民性的歷史性建築及空間之傳承，聖安東尼舊街區振興方案，使用了局部變更修改土地分區使用條例 （P.O.S.），來達到文化生活化、空間人性化與新舊並存、開發與更新保存並重的永續發展功能，這也將巴黎文化資產保存，帶進另一個新面向。

　　從都會生活質感、永續發展暨文化傳承為出發點，透過彙集各方專業、公部門、使用者的看法在巴黎都市空間中，帶出公共空間設計、都會簡便暨人性化的交通運輸與舊市區再開發、古跡保存與再利用等三大項。從目前巴黎建築與都市發展之重點，力求以更具體的說明並透過現代都會景觀美化行動、大塞納—馬恩省河整治計畫、普及單車方案與聖安東尼舊街區振興方案 （Faubourg Saint-Antoine） 等案例分析來看，都可看出巴黎建築與都市發展是如何在實業界的操作層面、學術界的理念追求與公部門的行政法規彈性應用中，取得認知與使力點; 各界共同捍衛巴黎之文化生活化、空間人性化與新舊並存、開發與更新保存並重的永續發展都會功能。

巴黎市政府一方面推動傳統產業保護中庭，另一方面兼顧都市適度的更新發展新興文化娛樂產業的與住宅需求。（APUR提供）

第12章

法國雷恩城市中心區的保護與發展

用鐘樓連接兩翼的市政廳建築。

　　雷恩位於布列塔尼半島東部的盆地之中，是布列塔尼大區首府與地區議會所在地，是大區政治、經濟、文化中心，法國第七大城市。位於巴黎的西部，距巴黎三百七十公里，乘火車兩小時可到達巴黎。人口三十四萬。　中世紀時，這裡曾是布列塔尼公國的都城。1490年，法王查理八世向年輕的女公爵安娜求婚，遭到拒絕，國王一怒之下親率大軍兵臨城下，安娜只好同意與查理八世聯姻，由此雷恩和整個布列塔尼地區併入

法國版圖。1720年，雷恩遭到八天大火的吞噬，幾乎全部毀滅。災後，由皇家建築師、巴黎協和廣場的設計者加布里埃爾進行規劃，雷恩以十八世紀的嚴肅古典風格重建起來。用鐘樓連接兩翼的市政廳就是那時留下的建築。漫步在雷恩街頭，您會發現古老的街道、古典的建築與現代的建築和諧地共存著，這座城市的市容——如她的文化與經濟——古老又年輕，這個城市懂得如何去保護它的歷史遺產。與此同時，雷恩市在不斷地變化著，展現著一個朝高科技發展的大學之城的風貌。

在雷恩街頭，古老的街道、古典的建築與現代的建築和諧地並存著。

第一節　雷恩的歷史發展

城市的演變映射著其城市規劃隨著時代發展的進步。隨著布列塔尼議會於1618年在此處建立，雷恩成為一座具有高雅氣質的貴族之城，被公認為布列塔尼公國的首府。然而由於1675年雷恩市民群起反對路易十四推出的財政措施《papier timbre》並引發暴動，布列塔尼議會因此遷往Vannes，直到大革命前夕才重新遷回雷恩，並為這座城市重新注入活力。

其間，在1720年的火災意外摧毀了雷恩的市中心，但卻使這座城市得以重新思考實施新的規劃，以建立經得起時間考驗的新雷恩。此後這座城市一直沒有中斷對其高品質城市品質的追求。

中世紀末～十七世紀末：封閉的城市

中世紀時期雷恩由高盧—羅馬式的六角形城牆所環繞，在九英畝的土地上聚

雷恩城的東部留下了現存的宗教建築以及環城牆老街

集了約三千居民，圍繞著當時的中心大教堂而居。現今留存下來的城門（les portes Moedelaises）和角樓（la tour du chesne）都是那個時代的遺存與證明。

到十五世紀上半葉，被稱作「新城」的第二圈城牆於原有城牆的東部建造起來，留下了現存的宗教建築（l'Abbaye Saint-Georges、l'Eglise Saint-Gemain）以及環城牆老街（Fosses與Visitation街）。在1449年至1476年間，第三層城牆在la Vilaine 河南城牆側得以建造，用以保護Toussaints教區。當時的人口已經達到了一萬三千人，而雷恩市的總面積

雷恩的歷史建築以木材或柴泥建造而成，對建築物原有的破敗狀況進行整治是非常必要的。（Gaojing提供）

達到了六十二英畝。當時的城市形態呈現出一種街道狹小、建築密佈的空間格局，所有的建築也都以木材或柴泥建造而成。

十七世紀初期，雷恩以其居住在六十公頃土地上的二萬五千名居民，成為布列塔尼地區最大的城市。同時依託每年六次的大型展覽，雷恩名列法國第七大城市。然而中世紀時的城牆遺址仍在，城牆由北部一直延伸到la Vilaine河的南端，並將郊區包含在內。

十八世紀：重建的城市

由於城市主體以木質建築構成，在1720年12月23日的火災後，雷恩基本不復存在，約十公頃的城市中心區完全消失為灰燼，八百五十棟房舍被焚毀，八千居民流離失所。對於當時的市長Rallier Du Baty而言，這次災難也成為了將雷恩重建為一個理想城市的機遇，使得雷恩的城市規劃可以追隨十八世紀功能主義城市規劃的需求。當時的路易十五將此機遇委託給當時的第一位皇家建築師加布里埃爾（Jacque-Jules Gabriel）。1725年，加布里埃爾（Jacque-Jules Gabriel）開始全面改造雷恩市的城市空間，直到1742年去世為止，但直至其身後，最初的規劃思想依然得到了延續。

此次規劃中的重點在於交通，實施中的首要關鍵是拓展城市的南北出入口，打通前往巴黎和南特的道路。同時加布里埃爾的規劃預見到la Vilaine河將成為一條航道，並對骯髒邋遢的南部城區作了整治。當時新建的建築主要以花崗岩和石灰岩為主，替代了火災後在城市週邊臨時修建的多種簡易棚屋。

最終，雖然加布里埃爾的規劃直到一個世紀後都沒有得到完全實現，但這段時期仍然成為雷恩城市更新和擴展的重要階段。

十九世紀與二十世紀初：城市的現代化

一直到十九世紀中葉，雷恩市區依然局限在原有的城牆範圍內，城市中心呈現逐漸密集的特徵，而la Vilaine河南部的街區建設緩慢。1857年鐵路的修建完全改

雷恩的市中心區呈現出一種街道狹小、建築密佈的空間格局。

變了雷恩經濟發展的模式，增強了雷恩作為一個交通樞紐與貿易流通中心的地位。

十九世紀下半葉間，雷恩處於逐漸現代化的進程中：上水與下水系統、電力、蒸汽輪軌的建設，這些建設專案極大地改變了雷恩的城市面貌。同時原有城市入口處附近的農地也逐漸地城市化，與城牆內的路網相銜接，形成了符合當時功能化的理性路網。另外市政廳廣場上歌劇院的興建，以及議會大廈東側維克多－雨果大道的打通，為雷恩提供了第一條直接通往巴黎的道路。

當時雷恩市的人口擴達到了三萬九千五百人，而城市總面積已經達到了三百八十二英畝。如同當時法國許多其他城市一樣，雷恩在兩次大戰期間遇到了住房危機，1928年設立了一系列住房開發企業，並在城市廉價住房辦公室的統籌下，通過這些住房開發企業的工作，緩解了當時的住房危機，儘管如此，仍有相當部分不衛生的街區存在於中心區周邊。而當時也被視為一個公共設施得以大幅提升的歷史階段，眾多的學校、體育設施、公園、廣場在當時得以興建，成為雷恩現代城市公共設施體系的雛形。

二十世紀：當代雷恩的形成

在1943～1944年的二戰期間，雷恩受到了非常猛烈的轟炸，尤其是城市北部與東南部區域的大部分住宅、企業等建築物都受到破壞。到戰後截止，城中主要的橋樑、公共設施和廣場都被德軍完全破壞。在1944年8月4日雷恩得到解放後，雷恩市用了將近六個月的時間重建了主要的基礎設施，恢復了重要的行政與管理功能。其後城市中心的主要公共設施得以重建，新的大學城規劃也得以展開，城市開始了邁向一個現代社會進化的過程。

在五〇年代與六〇年代，雷恩市投入了巨大的資金與精力以應對戰後的住房危機，在

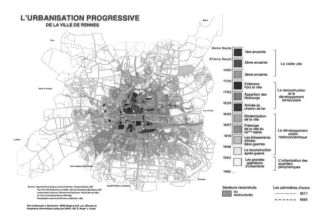

雷恩市未來的城市發展反應在正實施的「2015城市項目（Projet urbain 2015）」。
（Mairie de Rennes- Guidon 提供）

中心區周邊修建了大型居住區以及一些重要的大型公共設施，城市開始向外部大幅擴展。七〇年代以後，伴隨著城市環路的修建、郊區社會住宅的集中規劃，城市擴展的幅度不斷增大。1975年由二十七個地方市鎮組成的雷恩大區擁有十九萬八千二百五十名居民。

這是由於戰後布列塔尼農村地區的遷居潮（自1952年後共有七萬四千人遷居），對雷恩所造成的人口壓力。當時雷恩第一處大型居住區出現在環城公路外側（Cleunay、Maurepas、Cillejean－Malifru和le Blosne地區），占地共有一千六百英畝。但同時城市中心區的更新也在逐步開展。

1977年，社會學家Edmond Herve當選為雷恩市長。他推行了保護城市發展邊界，但優先促進城市混合型發展的措施。雷恩市負責城市規劃的副市長Hubert Chardonnet說：「在市中心的每一處規劃，都必須包含有25％的社會住宅（這一措施在2000年制定的SRU法規中，被調整為20％）。」1983年，Edmond Herve推定了新的城市規劃的分權法案，這一法案賦予符合條件的市鎮首長以更多城市規劃的權力。同年，在城市規劃處的支持下，雷恩開始進行城市發展總體規劃的創新，並反映在目前正在實施的2015城市專案的計畫中。

第二節　雷恩城市的發展規劃—動態平衡（2015城市項目）

雷恩市未來的城市發展反應在正在實施的「2015城市項目（Projet urbain 2015）」中，這一計畫是在雷恩現狀發展的基礎上，面向一個整合協調而可持續發展的城市目標而作出的反應。這一計畫是一項長遠的城市發展政策、是對於城市未來的描繪。

在該項計畫中，具體提出了對以下幾個問題的反思。

——如何保持經濟與社會的可持續發展？

——如何滿足持續增長的住房需求？

——如何保護環境？

——如何使城市更加成為所有市民的家？

——如何滿足為所有人服務的機動性需求？

而依據對這些問題的思考，確立了2015城市專案為雷恩未來發展所需的主要原則：

以城市為主導的控制性發展

2015城市專案是城市發展政策的反映與執行，它超越了傳統城市規劃文獻和規則的界限，以社會性選擇作為2015城市專案的研究宗旨，他在大量豐富資料文獻的基礎上，引申出城市主導的控制性發展的概念。

新的發展預計與全球化的視野

2015城市項目延續了雷恩市自從1991年以來，發展的眾多的城市項目中，一以貫之的規劃思想。通過揭示城市發展的目標與影響因素，為市民提供瞭解城市明天的發展線索。

同時通過全球化的視野，保障城市規劃在城市與街區不同尺度上採取的措施可以達到一個整合性的功能。

詮釋城市的空間與歷史

雷恩的城市空間在城市環道之內與道路網路得到了很好的結合，包括建有綠化圈層以界定城市邊界與避免城市無序擴張。從這一城市結構出發，2015城市項目提出了對城市空間結構的總體構想，並主要集中在以下幾個方面：

——城市中心區與東西、南北兩條發展軸線。

——城市四個主要街區。

——城市綠化圈層。

這一構想有力地強化了城市發展的基本原則，包括：

——維持在城市空間與自然、綠化空間內的平衡。

——尊重環境與保護資源。

——強化城市空間、社會及功能之間的融合。

——提供鄰近的公共設施供給。

——有效的組織交通，並優先發展公共交通。

2015城市專案致力於將雷恩城市的發展目標：一個整合、協調與可持續發展的城市，逐步地轉化為具體的行動原則並予以落實。不同於以往僵化的城市規劃，2015城市專案將是一種持續的工作方法，將不斷地自我適應、調整，以應對社會、區域與經濟的變化，從而更好地回應未來發展的需要，並塑造雷恩城市的未來。

第三節 遺產保護：社會、經濟與歷史發展的平衡之道

當人們談到城市遺產保護的時候，人們經常會談及技術、方法和工具等具體政策措施，尤其是歷史保護區。雷恩在1966年之前也是如此，將遺產保護的視野局限於歷史保護區之內；而1966年當雷恩市重新審核對於歷史保護區的規劃研究時，決定跳出這一陳舊的視野，開始從全球化的角度對於整個城市中心區的整體保護和綜合研究進行探索。這一轉變出於以下幾個動機：

1. 雷恩城市中心區凝聚了不同時期以來各類的城市空間形態，從中世紀直到當今電子時代的各類特徵都在其中得到反映。這一足以稱道的整體空間形態不斷適應著各個時代的保護需求，也因此代表著一種「進化中的遺產保護」的概念。

2.過去十年間，城市中心區的人口增長比城市總體的人口增張更為迅猛（城市中心區1.46%, 雷恩市0.49％），雖然其中有很大部分是由於學生數量的激增，但同樣反映了城市中心區內的社會混合程度的上升。

3.隨著新的商業連鎖店的植入，城市中心區內的商業活動平穩發展且日具活力。也因此城市中心區內的銀行與保險公司的數量逐年增長，中心區隨之處於一個不斷進化、持續豐富的狀態中。城市中心區成為整個雷恩城市區域的標誌性中心空間，成為一個完整的生活空間。例如以下的數位可為之做出驗證。1975年時，在不到十年的時間裡，雷恩市歷史保護區內的人口下降了18％。受此促動，城市遺產保護的範疇開始走出對於建築的技術性保護，而邁向城市整體性的空間保護。

換言之，即通過一定的住房政策使得城市中心區的住房，也包括住房之間的公共空

間可以不斷增值。這樣並不是簡單的將此類公共空間變成街道等交通空間，而是在法國原有的獨立住宅的基礎上，證明了相鄰獨立住宅之間的共用空間的價值，從而可以突破法國傳統獨立式住宅導致的分離式的空間形態的範式。這樣也避免了現代主義的功能區劃（居住區、商業區和工業區等）的城市空間模式，從而可以延續並強化傳統的底層商業或者手工業店鋪的功能混合型的空間模式。為了達到這一目標，必須將城市中心區和城市整體統籌規劃，採取協調的步驟和措施，反映到每一個相關的城市專案中去。並與居住模式、社會生活模式以及一定的居住與公共活動混合的發展模式相配套。

　　同時為了城市中心區的復興，市政當局實施了眾多跨職能、跨地域的政策措施，超越了原有的「城市發展項目」的概念。這些措施涵蓋了眾多的政策方向，並在PLU、PLH、PDU等不同的城市規劃檔中體現出來，體現了遺產保護政策與各方面城市發展政策的融合。

遺產保護與住房政策

　　遺產保護與住房政策的結合主要針對特定的家庭，尤其是低收入階層的家庭。在市中心地區建設社會住宅被作為該項政策的一個主要目標（新建或再安置），雷恩市為此政策訂出的目標是每年在中心區創造一千套符合標準的社會住宅。

　　——對於現有的住房，作為再安置政策的一項配套措施，「住房改善計畫」允許對現有住房進行調查與評定，分辨出對於當地街區而言已顯破敗與不衛生的住房，並對之進行重新粉刷等改善措施。同時該政策特別關注建築物可達性的現狀條件，因為這一條件對不同代際居民對住房的適應程度有重要的影響，並會影響商業活動的持

對現有住房進行調查與評定，分辨出已顯破敗與不衛生的住房，並對之進行重新粉刷等改善措施。（Mairie de Rennes-Guidon 提供）

對現存建築進行重新粉刷，同時利用「住房優化操作法案」的規定。（Mairie de Rennes- Guidon 提供）

久性，這一點對於城市中心區的活力與吸引力至關重要。

——在城市更新的框架下規定「強制性社會混合」，允許在一個城市片區進行規劃時，強制在其中建設社會住宅。

例如對於Legraverend街的改造即體現了這一政策。停止大型的破壞性的城市改造，而轉為對原有建築的維護與更新，在街道的歷史肌理中植入新的現代元素，創造古老歷史背景與現代城市功能的融合。同時對於St Malo街的規劃也證明了這一點，對現存建築進行重新粉刷整理，同時利用「住房優化操作法案」的規定，促使建築內各住屋業主共同對建築的公共空間進行整治，減少在此類街區中原有常見的不衛生的空間狀況。

遺產保護與交通政策

出行政策決定了遺產保護中「保護」二字的價值，決定了城市中心區空間狀態的變化。如果任由汽車交通的壓力不斷增長，將對城市中心區的發展造成極大的壓力。因此在整個中心區內逐步推行「步行化」的政策，通過取消穿越性的交通、促進城市中心區的步行交通以及以地鐵為最重要代表的公共交通的有效連接，將為城市中心區創造可順暢通達整個城市區域的便捷可達性。同時這一政策必須配套設立在城市中心區周邊的公共交通連接點處（Hoche, Kleber, les Lices, l'Arsenal），及完善的停車轉換空間。由此，這些措施可以衍生出對於城市公共空間

雷恩城的市中心街道。

品質的再評定，從而揭示出這些場所、城市遺產保護的相關物質實體的空間品質，以及他們在發展旅遊和容納文化活動方面的發展潛力。

　　對城市中心區可達性的關注將有效的增加其吸引力。對於整個城市聚集區而言，城市中心區是商業景觀和城市公共設施的集聚區，通過對陳舊屋舍的重新美化使得現有的商業活動更為持久，並在城市中心植入對於整個城市聚集區較為重要的新的公共設施，從而使城市中心的空間模式區別於市郊區域。

遺產保護與公共空間品質的提升

　　交通政策的轉變可以在中心區內解放出更多的交通空間，從而對城市公共空間的品質重新進行評定，這是城市遺產保護工作的重要內容。城市規劃並不完全是由現代的汽車交通所支配，而是由城市空間的品質及其使用決定。

　　這一政策並拓展至整個城市東西向軸線上，以及每一個需要與公共空間及公共設施相結合的地鐵站周邊。這一措施的影響在於創造出了一系列空間品質各異，但都對於公共文化起到了承載與支撐作用的公共空間。

　　在將城市中心區空間步行化的進程中，各個公共空間自我適應並迅速發展除了各自的空間特質外，還揭示了其各自不同的空間用途：例如Sainte－Anne廣場已經成為一處聚會的場所及節假日的書市；市政廳廣場成為有組織或自發的集會示威以及各種意見表達的新的城市廣場；議會大樓廣場因其較為廣闊的

雷恩市中心區內步行化的空間。

空間形態，在每次重要的節日成為了文化活動的聚集地。同時經由公共交通達到的良好可達性，倍增了這些公共空間的吸引力，使其影響範圍可以通達整個雷恩大都市地區，從而有力地影響了其商業景觀及公共設施的發展。

遺產保護與公共設施及商業景觀

通過前述的建築物更新措施，可以維續原有公共設施的生命力，但是時至今日，仍有必要在城市中心區內植入對於當今的大都市區所必不可少的大型公共設施。這便是戴高樂廣場改造的初衷，亦是目標。在改造後的戴高樂廣場周圍，聚集了眾多的大型公共設施，例如Les Champs Libres文化中心中的多媒體中心、布列塔尼博物館、科學館、正在改造中的自由劇場以及多功能電影院。這一項目意味著對於大型公共設施邊緣化趨勢的矯正。

而從商業景觀的角度而言，一個各片區商業發展平衡的老城區，對吸引連鎖型商業業態在中心區聚集更具吸引力。上世紀末期，南部城區內的 Colombia 中心得到啟用，而作為對此平衡的措施，2007年在北部城區 Visitation 中心開幕，從而使得南北城區內的大型商業設施得以平衡。通過其他一些並不特殊化的技術手段，可以使得某些片區避免陷入商業貧瘠的境地，例如通過強有力的介入措施，保障商業與商務設施在地產交易中的優先購買權。例如雷恩市政廳買入位於市政廳廣場邊上的 Angelus 酒吧，規劃改造

雷恩市政廳買入歷史保護區內的古老建築，規劃改造後，使其空間通過室外平臺增添廣場的生活氣息即為一例。（Mairie de Rennes提供）

後，使其空間通過室外平臺增添廣場的生活氣息即為一例。

城市中心區的吸引力同樣來源於城市旅遊業的發展，一個對於全體市民而言可達性和使用性良好的城市中心區，並不只是一個街區，而是一個所有居民、商戶、遊客都聚集關心的城市中央空間。時至今日，雷恩城市中心區已經出現了比整個城市聚集區更為快速的人口增長，並伴隨著穩定的商業活動。城市中心區正處在不斷進化與持續富足的發展路徑中。它已不單是對於整個城市聚集區的一個象徵性的空間中心，也是全體市民的生活與活動中心。

如果雷恩市使用的這些措施可以應用到其他城市，也需要

對其進行很好的調整與適應。能夠得到良好回報的前提在於保障遺產保護與城市規劃的參與各方之間的對話品質。而如果這種對話能夠持久進行，並在各個層面上全面展開，則更為理想。

首先就建築物質量而言，對建築物原有的破敗狀況進行整治是非常必要的，尤其是對建築物的原有結構進行優化，以適應當今的功能要求。

其次在於界定好居民對於建築物的舒適性與可達性的要求，例如對於臨街樓層的電梯配置及樓梯照明等。這將有助於吸引不同代際的居民居住到城市中心區，並有助於保持中心區商業的穩定與可持續發展，並最終促進中心區的吸引力和活力。

再次，在以往成熟經驗的基礎上，雷恩市正在為今後的發展進行著持續的思考。中心區內交通空間步行化的成功，促使雷恩市當局思考將此步行系統進行擴展，強化 la Vilaine南北兩區之間的聯繫，並以此將大型的公共設施，例如火車站、大型文化中心 Les Champs Libres 等整合起來。雷恩市正就這一問題展開討論，並致力於在整個中心區內尋求良好的空間平衡。

在雷恩，市民們已經達成共識，城市空間應該依據整體和諧的保護概念，從而保障這個城市的歷史可以不間斷的延續下來，並逐漸擴展其內涵。這意味著瞭解城市建築、城市空間的歷史，包括Thabor街區的每一棟別墅，包括火車站街區的街心亭，或者 Blosne 街區的每一棟住宅，從建築物的品質直到周邊公共空間的特徵，這都將是遺產保護工作的內容，從細小的資料準備工作開始，為每一個城市專案的開展做好準備，逐步為整個城市中心區實現可持續的更新改造。

第四節 雷恩經驗——動態平衡的城市規劃

雷恩在過去四十年的城市發展中所遭遇的難題與大多數中國城市今日所面臨的挑戰並無二致，區別唯在於當今中國的發展速度更快、發展規模更為巨大，因此雷恩的經驗對於中國城市的發展，有相當的借鑑價值。

過去四十年間，雷恩所總結出來的主要經驗可以歸結以下幾點：

1. 在城市發展的同時，促進旅遊業的興盛。

2. 進行大規模的住房與公共設施建設以滿足大量新進人口的需求。

3. 重新定位歷史城市中心區在二十一世紀城市發展中的角色與地位。

4. 對普遍性的空間遺產進行保護。

5. 正視交通需求的增長與汽車交通發展的要求。

6. 將城市的發展變化與居民做有效的溝通與聯繫。

而在這些問題中，可以總結出五點最為主要的發展經驗：

一、城市化進程的公共控制

五十年前，雷恩開始邁入具有十萬人口的中等城市行列，並被大片的鄉野和一系列在五百到一千人間不等的村莊所環繞。雷恩行政區並沒有完全城市化，其周邊尚存三百五十個農場，這些農場使得雷恩成為最大的乳製品產區。

五十年之後，雷恩行政區的人口已達二十一萬居民，其中由雷恩市與周邊三十六個市組成的雷恩都市區包含人口四十萬。雷恩城市發展的經驗源於對發展的引導而非盲目的接受，這包含了一套整合性的政策體系：

(1) 對未來發展的預計 建立發展願景。

(2) 由市政當局建立實用的土地購買體系，以保障與控制土地的未來功能用途。

(3) 通過公眾團體的引導，達到在公私部門共同參與之下，進行城市規劃的實現。

(4) 由此所達到的結果，大部分都對城市發展產生了正面的影響。

(5) 城市中心區的發展由局部的更新向整體鋪開，從而有效限制了土地的消費。

(6) 每個小城市都保留了其城市意象與恰當的城市特徵。

(7) 由於社會住宅的有效推行，使得多樣化的人口共同居住在雷恩及其周邊市鎮，保持了城市住宅的四分之一隸屬於社會租賃住宅的範疇。

二、對於平衡發展的研究

對於具有二十一萬人口的城市中心區尺度而言，城市發展政策不但要尋求新的社會活動與設施的發展，也必須維持較高水準的發展平衡，這也潛在地與當代中國正在走向的和諧城市發展的目標相吻合。

1. 在城市中心區與周邊郊區之間的平衡：

當前在眾多的歐洲城市存在一種趨勢，相當數量的公共設施與活動漸向城市周邊郊區聚集，這是周邊郊區的低地價與汽車交通增多的共同影響導致的。其中以郊區的大型零售中心為代表，這類大型商業中心同時吸引了眾多的文化設施以及旅館、飯店等公共設施的聚集。

在雷恩同樣建設有類似的環城道路，但是多年以來雷恩市政當局成功的將眾多的商業活動、就業、旅館和飯店等公共設施保留在城市中心區。

2. 在居住與其他城市功能之間的平衡：

如何保持城市中心區內居民數量的穩定，是三十年來城市發展政策中一直關注的重點：通過財政與技術諮詢優化居住條件、進行新的住屋建設、保持鄰近便捷商業設施的建設等等。這些政策的成功有效地證明了古老的城市中心區並不必然成為一處凝滯的博物館，或者一處純屬閒暇時遊樂的城市片區。除此之外，同樣可以在城市中心區內尋求到辦公與文化、商業等活動的植入，以使得城市中心區日趨活躍。

此外，在離城市中心區較遠的城市街區，雷恩的市政當局建設了一個鄰近的公共設施網路，使得各類公共服務活動可以聚集到一起。例如在鄰近街角的場所保持商業設施的便捷相鄰。

3. 在遺產保護與新的設施建設之間的平衡：

在當今的雷恩城市中心區內，可以觀察到自從十五世紀以來各個年代的建築。雷恩市政當局對於遺產保護的觀點立足於這樣的想法，即歷史並不是到當今就結束了，對於當代而言，我們必須考慮到自身所處的時代對於歷史的貢獻。因此我們應該尊重祖先流傳下來的城市遺產，將之逐漸豐富活躍。

三、交通政策的重要性

現代城市不能忽視有效的交通出行政策的重要性。汽車對於其擁

優化居住條件、進行新的住屋建設、保持鄰近便捷商業設施的建設等等。（Mairie de Rennes提供）

雷恩城市中心區的空中鳥瞰圖。（Mairie de Rennes- Guidon 提供）

有者體現了一個可以隨意往來的出行自由與出行舒適度的提升。但是汽車數量的極速增長以及汽車停車空間與穿越交通量的增加，也為城市帶來了越來越多的問題。

自從雷恩在1977年由Edmond Herve開始決定修建引進了第一條高速公路，使得汽車交通從南側進入並充斥整個城市中心區，至今已經三十年。2007年雷恩市政當局已經決定

雷恩可能是世界上擁有地鐵的最小人口的城市

不再修建新的高速公路，而更加大力度地發展公共交通與自行車。

　　為了使城市發展與汽車交通更加協調，雷恩市政當局決定在城市中限制汽車的使用，發展城市成為密度更高的中心區。如同之前提到對城市公共生活的引導，雷恩決定建設地鐵以尋求解決方法，雷恩第一條地鐵線路取得了巨大的成功，目前每天運送旅客人數達到十一萬人次。在世界範圍內，雷恩可能是擁有地鐵的最小的城市。這便是現代化的交通對雷恩產生的影響。由此，市政當局可以使雷恩從混亂紛雜的交通狀態中解放出來。

　　過去四年間，穿越城市中心區的汽車交通量降低了19%，從而有效降低了城市中心

區內的交通堵塞和污染。同時居民達到城市中心區的可達性並沒有受到影響，例如地鐵與公交網路使居民的出行更加便捷和快速，使城市中心區的停車空間與交通空間逐漸減少，從而使得城市中心區可以向著更加適宜的方向，不斷的吸納世界各國城市發展的經驗與優點。

四、城市中心區的嶄新形象

　　雷恩老城是在十八世紀時開始逐漸建造起來的，當時居民約有二萬五千至三萬人。當前雷恩都市區的人口已經達到了六十萬人。這也意味著城市中心區自從十八世紀到二十世紀以來所具備的必要的城市功能已經開始發生轉變。現在雷恩中心區已經不僅僅是六十萬人口的城市聚集區的功能中心，除了雷恩市民的需求外，成為周邊市鎮居民往來活動的中心。

　　由此導致的第一選擇是維持城市中心區一定的居民數量與不同種類的城市功能的留存：例如商業、文化娛樂、行政管理與學校等等。

　　第二項選擇是在老城的基礎上，另行附加一個新城，從而使城市中心區的面積倍增，使得原有的簡陋舊

具備居住、商業、辦公等多種功能的全新街區（Gaojing提供）

城轉變為一個具備居住、商業、辦公等多種功能的全新街區。

　　這也有助於在城市中心區內設置某些對於不斷增長的雷恩大都市區來說非常必要的公共設施。為了使這些公共設施能夠留存在城市中心區，必須通過各種措施來不斷增強城市中心區的吸引力，例如戴高樂將軍廣場的整治，包括周邊大型文化中心Les Champs Libres的新建、一系列劇場和電影院的更新、以及一個大型步行廣場的規劃等。

　　同時，一個原有的商業展覽中心更新計畫的實現，使得大型商業活動得以繼續留存在城市中心區，並且通過中心區的地鐵，增強其交通的可達性。其鄰近一個大型博物館的規劃，更極大地增強了歷史中心區的吸引力。

　　雷恩市政當局希冀的是，通過一系列的努力，將雷恩的歷史城市中心區提升為雷恩大都市區的中心，從而在歷史的延續性的基礎上，不斷地將其空間與文化記憶延續下去。因此，雷恩市政當局不斷地努力發掘與推廣城市遺產保護的價值，並不斷地使之與當代的發展環境相協調。他們認為通過有效地尊重歷史遺產的價值，將使得雷恩成為法國最有活力與最優吸引力的城市之一。

五、使公民對城市的變化加以瞭解溝通。

　　在所有城市規劃與建設的進程中，加強對居民的資訊告知和交流是非常重要的。這可以從不同的措施中反映出來。一方面設立一個全天候對於公眾開放的城市規劃資訊中心，同時不斷地舉辦各種以城市規劃與發展為主題的展覽、文獻評介與交流聚會。在過去的十二年間，超過二萬人次的雷恩市居民，經常拜訪 使用該城市規劃資訊中心。

　　另一方面，雷恩市的各個街區可以經常收到關於該街區的某些專案的發展資訊，並被邀請參與就各類項目所舉行的討論聚會。這些討論將可能對將要進行的發展項目進行修改。一般來說，就一個項目舉行的討論會，可能有將近二十場之多。這便使得居民可以充分地理解該街區的變化，並獲得居民對於該街區發展在專案研究之外的思考、興趣與願望，從而利於在居民間，就發展項目達成廣泛一致由居民共享其發展的思路與前景。

第13章

西班牙聖地牙哥歷史遺產與當代城市的和諧共存

「就這樣，沒有停歇，從中世紀開始，聖地牙哥重新成為這個古老大陸的目標，聖地牙哥未來的道路，將是一處結合了不同風格、文化和想法的地方。」

——Xerardo Estevez 1983～1988年間的聖地牙哥市長

聖地牙哥—德孔波斯特拉古城。

在歐洲，聖地牙哥·德·孔波斯特拉（Santiago De Compostela）的名字無人不知、無人不曉，這座人口不到十萬的彈丸小城是基督教中與羅馬、耶路撒冷齊名的三大聖城之一，並由於地理位置的偏遠，在中世紀被人們稱為世界的盡頭。以此為終點的跨越比利牛斯山脈，連綿蜿蜒於西法邊境的漫漫長路就是鼎鼎大名的聖地牙哥朝聖之路，從遙遠的中世紀直到今天，不計其數的虔誠信徒長途跋涉、歷盡千辛萬苦沿著這條荒涼的朝聖之路奔向終點聖地牙哥頂禮膜拜。

聖地牙哥—德孔波斯特拉古城作為歐洲古代城鎮建造與宗教及歷史意義相結合的完美典範，於1985年被列為世界文化遺產。同時以聖地牙哥作為終點的兩條基督教朝聖之路，即西班牙境內和法國境內的通往聖地牙哥-德孔波斯特拉的朝聖之路作為線性空間

文化遺產的代表分別於1993年和1998年被列為兩項單獨的世界文化遺產。從而聖地牙哥集三項世界文化遺產於一身，成為特有的兼備點狀與線性世界文化遺產的世界名城。

空中鳥瞰聖地牙哥市。（聖地牙哥市 Angel Panero提供）

第一節 聖雅各的傳說及聖地牙哥的建立

聖地牙哥位於西班牙西北部的加利西亞地區，其城市的起源與基督教的歷史密切相關，傳說中耶穌的使徒聖·雅各殮葬於此，成為這座以石頭砌成的城市出現的原因。

聖雅各成為耶穌使徒的早期階段

第一個關於使徒聖·雅各（Apostle St. James）的傳記資料，其最根本是來源於《聖經·新約》福音書。雅各是西庇太（Zebedeo）和薩樂美（Salome）的兒子，以及福音傳道者約翰（John）的兄弟。人們通常指出：根據薩樂美和耶穌的熟悉程度，薩樂美為她的兩個兒子在耶穌那裡求得了具有特權的職位。因此，西庇太家族和聖家族有著很密切的關係。

在跟隨耶穌的門徒當中，耶穌組成了一個十二人的使徒團體。雅各，及他的兄弟約翰和彼得，成為了耶穌最喜歡的門徒，他們也歸屬於耶穌親密團體的成員。

西庇太的這個兒子因脾氣暴躁而受到了耶穌基督的強烈譴責，耶穌還幫他取了一個假名叫做「雷之子」。雅各作為傳教士的熱情，以及他執著的精神都被保存在一本名為《加利提奴二世國王卷軸》（Codice Calixtino；十二世紀出版）的書中。這是一本關於大雅各教義的基礎書籍，它將他稱為「有令人欽佩的能力的聖人。他的生活方式受到祝福，他的美德使人驚異，並且，他才能顯著，擁有雄才大略。」

聖雅各在西班牙和葡萄牙的講道活動

自從耶穌被釘死在十字架上以後，雅各作為資格較老的使徒，完全理解了他的教條，並開始成為耶路撒冷地區信徒團體的主要領導人。

那個時候的運輸業得到了發展，人們從加利西亞將礦物如白鑽、金、鐵或銅運往巴勒斯坦的沿岸地區。回程時，他們會在亞歷山大或其他一些更東位置的港口裝上各種裝飾品、大理石板，甚至藥草，以及其他一些具有很高商業價值產品。

人們相信，雅各就是搭乘這些船中某一艘從巴勒斯坦到達了西班牙。他從安達盧西亞（Andalusia）登陸，並從那裡開始了他的傳教活動。之後，他又繼續在科英布拉和布拉加進行福音傳教的佈道活動，然後依據傳統慣例，轉到西班牙Finisterre地區的的伊利亞佛拉比亞城（Iria Flavia）。在那裡，他可以到異教徒經常做禮拜的地方進行傳福音活動。

雅各的安葬與聖地牙哥的出現

使徒雅各的遺體「奇跡般地到達」是今天我們所知的朝聖的起源。雅各於西元42年的時候，在巴勒斯坦被斬首，但雅各的兩個門徒：Atanasio和Teodoro，將雅各的身體和頭顱裝好，並用一艘船將其從耶路撒冷運送到了加利西亞。在海上經過了七天的航行之後，他們在加利西亞的海岸——伊利亞·佛拉比亞城登陸。

在埋葬雅各遺體的故事中，人們給它添加了一層傳奇色彩，故事中出現了一個富有且非常有勢力的異教女王——盧帕（Lupa）。她居住在那個年代中Lupario地區一個加固的住所裡（castro），這個地方也叫做「Castro of Franks」，離聖地牙哥很近。門徒們沒有找到可以埋葬雅各遺體的地方，於是他們就請求這個女王，讓她允許他們將遺體埋葬在她的土地上。但是女王卻將他們送到了居住在Fisterre附近的Dugium地區的羅馬使節所在處（Roman Legate Filotro）。這個羅馬統治者並沒有理會他們的請求，而是把他們丟到了監獄裡。據傳奇記載，門徒們奇跡般地獲得了一位天使的搭救而獲得了自由，並馬上開始了後有羅馬士兵追趕的大逃亡。當他們到達並穿過Tambre河上的Ons橋或Pas橋之後，橋如天意般倒塌了，而這些逃亡的門徒們終於得以逃出。於是所謂的盧帕女王假裝改變了態度，將他們帶到了Iliciano山，也就是今天的Pico Sacro山（聖峰），並為他們提供了一些野牛（在那裡自由生活的牛群），以及一輛用來運送使徒大雅各遺體

的大車，他們將要從帕德龍出發到聖地牙哥。當門徒們靠近野牛的時候，出乎盧帕意料的是，野牛很溫順地讓他們套好了軛。看到這一幕之後，盧帕決定放棄她原來的信仰，並改信了基督教。

傳說中，牛群們在沒有任何指引的情況下就出發了，它們在口渴的本能驅使下停了下來。它們在那裡用蹄扒了一下地面，然後，泉水就湧出來了。這就是在Rúa del Franco發現的泉水，這個地區靠近Colegio de Fonseca。之後，雅各使徒的小禮堂作為紀念館在這裡建立起來。牛群們繼續它們的旅途，直到它們到達盧帕的土地上。盧帕已經將這塊土地捐獻出來用作建立墓碑。同樣地在這裡，幾百年之後，大教堂作為聖地牙哥城鎮的精神中心，得以建立。

聖雅各遺體的重新發現與聖地牙哥城市的成形

由於基督教早期發展的時事艱難以及中世紀前西班牙地區的荒蕪蕭條，聖雅各的遺體安葬地逐漸被遺忘。但是在西元820至830年之間的時候，阿斯圖里亞斯王朝（Asturian reign）的統治者Alfonso IIthe Chaste（789~842年）和西部的查理曼（Charlemagne）—— 一個名為Paio的隱士，奇跡般地發現了一本記載有發現使徒雅各遺體埋葬的書籍。幾天以後，一些牧羊人注意到森林覆蓋的Libredon山上（即後來的孔波斯特拉市所在地）不斷交替地發出光亮，那是從一顆星星上照射下來的光芒。這一事件立即被報導給了伊利亞‧佛拉比亞城的主教Teodomiro，於是，他命令全城禁食並祈禱三天。同時，Libredon山被清理乾淨，人們在那裡還發現了一個Arcis Marmoricis（可譯為大理石方舟或大理石弓）。三天過後，在神的指引下，Teodomiro主教將發現的遺體定論為使徒雅各。

人們立即將這個奇跡般的發現報告給了國王。而後，國王和他的貴族們來到了這個地方，並下令建立第一座教堂以紀念雅各，其他的兩座教堂則分別用來紀念耶穌基督和聖彼得、聖保羅。在皇室的命令下，人們在這個地方建立起了一個小小的Agustinian社會團體，隨後，修道院、教堂、住所和一些服務於祭拜大雅各遺體的附屬房屋也相繼被建立起來；而這也構成了現在的孔波斯特拉市的原型。這一事件以極快的速度在整個歐洲傳播開來，第一批朝聖者開始到達這個充滿三聖頌的地方，到達這片美麗繁星的土地上（星之園——孔波斯特拉市）。也正是這個遺體的存在，使得這個地方的名

氣與安提俄克（Antioch）、以弗所（Ephese）和羅馬等相持平，甚至有過之而無不及。

聖地牙哥聖城地位的奠定

　　大約在九世紀三〇年代裡，穆斯林實際上加強了它的入侵；與此同時，也只有北部的王國在抵抗他們的統治。這就需要一個特殊人物的出現，他不僅能夠統一大家針對共同敵人的鬥爭行動；同時，他還能成為這場重要的歷史事件的精神支柱。在戰爭中，如果摩爾人以穆罕默德為號召力，那麼基督教則是以雅各為支柱。如此一來，一個相信言語力量的謙遜聖人、窮人的朋友，成為了勇士「聖地牙哥·馬塔莫羅斯」（Santiago Matamoros，摩爾人的殺手）。844年5月23日，他第一次帶上寶劍幫助拉阿斯圖里亞斯王朝的米羅一世（Ramiro I）在克拉維霍戰爭（Battle of Clavijo）中與亞伯得拉曼二世（Abderraman II）作鬥爭。

市中心大教堂，據估計每年約有六百萬信徒及遊客勇入這個僅有九萬人口的宗教歷史名城

從那以後，他開始負責反侵略的最重要的戰役；而基督教也逐漸恢復了他們的領地，並將孔波斯特拉市轉變成了阿斯圖里亞斯－萊昂王國的主要精神吸引中心。此後，它就成為了在景觀吸引方面能與羅馬和耶路撒冷相抗衡的奇跡，也是整個基督教世界中最大的朝聖中心。

第二節 朝聖之路——線性世界文化遺產的典範

「歐洲是建立在通往孔波斯特拉市的朝聖道路上的」——歌德

以聖地牙哥為終點的朝聖之路是歐洲最重要的文化線路，可以毫不客氣的說，正是這些朝聖之路促進了歐洲各地區文化的交流融合以及共同發展，也正是因為其獨具的歷史、文化、宗教和景觀內涵，以法國和西班牙為中心的兩條朝聖之路被列為世界文化遺產，得到了世人對其地位的普遍認可。

古代朝聖之路——基督教的精神聖殿

九世紀初期，聖徒雅各之墓被發現之後便立即引來了潮水般的遊客前去朝聖。來自歐洲不同地方的朝聖者如潮水般湧入，形成了一個複雜的路線網。這些四通八達的路線總稱為雅各之路（Way of St. James）或者雅各路線（Jacobean Route）。

朝聖之路的選擇是基於無數的羅馬道路中能夠很好地連接半島不同地點的道路。但是考慮到特別的人群流動趨勢，在道路上為朝聖者提供必要的基礎設施成為一項緊急的事情。旅館、醫院、公墓、橋樑、教堂，以及修道院被相繼建立起來；最重要的是，在朝聖的路邊，人們建立起了很多的居民區。從而通過這如此多的營建創作了一部歷史的、藝術的傳奇，而它對於促進整個歐洲文化交流的重要性，直到現在，人們都無法去估量。

同樣在這個世紀裡，一個法國牧師——Aymeric Picaud，將一本名為加里斯都抄本（關於他是否為此書作者的問題，受到了很多的爭議）的書呈現在大家面前。書裡描述了法國朝聖之路，裡面還有很多關於沿途旅遊的建議。毫無疑問地，這是人類的第一部旅行指南。

由教皇加里斯都二世（Calixto II）和他的繼任者亞歷山大三世（1159~1181年）以教皇印鑑（Regis terna）的形式確立下來的雅各聖年；以及在每個7月25日（大雅各日）為周日的日子裡舉行的大赦年（大赦）中，對於那些參觀孔波斯特拉市教堂的遊客所給予的寬恕，共同成為了中世紀時人們到聖地牙哥進行朝聖的最後推動力。

宗教朝聖在十一到十三世紀之間達到了全盛期，那個時期已經有了特定的精神赦免。這一趨勢在數世紀的時間裡一直不變，發展時快時慢。在十四世紀的時候，朝聖開始了它一個重要的衰落時期。這次的衰落歸因於破壞這個世紀的大災難（最重要的是黑死病），以及這塊大陸所參與到的無數的戰爭。十六世紀時，情況越發惡化了。這可以歸結於新教的出現，宗教戰爭的惡果，以及人們為了防止使徒的遺體（已有三百多年的歷史）落入英國海盜之手而做出的隱藏行動。在十九世紀時，這一衰落過程達到了頂點——幾乎所有的朝聖活動都消失了。（舊約聖經）歷代記中記載，1867年7月25日這一天，到孔波斯特拉市進行朝拜活動的朝聖者僅為四十人。

由於朝聖者來自不同地方，因此形成了從歐洲各地到達加利西亞的六條主要線路。從社會經濟、藝術和文化角度來看，最繁榮、最主要的線路要數法國之路（French Way）。這條線路從法國開始，經傳說中的Cebreiro小丘，越過庇利牛斯山和加利西亞進入西班牙。然而，另外其他五條線路在聖地牙哥朝聖史上也各有特定地位。這五條線路是這樣的：

1. 最早的路線也就是原始之路和北方之路（Original and North Way）——北方之路在朝聖開始初期就已經很出名，從巴斯克地區（Basque Country）和坎塔布連山（Cantabria）出發，經阿斯圖里亞斯（Asturias）進入加利西亞。

2. 英國之路（the English Way）——走英國之路的朝聖者主要來自歐洲北部和不列顛半島（British Isles），在拉科魯尼亞港（A Coruna）和費羅爾港（Ferrol）登陸。

3. 葡萄牙之路（the Portuguese Way）——葡萄牙之路在加利西亞西北部，主要是葡萄牙人走。

4. 銀之路，也是東南路線（the Southeast Way）——來自伊比利亞半島半島南部和中部的朝聖者前往聖地牙哥走的就是這條線，需沿著梅里達（Mérida）和阿斯托加

（Astorga）之間著名的普拉塔之路（Vía de la Plata），接著進入奧倫斯（Ourense）的領地，最終到聖地牙哥。

另外還有兩條路由於它們的象徵意義，也被認為是雅各路線：

1. 地極之路（Fisterra - Muxía Route）——中世紀的許多朝聖者在參拜了聖徒的墳墓後，得到神的召喚，前往當時認為的地球最西邊的菲斯特拉海角。

2. 海河之路（Sea Arousa - Ulla River）——據說是載著使徒遺體的船在到達加利西亞之前所走的線路。

現代朝聖之路——歐洲的第一次共同意識

沿著通往聖地牙哥的道路到孔波斯特拉市進行歷史悠久的朝聖活動，它的發展源自於一個非凡的精神、文化和經濟生命力建立的開端時期。這個時期中，產生了文學、音樂、藝術和歷史；據記載，城市和村莊拔地而起，醫院和旅館被建立起來，商業通道和新市場不斷湧現，新道路、橋樑、大教堂和禮拜堂得到規劃。這一切都將羅馬式藝術提升到一個其他藝術形式無法到達的華麗高度上。

同時這條道路還是一個文化大熔爐、大陸趨勢和觀念的傳播者、各族人民和語言的聚會地點，以及第一次歐洲共同意識的支撐軸。歌德曾說過「歐洲是建立在通往孔波斯特拉市的朝聖道路上的」。雅各之路已歷經十二個世紀，激發了精神、文化和社會非凡的活力。由於這條朝聖之路的存在，才形成了第一個歐洲的援助網路，建立了許多修道院、天主教堂和新的城市中心。不同社會背景的人們在路上相遇，逐漸形成一種文化。這種文化建立在開誠佈公地交換各自的思想以及藝術和社會發展的潮流之上。另外還有一股社會經濟推動的力量，推動著歐洲很多地方的發展，特別是在中世紀的時候。雅各之路和朝聖者給聖地牙哥留下的印記可以在不同的藝術形式裡看到，或者記載在全世界一千餘種書籍上。所有這些不管是公共的還是私人的，都可以清楚地證明著印記的存在。有關書籍在近幾十年對這條路線的好處大加讚美，稱其為一部藝術作品，是歐洲人的文化遺產。歐洲議會於1987年宣佈雅各之路的幾條主路線為「歐洲第一文化路線」（First European Cultural Itinerary），後來聯合國教科文組織把其在西班牙和法國境內的兩部分路線先後列入世界文化遺產（分別是1993年和1998年）。

世界各地、特別是朝聖路上，建立了無數紀念雅各的教堂。歐洲和其他大陸上也有很多的城市和村莊都取名叫做聖地牙哥。在美洲，從美國到智利，許多的鄉村都叫做聖地牙哥。在二十世紀的時候，關於這方面的出版物開始得到發行。來自西班牙、法國、義大利、德國、英國、比利時、葡萄牙、美國、盧森堡、荷蘭、瑞士……，甚至日本地區的六百部專家著作也已經在各個地區出版發行。

第三節 輝煌和諧的城市空間——作為世界文化遺產的聖地牙哥城

「……在西班牙所有的遠古城市中，位於花崗岩佳境中不曾移動、不變且永恆的城市，就是聖地牙哥市了……它看起來不顯破舊，而是更顯不朽……但是孔波斯特拉市在朝聖者的癡迷中未曾變動過，在一個獨特的祈禱中它所有的石塊被連接在了一起，歷史的鏈條在它的回聲中總是有著同樣的共鳴。在那裡，時間永恆不變，在哭泣的天空下不斷地重複著。」

——《Lá Lámpara Maravillosa》，巴列·因克蘭（Valle-Inclán）

聖地牙哥市是繼耶路撒冷和羅馬之後的第三個最為重要的聖城。（Gaojing提供）

聖地牙哥·德·孔波斯特拉市（簡稱聖地牙哥市）是繼耶路撒冷和羅馬之後的第三個最為重要的聖城，是歐洲最為重要的城市之一，也是多種文化的薈萃之地。1985年，聯合國教科文組織宣佈將聖地牙哥市作為世界文化遺產。這座城市主要是一座歷史性城市，數個世紀來一直是圍繞著使徒聖詹姆斯的墳墓而建成的石頭奇跡，並成為世界上最輝煌和合諧的建築整體之一。

墓園中使徒聖詹姆斯的雕像。（Gaojing提供）

這座古老城市的建築經歷了長期遊歷的道路。

　　西元九世紀初期，聖地牙哥誕生於在使徒雅各墓穴的發現地所奠基的一座教堂，以紀念碑性質的羅馬式風格體現，並補充了巴羅克式的風格於主體建築的外部，在四周建設了四座紀念廣場，從而整座古城是以聖雅各的墳墓和奉有聖雅各聖骨的教堂為中心發展起來的，同時這座邊遠的城市也正是以聖雅各而得名（雅各在西班牙語中的叫法就是San Tiago）。

　　但是隨著阿拉伯人在西班牙長達八百年的異教統治，雅各布的墓地也被破壞埋沒，所在之處再也無人知曉。古城十世紀遭到了穆斯林的嚴重毀壞，於十一世紀得到徹底重建，並成為西班牙基督教反對伊斯蘭教的重要象徵。

　　隨著時間的推移，聖地牙哥朝聖線路為聯合國世界文化遺產，在教科文組織對聖地

左：古城的羅馬式建築、哥特式建築和巴羅克式建築吸引著世界各地的遊客。
右：歐洲最具有紀念意義的最美麗廣場之一。

牙哥進行考察的評語中，如此評價：「聖地牙哥無庸置疑是人類遺產中的一處。這個城市由於他紀念性的完整，集合了特有的世界性的價值……在理想的大城市中以歷史性和非世俗性而突出。」

如今這座城市是一片經歷了幾個世紀，以大教堂為中心的石質建築為中心構成的建築整體，古城的羅馬式建築、哥特式建築和巴羅克式建築吸引著世界各地的遊客。這座城市安靜、安全、適合休憩，有中世紀風格的瓷磚鋪成的馬路和能夠通往各處修道院、教堂和博物館的幽靜小巷，以及歐洲最具有紀念意義的最美麗廣場之一。這座有重大意義的城市或古老的城市是一件經歲月、雨和許多雙手雕刻的美麗的石雕品。1940年，聖地牙哥市被認為是一座極具藝術和文化價值的國家紀念館。

這座古老城市的建築經歷了長期遊歷的道路。建築的不同風格（前羅馬式、羅馬式、哥特式、巴羅克式、新古典主義等）混合在一起。走過時間長河，建築的轉變依然繼續，然而，建築群的最終結果卻和諧一致，讓所有外來者驚訝不已！依照西班牙小說家巴列・因克蘭（Valle Inclán）的說法，城市裡沒有改變的少數事物之一是「永恆多過古老」，在不用藝術階段對同類石頭（花崗岩）的使用已經達到了當時的技術與藝術的高峰。

大教堂是聖地牙哥的根源，這座不朽的華美建築是所有朝聖路線的起點。教堂的建造是為了保護使徒的遺體，它經歷了幾次革新。給人深刻印象的巴羅克式建築前部

新的建築物加上來大塊的綠色空地，形成了雕塑與自然的對話。

在十八世紀只雕刻了一部分，它是一個裝飾遮蓋物，將基督教世界最重要的羅馬式大教堂精緻的正面隱藏起來。在這個莊嚴的外表之後，我們能看到羅馬式建築的頂級作品——由Mestre Mateo於十二世紀建造的Pórtico da Gloria門廊。

　　大教堂被五個廣場環繞著，它們是：Obradoiro廣場、Praterías廣場、Quintana廣場、Inmaculada廣場和Acibechería廣場，它們的建造風格如魔法般地與大教堂協調一致。大教堂前部的對面，我們可以看到一個有趣的民用建築實例San Xerome豪華古宅。從審美觀點上看，Obradoiro廣場是幾乎完美的，被認為是世界上最美麗的廣場之一。Praterías廣場的名字源於幾個居住此地的銀匠。在廣場中心有一個叫做群馬噴泉的噴泉。

　　由於它是典型的中世紀城市，這裡主要的街道都是平行的。觀察城市本質的最佳方法莫過於沿著街道四處走走。老城裡的每一座建築都訴說著這座城市博物館的部分

歷史。中世紀的街道聚集在美麗的廣場之中。另幾百年的生活則體現在石頭，就像
Salvador García Bodano在詩中所寫的那樣：

> 「Compostela is a long street
>
> In the memory
>
> Where the names and the hours
>
> That each person remembers wander......」

意思為：孔波斯特拉是一條長長的街道，在記憶中，名字和時間都已忘卻，每一個
人銘記的是漫步街道……

新城區環繞著老城。聖地牙哥試圖在當前找到自己的位置。目前的公共建築混合了
前驅和本土文化。新的建築物加上來大塊的綠色空地，形成了雕塑與自然的對話。現
代的藝術中心和禮堂是與城市發展的歷史同步的一個很好的例子。因而聖地牙哥被公
認為一個「現代的城市」，卻同時也擁有「寶貴歷史的城區，堪稱為基督教界幾個最
偉大的城市之一」，又由於對於城市和諧性與遺產的保護，聖地牙哥歷史城市的生活
品質得到了眾多的推崇。

尤其值得一提的一點在於，不僅聖地牙哥城市本身是舉世公認的世界文化遺產，以
其為終點的法國、西班牙兩條朝聖之路也同時被列為世界文化遺產，這樣聖地牙哥成
為包含以城市為主體的點狀世界文化遺產以及以多個城市與遺跡共同組成的線性世界
文化遺產的交融。當前聯合國教科文組織列入的世界文化遺產尚以點狀遺產為主，但
是線性世界文化遺產對於文化交流、融合和發展的獨特意義正越來越被大眾所認可，
如朝聖之路對於歐洲文化融合的非凡意義一般，絲綢之路、京杭大運河等具有類似意
義的線性遺產同樣值得保護與弘揚。在這一點上 ，聖地牙哥不啻為多類型文化遺產保
護的典範。

第四節 歷史與未來相融的城市發展模式

聖地牙哥的輝煌歷史是其邁向未來發展的厚重基石，但同樣可能成為城市更新與可

持續發展的阻礙。所幸在經歷了一段時間的窒礙與思考之後，聖地牙哥已經走出了一條卓有成效的融歷史與未來於一體的城市發展模式。

在經歷了數百年的發展後，聖地牙哥保持了明顯的活力，但也存在著危機的徵兆：在二十世紀八〇年代，城區內16％的空置住房、城市的高租金、原有歷史建築的廢棄、建築物的內部破壞、40％的房屋需要修繕、人口老齡化、堵塞的交通、公共空間的弱化、以及社會風氣的混沌，都成為這個古城面臨的嚴峻挑戰。

針對以上這些問題，聖地牙哥採取的對策可以歸結為一種既有悠久歷史，又著眼未來的城市發展模式，在考慮歷史城市的修繕和價值的基礎上，使之成為一種新的發展模式的起點，包括較好的基礎設施、可持續的環境模式、城市的文化和諧以及與自然環境的融洽、新的城市文化的靈活性與公共空間的複合性。這一綜合的發展模式自從二十世紀八〇年代開始實施，並逐步分階段的實現著既定的發展目標。

這一發展模式包含有三條主要的軸線：

1. 歷史城市的保存：居民生活品質的提高
2. 城市整體的發展：文化遺產與經濟發展的協調
3. 城市文明的演進：城市內涵中最為重要的因素

其中一些具體的實施內容包括：市民生活條件的改善，同遺產保護共存；加強城市活動，恢復歷史城市居住環境和價值；加強歷史城市和自然環境關係的重要性；豐富並充分利用歷史城市中心區資源，緩解堵塞。

從這一綜合性的發展模式角度出發，任何城市改造專案的目的是改善城市居民的生活條件。從其複雜的動力學角度來看，城市一直都處於更新、適應和不斷調整的改造過程中。城市政府應該能夠設計出，並以一種嚴密的方式支援一項優先恢復城市面貌及其環境的政策。城市規劃是地區政府真正的許可權，同時也是他們管理獲得成功的支柱。

第五節 聖地牙哥歷史城市改造的實施思路

在聖地牙哥被列為世界遺產之後，根據國際經驗，聖地牙哥制定了一系列普遍的指導意見，對有關遺產的全部做法作出規定：對文物的修繕，恢復受保護的建築物，或關於歷史景點的更大規模計畫都起了巨大作用。

以下是由聖地牙哥城市保存與改造的過程中總結出的一些實施思路，也是聖地牙哥的經驗所在。

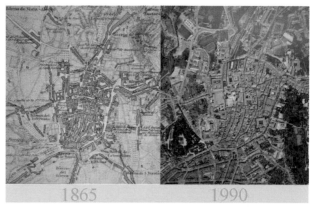

此圖為1865年及1990年聖地牙哥的歷史中心城區圖。（聖地牙哥市-Angel Panero提供）

關於歷史街區

——要想成功恢復中心城區，改變其功能，民眾的積極參與是必不可少的。

聖地牙哥進行任何修復場地。（Gaojing提供）

——歷史性中心城區的恢復，要放到整座城市、甚至更大的地域環境中來考慮，並考慮到他們在未來發展中的關係。即通過一定範圍的國土整治計畫，從城市的週邊著眼，來達到保護和恢復歷史性中心城區。

——進行任何修復活動之前，都應作認真的審視，以確定必需的保護性處理和創新措施。這些，都通過整理道路和其他基礎設施，通過整治街區總的特徵來實現，以便完整地保存文物和有益的東西，並使街區環境適應現代生活的要求，只是在保護原則允許的情況下才使用代替物。

——構成歷史性街區的建築物，並不見得本身都具有獨特的建築藝術價值，但也應因其有機的整體性，獨具一格的體量，和他們在技術方面、空間方面、裝飾方面和蘊含的特徵，而受到保護。因為這些特徵都是一座城市肌理統一的不可替代的因素。

關於建築遺產

——建築性遺產是歷史的一種表達方式，它令我們認識到過去歷史在我們當代生活中的重要性。每一代人都以自己的方式解讀過去，並使自己產生新的感悟。

——保存和修繕文物，旨在既保護藝術品，又保護歷史的見證。文物體現著歷史，與之密不可分。因此，應禁止改變建築物或歷史景點賴以保存到今天的周圍環境和其他條件。

——歷史長河中的演變也應理解為是遺產的不可分割部分之。因此，一棟建築物中各個時代顯而易見的印記應受到尊重。

——保存真實性，為人類對歷史的整體記憶指明了方向。這種真實性是遺產保護的本質因素。

——修繕的目的在於保存和展示某個文物的歷史和美學的價值，應立足於尊重文物的古舊部分和體現其真實性的部分。如有臆想假設，就談不上修繕了；再進一步說，任何添加或畫蛇添足，實際上會與整體建築格格不入，反而帶上我們這個時代的烙印。

——應禁止對建築風格的任何添加或類似添加，哪怕這種添加是簡單形式。

——會抹掉時光對建築物演變印記的改造與拆除，也應予禁止。

——地域性傳統建築遺產體現了一方民眾創建自己居所的自然和傳統的方式。他有

著自身必需的演進過程，並為適應社會和環境的要求而在繼續演進。

——傳統建築體系的連續性，以及伴隨傳統建築遺產的行當和技藝，是體現這種遺產的本質性的東西，至關重要。這些技藝。應得到保存，並通過培養匠人而一代代傳承下去。

——構成景觀的不同元素，因其相互之間的聯繫或對襯，而顯得整體和諧，令人產生美感，並又各自具有特性。但是並不排除可取掉一些添加部分，取掉毫無價值的疊加建築部分，甚至拆除那些對景觀整體統一有礙的新的整棟建築。

——歷史景觀區的新建築應在建築空間佈局和環境方面與原有建築相協調。為此目的，每項新建築事先都應分析研究，分析不只是確定建築物的特性，還應該分析其中包括建築高度、顏色、建築材質及其形式，與已有建築和周圍空間體量上的關係，及以何種方式嵌入建築群。

——任何添加建築都應服從已形成的建築空間佈局，特別是地塊的分割、體積、層次區分。

——如引入現代形式的建築並不致影響整個景區的和諧美，那麼新建築就會為之增色。

對於傳統建築的修復改造，應遵循以下的實施步驟：總是從景點歷史分析入手，探究其淵源、演變，以及其現存的物質部分（即建築物）和它們的特徵（排列、走向、軸線等）。然後對其作為整體的各個建築成分和它們圈定空間的分析，可使得我們對該文物作全面保護的因素有個明確瞭解，並瞭解它作為地域性建築形式的傳統因素——該傳統因素雖不具備特別的吸引力，卻由於其體量、形制上的特徵等等為周圍環境增色。並且，分析工作也可令我們明確哪些因素明顯與周圍不配，值得拆除，從而使對建築的認識更進一步。

擬議中的使用功能應該合適，有益於景觀的改善，使建築與它的體量大小所產生的能力、它的建築特徵相容。並且深入地從建築方面分析它的應保護部分，以及可能應被保護部分。歷史性分析，是修繕這些建築物的基礎；當然，我們不應忽視「真實性」的普遍原則，以及修繕不能歪曲歷史和可逆轉性等原則。

對現存的和遺產以及他們的範圍相適應的傳統建築所作的體貌上的分析，使得可

以對這些建築既實施合適的恢復計畫,又保留他們的基本特徵。建議添加的新式建築元素,應盡可能少些,應能夠有助於改善景點,加強建築物和空地之間的關係。新建築就應是符合時代潮流的現代化的,是由當代建築師設計的,能令人一眼就看出是新的。只要新添建築不與景點的協調氣氛相牴觸,也能夠為歷史景點增色。

上:舉辦各種類型的文化活動。(Gaojing提供)
左:聖地牙哥市政府對1270個建築物與2400所房屋進行了修繕。(聖地牙哥市-Angel Panero提供)

第六節 聖地牙哥城市改造計畫的實施計畫

聖地牙哥城市的歷史城市保護與改造實施已久,其大致的保護計畫實施步驟可以分為以下五個主要方面:

——1994年,最初通過歷史城市保護與修繕特別計畫,確定了計畫框架。

——1994年,通過橋樑修繕計畫,修建了邦戈瓦爾公園,推進了城區住房修繕的進程,並在城區東部開始環境的維護。

——1997年,確定通過歷史城市保護與修繕特別計畫,加強了修繕的地方規劃。

——1999年,實施薩雷拉河整治特別計畫,建設卡雷拉斯公園,並啟動了對城區西部的環境走廊的修復工作。

——2000年，實施對貝爾維斯公園和西蒙公園的改造，在城區西部和東部走廊進行了集中的整治活動。

同時，從前述的三個發展軸線來歸類聖地牙哥市政府的改造計畫，可以總結出以下工作成果：

1. 生活品質改善模式：通過城區的整體修繕計畫，對一千二百七十個建築物與二千四百所房屋進行了修繕，改善了區域內的設施和綠地，同時以嚴格的交通管制條例抑制交通流量，利用全新的步行方式促進城市的可持續發展，創造適宜步行的歷史城市。

2. 延續文化遺產的累計過程：通過一系列新的標誌性建築物的構建，從公共設施和環境品質等方面提升區域生活品質和文化品質，並與城市修繕加以配合，不影響歷史城區的景觀積澱。

3. 通過城市改造促進城市文明發展：通過恢復城市原有的歷史地位，進行漸進的宗教及精神補充，並融合其他精神與文化領域的宗教恢復，舉辦各種類型的文化活動，促進聖地牙哥的影響力提升。

第七節 聖地牙哥城市改造政策的經驗總結

聖地牙哥的城市改造至今歷時十多年，取得了令各界認可的成績，城市的遺產保護與可持續發展協調並行，而其中最重要的經驗總結如下：

行政管理的創新性

如果說在付諸實踐的時候有一個城市概念和城市規劃很重要，那麼依靠一個能夠推動城市規劃實施的行政機構就必不可少了。在此可以參照一下聖地牙哥城市集團（Consortium De La Ville De Saint-Jacques-De-Compostelle）的經驗。

聖地牙哥城市集團不同於傳統的建設與規劃部門，它是一個行政機構內部協調合作的公共機構，其中有西班牙政府，加利西亞地區自治政府和聖地牙哥市政府參與。聖地牙哥城市集團在其存在的十五年間，總是在協商一致的前提下，強化其在城市規劃

的具體實施方面所起的作用，這些富有成效的作用主要表現在技術和財政支持方面。聖地牙哥城作為人類遺產的的重生，其城市的復興被看作是國家、地區、當地行政機構共同承擔的責任。行政機構內部富有成效的合作配合，有利於在城市規劃專案中產生互信，並且對國民的參與也是至關重要的。

改造計畫的綜合性

與其數百年的、對比強烈的城市特點相一致，歷史悠久的城市是機遇的場所、是財富、就業和文化的誕生地。如果說居住功能和公共空間的恢復是其重生的發動機的話，那麼歷史名城的復興不應該僅僅是建築專案的實施，它必須應該包含住房、就業和職業培訓方面的方案，職業培訓包含建築、旅遊、商業和服務等領域。

公共參與的全面性

實施一項持久的城市復興方案，如果沒有居民的參與且沒有得到他們的信任是不可能的。歷史名城修復專案應該能夠促進居民一起共同參與。在曾經抵制，卻沒有放棄他們在城市住宅的的居民中，很多人是因為沒有其他別的選擇，他們習慣性的被行政機構告知：「這些不能做」，或當他們每一次申請在房屋裡實施工程的時候，被看到牽扯進無盡的，不可思議的官僚主義中。改變這一狀況以推進一項有效的復興政策是必不可少的，因為當我們打算強化一項城市復興進程的時候，嚴格的限制政策導致了低效率。這就是為什麼要對古城居住者的擔憂給予回復，這也就是為什麼通過居民的房屋改造有利於遺產的保護。

傳統技術培訓的重要性

城市復興文化的傳播需要一些專業技術培訓方面的創新，這一培訓在城市復興過程中不可忽略，也包含其歷史和藝術價值的外延。參與歷史建築修復的專業人士，和那些僅僅有蓋新房的經驗的、在項目實施過程中涉及的人，對他們的培訓都是不可或缺的。聖地牙哥設立了專門的技術學校來對有意願從事這一工作的人進行培訓，延請專業工匠將傳統技術教授留存下來，成為城市未來維修、保護的人才儲備。

一般性建築體修復的重要性

　　歷史名城的每一棟建築，從建築學的角度來看，都會增值且被包含在其完整性之中。建築物的表面，鐵飾品，隔離牆或者屋架作為單個個體來呈現，但同時也作為一個內部緊密聯繫的整體。這些無名的建築因此對於城市的認知來說是不可或缺的，不僅僅是因為它保存了城鎮階層文化記憶的延續，同樣也是因為它們有效的承擔城市的主要基礎和日常生活。這些建築的保存和維護常常不是由建築師來完成的，而是依靠工匠的傳統工藝。這就是為什麼他們保存下來的原因不是因為巨大的投資，而是因為他們的日常生活和持久性的必要性。在我們的修復中，我們應該尊重相容性，一致性和工藝持續性。

新建築與歷史城市的協調性

　　無論何種情況，較之歷史建築，新的東西應能讓人一眼認出，但這些新建築也應嚴格服從整個環境的要求。要想搞出既具有現代建築氣息，又與遺產建築般配，品質又上乘的東西，就應從分析地域性傳統建築入手。這些地域性傳統建築，正是歷史建築的日常生活和持久性的必要演變。正是由於這點，保留和修復它們才變得重要，這些保留和修復，是保存歷史的精髓的最佳途徑，而不致令我們去當古代建築師，建造現代版的複製品，

　　好的建築物，常常更是通過自己沒做什麼，而不是做了什麼；通過尊重和適應環境，通過表明自己屬於當代，來展示自我的，擁有這些特點，這建築才稱得上優秀。

　　當代的最佳建築，正是表示了對歷史的最大尊重。最好的建築總是會與周圍環境（不管這環境是天然的或建成物）相適應，與時代相適應。這種適應，是通過合適的建築體量和建材獲得，而非喧賓奪主，脫離周圍環境；是通過烘托真正屬於歷史遺產的建築物，而非與之混同或與之衝突；既不是憑空臆造一個虛無的過去，也不是一味地重複過去的建築體系和空間。

　　還不應該忘記，現代建築語彙，談的肯定不是格格不入的風貌，或反差過大或互相競爭的風貌。是要考慮到尊重和適應原有風貌，講究節約建材和成本。那些能夠存在

至今的傳統建築，通常都能一旦建成便立即自然而然地滿足適應人居的要求。這些傳統一般性建築體，儘管算不上歷史性建築，但它們具有某種地方價值。對它們加以研究和分析，會給我們的城市規劃工作帶來良好啟示。

　　以上總結的經驗，我們看到歷史城市外貌的修復不能掩藏其解決功能、商業、人口學問題的緊迫性……它同時也涉及到特別困難背景下的的經濟政策：當代的城市。住房、就業、商業、環境、社會一體化的政策與城市遺址的恢復緊密相連。城市的復興是一個相互關聯的過程，它的發展依賴於居民的城市文化，這些居民是城市文化的主角。重建過程的成功只能通過社會、居民、技術人員、建築者、政策等不同因素來共同解釋和認知。因此重建的實施機構，培訓與遺產，文化與遺產，就業與遺產，住房與遺產，歸根結柢，城市是一連相互關聯的複合有機體。

上：聖地牙哥的市街道。（聖地牙哥市-Angel Panero提供）
下一：聖地牙哥市以「文化城市」為發展定位，在街道上舉辦音樂
　　　會。（聖地牙哥市-Angel Panero提供）
下二：聖地牙哥市的傳統宗教節日活動。（聖地牙哥市-Angel Panero
　　　提供）

第八節　聖地牙哥城市發展的前景

　　聖地牙哥的城市改造無論在西班牙國內還是國際上都得到了一個極為重要的表彰，1999年獲得了城市規劃歐洲大獎，2002年獲得了聯合國居住政策大獎。此外2000年，聖地牙哥成為歐洲文化省會，2003年獲得第一屆可持續發

展城市獎。聖地牙哥的發展經驗並已經通過多種國際合作計畫傳播到世界各國。

目前聖地牙哥面對城市未來發展的思考，可以歸結為「文化城市」這一發展定位，通過文化城市的建設，使得文化、社會和公共團體互相合作，促進城市的文化戰略，促進傳統宗教文化和新城市文化之間的融合，使得聖地牙哥成為文化的想像、生產和國際合作的空間，從而表現聖地牙哥所有可能的文化和藝術創造力，傳播聖地牙哥乃至西班牙的歷史和文化。

在二十一世紀，歷史城市不是一個問題，而是一個解決方案。一種城市文化，應立足於一種穩定性的，環境和諧的、持久性的發展，如果我們想成功處理人類未來面臨的城市問題，我們不能輕視這種範例，而聖地牙哥便將致力於成為這類人類歷史城市發展的範例。

左：筆者於西班牙塞維利亞參訪時與曲阜市市長劉森及聯合國教科文組織日本籍的社會發展處處長Wataru Iwamoto的合影。
右：筆者於西班牙聖地牙哥市參訪時與該市市長Xose A. Sanchez Bugallo及曲阜市市長劉森於市長辦公室內合影，背後之建築物為聖地牙哥大教堂。

第14章

曲阜歷史文化名城的永續發展

改革開放以來，文革時期的批林批孔、反傳統的風潮已成過去式，「重仁尚禮」的孔子儒家學說，再次被奉為傳統中國文化的正統思想。近年來，中國國家領導提出了邁向小康及和諧社會的發展目標，中國教育部門漢語辦公室在世界各地設立「孔子學院」推動儒家文化，學習漢語逐漸成為世界潮流；聯合國教科文組織配合中國政府於2006年9月底，在曲阜頒發了第一個以中國人名命名的聯合國專案獎「孔子教育獎」。

世界格局的演變、中國的政治決策走向，對孔子的故鄉——儒學聖地曲阜的保護與發展，提供了絕佳良機。在曲阜歷史文化名城近年來城市發展的基礎上，為了推動曲阜新一輪的可持續性保護與發展，經由曲阜市規劃局委託，本人與歐盟接觸，促成雙邊的合作意向。2004年10月，曲阜市人民政府與兩個歐洲合作城市——法國雷恩市、西班牙聖地牙哥簽訂了合作協議，

上：此為筆者與前法國大使、曲阜國際友誼協會主席馬克·孟毅造訪曲阜配合中國第一屆遺產日的系列活動。（ISASES攝影）
下：山東省區域圖。（曲阜市人民政府提供）

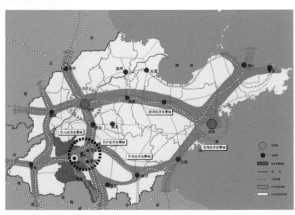

2004年底通過「歐盟亞洲城鄉合作計畫」，在歐盟七十五萬歐元資助下，從2005年1月至2007年12月為期三年，就曲阜歷史文化名城的永續發展，在故城復興、遺產保護、旅

遊與文化振興等方面進行合作，希冀以曲阜的城市實踐為國內類似的歷史文化名城的保護、發展與創新提供新的思路與創見。

第一節 封建時期曲阜的城池變遷與遺產保存

就當代中國與山東的地域概念而言，曲阜在空間尺度上僅是一座小城。這座城市位於山東省西南部，距省會濟南一百六十公里，全市行政轄區面積為八百九十五平方公里，現狀人口僅為六十四萬。但作為儒家文明代表人物孔子的故所，她被公認為東亞文明的聖地。時至今日，城中大部分建築物依然與孔子及其弟子或後人相關。而在1982年，曲阜更榮膺中國政府首批公佈的二十四座歷史文化名城之一，其中孔府、孔廟、孔林於1994年被聯合國教科文組織列入世界文化遺產。

主要地理環境與自然景觀

曲阜行政上屬於濟寧市。濟寧市有人口約八百萬，其轄區的濟寧、兗州、曲阜、鄒城（孟廟所在地）四座城市彼此很近，將來會組成一個大的城市群。

北京至上海高速動力組火

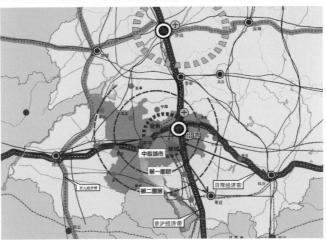

上：曲阜是中國首批公布的24個歷史文化名城之一。（曲阜市人民政府提供）

下：濟寧市行政圖，北京至上海高速動力組火車將於2012年開通，這使得曲阜距北京與上海兩個大城市，只需3個小時的車程。（曲阜市人民政府提供）

車將於2012年開通，這使得曲阜距這兩個大城市，也就是三個小時的車程。

曲阜周圍地區的景觀地理顯著：

◎ **泰山**，位於曲阜以北，為中國五嶽之首，古稱岱宗，春秋時始稱泰山。泰山以其歷史文化價值和美景，被聯合國教科文組織於1987年列入世界自然和文化雙重遺產名錄。

泰山位於山東省中部，其主峰玉皇頂海拔一千五百四十五公尺，位於泰安城北。泰山可謂中國文明的搖籃之一。古時，泰山周圍地區就是中國政治、經濟、文化中心的一部分。早在夏、商、周朝，傳說就已有七十二位帝王祭封泰山。從秦朝（西元前221~206年）始皇帝封泰山起，許多皇帝以及無數的文人學士都到過泰山，留下了大量的珍貴古跡。泰山和曲阜是朝拜者必到的兩處聖地。

◎ **黃河**，發源於青藏高原，蜿蜒五千四百六十四公里，流經中國北部各個省份，從山東省東營市（在曲阜以北）流入渤海。

◎ **微山湖**，是中國北方最大的淡水湖。湖中心的微山島，最高處海拔九十一點七公尺。從那裡登高遠眺，湖光山色，景色宜人。微山島上有兩座有名陵墓：殷朝王室成員殷微子的陵墓和漢朝一代名匠張良的陵墓。早在西元六世紀的隋朝，就開鑿了大運河，穿微山湖而過。離曲阜不遠的梁山的梁山泊，令人想起那著名的古典小說《水滸傳》。

◎ 曲阜城周邊，有好幾處受保護的歷史景觀和森林：

尼山，是孔子誕生地。

九龍山，有漢墓群。

石門山，是國家森林公園，歷史上許多文人為之賦詩。

九仙山，是道教名山，風景秀麗。

嶧山，位於曲阜以南的鄒城，孔子當年「登嶧山而小魯」。

蒙山，那裡有國家森林公園，風景秀麗。

◎ 曲阜周邊也還有多處歷史古跡：

孟母林，埋葬孟母及孟子後裔的陵墓。

少昊陵，附近就是宋朝時候的曲阜縣治，在今曲阜城東；鄒城，那裡有孟廟、孟府。

曲阜的城池變遷

據文獻記載與考古材料證實，曲阜作為諸侯國魯國的都城，至遲在西周就開始了其建城史，並孕育了燦爛的先秦魯文化。

魯故城（西元前十一世紀～西元前249年）。西元前十一世紀，周朝

此圖為從曲阜明故城通往孔林的北林道上的萬古長春牌坊。（曲阜市人民政府提供）

時在這裡建起了魯國國都——魯故城至今仍有多處遺存——這裡便是魯國的政治文化中心。春秋末年，孔子開壇講學，一生弟子三千。魯國故城是中國發掘的首座西周城市遺址，是中國古代城市規劃與建設的經典案例之一。面積十點四七平方公里，城門十二座，其形制完全按照《周禮·考工記》中「匠人營國，方九里，旁三門，國中九經九緯，經塗九軌，左祖右社，前朝後市，市朝一夫」營建。

當年，魯城據風水而建。它北靠泰山，東有沂蒙山，西部為大平原，沂河從城南流過。河流代表龍脈，大環境呈環抱之勢，中間為龍洞，魯城坐落於內。城內分佈也據風水，民居、房屋的用途，街道交通都一絲不苟。

魯故城建在泗河、大沂河之間。南城牆開門兩座，其餘幾面皆開有城門三座。上世紀七〇年代末考察城牆，城牆呈四邊形，城內面積十點四五平方公里（城牆東西長三點五公里，南北寬二點五公里）。魯國延續八百餘年，西元前249年為楚國所滅，此後，魯城逐漸失去影響。現在曲阜地面上尚存周魯國故城的部分殘跡，大量文物遺址均在地下。現今地面上可見到的周代城垣是全國唯一可見到的一處，魯國故城因眾多的文物古跡被譽為地下博物館，其豐富的文物遺存是研究古代歷史的珍貴史料。魯故城是曲阜歷史文化名城的重要組成部分，1961年被國務院公佈為第一批全國重點文物保護單位。

魯故城區域為廣袤的農田，間有幾個村莊。（曲阜市人民政府提供）

1977年的考察發掘，確定了魯城三十六處古跡（遺存、廟宇、墓葬），並發現了當年的城區格局：東西向街道有十三條，南北向為六條。故城中央為宮殿區，其地面稍微南高北低。宮殿區周圍，分佈著居民區河制陶作坊和骨工藝品區，西部則為墓葬區。如今，魯故城區域為廣袤的農田，間有幾個村莊，2005年統計有人口六萬五千人。

漢魯縣城（西漢末年至宋大中祥符）。秦漢建立起統一帝國之後，曲阜城仍然是十分重要的地方城市，但是由於當時中國「強幹弱枝」的城市發展策略，國家抽調地方力量集中建設首都地區，所以曲阜城逐漸走向衰弱，城市尺度減小，城市功能與結構趨於簡化。漢城位於古魯城西南部，約占魯故城的三分之一，呈扁長方形。東西約二點五公里，南北約一點五公里。

宋城（宋大中祥符五年至明正德年間）。為紀念軒轅黃帝而建的一座城池，出現城廟分離現象，在曲阜魯故城城東另址新建了仙源縣城。

明故城（明嘉靖元年至今）。始建於明代正德七年（西元1512年）訖工於嘉靖壬午年（1522年），迫於農民起義而移城衛廟所建，其佈局以孔廟、孔府為中心，軸線分明，主次清晰。明故城位於原魯故城範圍之內的西南角，面積一點六七平方公里，約占魯故城的六分之一。孔廟南北幾乎

曲阜明故城的城市空間佈面圖。

貫穿明城，將城市分為東西兩片。到了清代，城市逐漸繁榮，城內孔家各系府第相繼建立，基本上都集中在東城。而西城集中一些公共功能，如縣衙、糧倉、各類教育機構等等。整個城市的規劃與營建圍繞孔廟、孔府展開，形成了中國城市史上特殊的宗教文化城市類型，而「三孔」（孔廟、孔府、孔林）的突出地位所構成的城市空間佈局更是非常獨特。

曲阜的世界遺產：孔府、孔廟、孔林

作為偉大的哲學家、政治家與教育家，孔子（西元前六～五世紀在世）無與倫比的歷史影響，加上中國歷代封建王朝的推崇，在孔子故鄉曲阜造就了規模宏大的孔廟、孔

此圖為孔府其152座建築物之一。（曲阜市人民政府提供）

林、孔府。孔廟是為紀念孔子於西元前478年始建，歷史上曾受損，後又重建，現有建築物逾百座。孔林內有孔子墓和超過十萬後人的墓地。孔府是由當年孔子住過的小屋而逐漸演變成的龐大的貴族府第，其建築物尚存一百五十二座。由於兩千多年來歷代中國皇帝的持續投入，曲阜的文物整體上體現並保留了非凡的藝術和歷史價值。

孔廟：西元前480年，即孔子去世翌年，魯哀公秉承周禮，以其三間舊宅，立廟祭祀，為祭孔之始，也是曲阜孔廟的最初由來。唐宋以後，發源於曲阜的儒家思想及其

孔廟從祭祀孔子發展到涵蓋歷代先賢先儒達173人的神聖殿堂。（曲阜市人民政府提供）

宗教文化蓬勃發展，闕里的孔廟及孔府建築群作為祭孔的重要場所，建設規模不斷擴展。從三間破屋發展到明代中期已經是占地三百二十七畝規模龐大氣勢恢弘的建築群，從祭祀孔子一人發展到涵蓋歷代先賢先儒諸如韓愈、朱熹、岳飛等歷史人物達一百七十三人在內的神聖殿堂。至明清之時，孔廟規模達到鼎盛，在二十一點八公頃的土地上，分佈有大小房間四百六十六間，門坊五十四座，整組建築仿皇宮之制，南北中軸長近一公里，前後共分九進院落，當時的孔府也成為中國最大的封建貴族府第之一。由於孔子在中國政治、教育、學術思想史上的重要地位，孔廟在中國壇廟建築發展中也更具有突出的地位，它的興建與發展具體地反映了歷代尊孔的過程。而孔廟作為一種禮制性建築也從曲阜一地發展到全國各州縣，最多時達兩千餘

左：明清之時的孔廟
　　圖。（曲阜市人
　　民政府提供）
中：此圖為孔廟中的
　　杏壇。（ISASES
　　攝影）
右：此圖可欣賞曲阜
　　孔廟建築中軸線
　　上的歷史門坊及
　　牌樓。（曲阜市
　　人民政府提供）

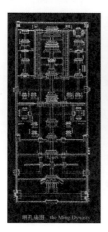

明孔廟圖　the Ming Dynasty

座，並延展至越南日本朝鮮半島，至今依然是這些國家重要的文化教育場所。各地孔廟，有的稱文廟有的稱學宮，但其廟學合一的規制不變，均為當地教育宣化之中心，孔廟也因此成為中國分佈最廣泛最有代表性的自成體系的古建築群體。曲阜孔廟是所有孔廟的祖廟，也是歷代帝王將相頂禮膜拜的廟堂，從劉邦到乾隆，歷史上十二個皇帝十九次來曲阜孔廟祭祀孔子足以說明各王朝對孔子的推崇程度。

孔府：孔府不同於孔廟、孔林，它是孔子嫡長孫的府第，是由於孔子的庇蔭澤及後世的產物。過去的孔府依附於孔廟，現存的孔府基本上是由明太祖朱元璋賜建，一次性形成，面積達二百餘畝，後代雖有擴充添

上：孔府正門。（曲阜市人民政府提供）
下：此圖為曲阜孔府內的魯壁與孔宅故井。（曲阜市人民政府提供）
下下：此圖為曲阜孔府建築的內廳。（曲阜市人民政府提供）

建，但變化不大。孔府不僅僅是指一處古建築群，它代表的是孔子後裔這一千年不衰的世家貴族累受王朝優渥、繁衍不息的歷史見證。

孔林：孔林是孔子的墓地，後世子孫附葬於此，形成孔氏家族專有的墓園。與孔廟的情況很相似，孔林也是一個逐漸發展擴大的過程。儒家提倡孝道，孔子說：「生，事之以禮；

左一：此為從曲阜明故城通往孔林的北林道上。（曲阜市人民政府提供）
左二：曲阜孔林正門的至聖林牌坊。（曲阜市人民政府提供）
左三：孔林為世界上延續時間最久規模最大的家族墓地。（曲阜市人民政府提供）
右：孔林是儒家弟子及後世孔家子孫實踐葬禮的場所。（曲阜市人民政府提供）

死，葬之以禮，祭之以禮。」可以說，孔林是儒家弟子及後世孔家子孫實踐葬禮的場
所。孔林從漢代時的一百餘畝發展到清代三千餘畝，成為世界上延續時間最久規模最
大的家族墓地，堪稱是墓葬博物館，是研究中國墓葬史的活教材。

孔廟、孔林、孔府這「三孔」由於它們深刻而豐富的文化內含、它的唯一性和完整
性、它們自身蘊藏的建築藝術、碑刻藝術等價值，使它們成為1961年中國政府公佈的第
一批全國重點文物保護單位。

經由國際古跡遺址理事會（ICOMOS）的大力推薦，在1994年12月12～17日舉行
的聯合國教科文組織世界遺產委員會第十八次會議上，曲阜的「孔廟、孔林、孔府」
三處歷史遺產被作為一個整體收錄入聯合國教科文組織世界文化遺產名錄。這三處重
要的遺產空間中，孔廟是祭奠孔子的廟堂；孔府是孔子後人的居所；孔林是孔子及其

後人安息的墓地。這三處遺產的整體入選，代表其作為具有國際影響力遺址的地位是不可替代的。此遺產得以入選「世界文化遺產名錄」，證明其符合《實施世界遺產公約指南》中的第一、四、六條中指出的具有「非凡而獨特的普遍性價值」的標準。

第一條標準：由於兩千多年來中國歷代帝王持續的支援，使得歷史上有傑出的藝人與工匠能夠參與創造和不斷重建孔子的紀念建築和景觀，從而曲阜的文物整體上具有非凡的藝術價值。

第四條標準：曲阜的建築風貌總體上反映了具有悠久歷史的中國物質文化的演進。

上左：曲阜孔廟、孔府內處處可見的碑林。（曲阜市人民政府提供）
上右：此圖為曲阜孔府內的漢魏碑刻博物館。（曲阜市人民政府提供）
下：曲阜孔廟大成殿。（曲阜市人民政府提供）

第六條標準：孔子在哲學、政治學方面對亞洲國家，乃至十八、十九世紀對西歐國家的貢獻，是影響現代世界的思想和政府形式演變最為顯著的因素之一。

第二節 近代以來曲阜城市規劃的演變

從清朝末年至二十世紀五〇年代，曲阜城的建設發展一直十分緩慢。在七〇年代以前，曲阜的城市建設都是在缺乏城市總體規劃統一指導的情況下進行的，其間一度出

現盲目建設現象，甚至將曲阜明故城的城牆拆除，造成不可挽回的巨大損失。

　　1970年代末，清華大學建築系吳良鏞教授就曲阜的歷史古跡保護和城市規劃建設提出了以曲阜舊城為中心，聯繫北部的孔林和西部的文教區、南部的雪泉風景區、東部的新城區，形成「十字花瓣」式的空間佈局。此後，這一規劃構想被《曲阜城市總體規劃》所採納，並且成為曲阜城市空間佈局的基本原則。

　　1982年公佈曲阜為中國首批二十四個歷史文化名城之一；1986年起，中央政府分別連續三年撥付一千萬、五百萬專項資金用於曲阜的歷史文化名城的建設，為曲阜的發展奠定了良好的基礎。

　　1995年新的《曲阜城市總體規劃》編制完成。計畫中將曲阜市城市性質定位為中國國家級歷史文化名城、世界孔子研究中心、花園式生態城市。後經山東省人民政府批復為：國際性歷史文化名城、以發展輕工業、科教為主的旅遊城市。城市發展方向近期以向東發展為主，遠期以向南發展為主。在城市佈局結構上，以老城區為中心，形

吳良鏞教授規劃設計的孔子研究院。（曲阜市人民政府提供）

成「東工、西文、南新、北林」的十字梅花瓣結構形態。

1990年代末，為配合孔子研究院的規劃設計，吳良鏞教授結合新的《曲阜城市總體規劃》，基於構築區域城市的理念，把「十字花瓣」式的空間佈局模式繼續向區域範圍拓展，提出在曲阜明故城以南的大成路沿線集中建設新儒學文化區，作為未來曲阜的城市中心，提出以「四院」

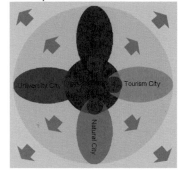

Conceptual Scheme

Linkage with the surrounding areas by the way of cultural, tourism, industrial activities
1. Four Confucian Institutes
2. Service Center
3. Theme Park
4. Administrative Center

吳良鏞教授結合《曲阜城市總體規劃》，構築區域化的「十字花瓣」式空間格局。（吳良鏞教授提供）

為核心擴大發展儒學文化區（「四院」為孔子研究院、孔子博物院、孔子書畫院、論語碑苑）。在城市東部發展以文化旅遊為特色的旅遊服務區。在城市西部文教區的基礎上建設大學城。在城市南部結合「華夏文化樞紐工程」建設自然山水之城和城市新區，同時聯繫北部的「三孔」歷史文化區，構築區域化的「十字花瓣」式空間格局。

2002年，因「濟寧—曲阜都市區」的建立，使曲阜在區域中的地位和職能發生了變化，再加上華夏文化城建設專案的提出、「十六大」提出的全面建設小康社會，以及曲阜南部經濟開發區的建設、外部的交通建設（京福、日東高速公路）使城市總體佈局與規模發生了改變。經曲阜市委、市政府決定，對原曲阜城市總體規劃進行了修編。2004年3月，山東省人民政府對《曲阜市城市總體規劃》進行檢討，城

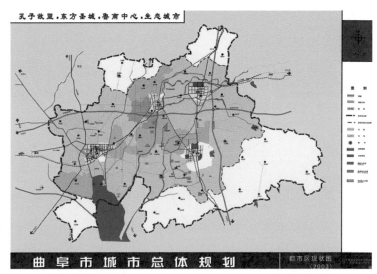

《曲阜市城市總體規劃》都市區現狀圖，呈「南展、北控、東進、西擴」態勢。（曲阜市人民政府提供）

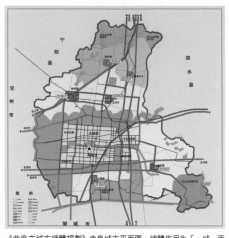

《曲阜市城市總體規劃》曲阜城市平面圖，總體佈局為「一城、兩區、四組團」。（曲阜市人民政府提供）

市以向南發展為主，呈「南展、北控、東進、西擴」態勢。城市總體佈局為「一城、兩區、四組團」：一城指曲阜城；兩區指南城區、北城區；四組團指東北組團、高鐵組團、時莊組團、陵城組團。

第三節　曲阜歷史文化名城保護與復興的永續框架：「歐盟亞洲城鄉合作計畫」

歐亞城鄉合作計畫是歐盟為了支持亞洲國家城市可持續發展而設立的。通過歐盟七十五萬歐元資助下，曲阜市人民政府與法國雷恩市、西班牙聖地牙哥簽訂了合作協議，就曲阜歷史文化名城的可持續發展，圍繞故城復興、遺產保護、旅遊振興等方面進行合作（合作為期三年：2005年1月至2007年12月）。歐盟亞洲城鄉合作計畫的主導單位為法國雷恩市規劃及城建局，由其承當整體協調與操作，受益單位為曲阜市人民政府的規劃、旅遊、文物局，西班牙聖地牙哥市為配合單位，主要提供世界遺產保護的經驗與旅遊振興的構思。

目前曲阜城市的規劃發展，除了充分尊重明故城城市的歷史和現狀，嚴格保護城市的格局和肌理，妥善地處理保護與開發利用、傳承與發展的關係外，深化歷史文化的保護內容，如何從魯故城的總體保護角度來研究明故城的保護，以及西周魯城重大遺址保護區域的問題如何有效的解決？如何凸現古魯國深厚的文化底蘊？這些將是目前面臨的最大的挑戰。關注社會生活，維持社會的穩定性和可持續發展，針對魯故城內，不僅僅是體現在古遺址、古建築、近代現代重要史跡及代表性建築等不可移動文物物質形態的保護，其他包括口頭傳說和表述、表演藝術社會風俗、禮儀、節慶、傳統的手工藝技能等非物質文化遺產，都要有效地保護，而不是一味的仿製和復原。最重要的關注點，還是生活在魯故城內的人，因為保護的最終目的是為了居住生活在環

境中的人，不能為了保護而保護，而是應該時時體現「以人為本」的精神。

　　曲阜如何保持城市活力，保護遺產，改造環境，並為遊客創造好的旅遊環境，同時為居民創造舒適的居住環境？在歐盟亞洲城鄉合作計畫的促使下，在各方人士的關心下，曲阜的城市遺產爭取有效的保護和利用，東方聖城才有可能以其深厚的文化底蘊和古老的東方神韻，吸引世界各地的朋友到曲阜觀光和朝聖。旅遊業的發展與歷史文化名城的保護和發展有十分緊密的聯繫，但不應將發展旅遊業看作是歷史文化名城生存與繁榮的唯一途徑。推動歷史文化名城的可持續發展，必須透過歷史遺存之保護、基礎設施改善、旅遊發展、促進多種經濟發展，這四個輪子共同轉動來實現。

　　現階段，歷史文化名城的保護已由物質形態的保護轉向社會文明、經濟生活整體保護，曲阜作為中小城市的代表，需建立保護理念，歷史文化與現代生活的結合，制定可以實施的規劃控制手段，探詢解決保護與發展相結合的路子，妥善地處理歷史文化名城永續發展的重要使命。

曲阜市名城保護與復興總體構想

　　作為一座特殊的文化聖城，曲阜圍繞三孔形成了十分獨特的城市空間結構，在中國城市建設史上佔有十分重要的地位。對於作為世界文化遺產的「三孔」以及作為「東方聖城」、國家歷史文化名城的曲阜，必須百倍小心，妥善保護。這是未來曲阜城市發展的根本，也是未來曲阜城市發展的資源。

　　為切實更好地保護和促進明故城的發展，2005年～2006年，曲阜市政府邀請上海同濟大學城市規劃設計院用二年的時間編制完成明故城修建性詳細規劃，期間也請歐盟專家參與此規劃的編制工作。曲阜市

上、下：為曲阜配合中國第一屆遺產日的居民參與系列活動。
（ISASES攝影）

委、市政府對歷史文化名城保護越來越重視，形成了一些思路，分述如下：

一、曲阜城市發展三條軸線

1. 孔廟軸線：曲阜城市發展的主軸線，表明了發展方向，也是文化軸線。

2. 周公廟軸線：突出魯故城的形制和佈局特色，強化周公廟軸線。

3. 少昊陵軸線：形成遠古文化展示軸線，構成城市東部一條完整的空間軸線。

二、五大片區

1. 華夏文化紐帶工程片區

透過中華文化華夏文化標誌城，展示中華民族上下五千年的文化歷史，並以此來聯繫海內外的炎黃子孫，增強中華民族的認同感。以華夏文化紐帶工程的建設，帶動歷史文化名城的整體發展。

2. 魯國故城片區

魯故城範圍內三十六處遺址的保護與利用，在魯故城公園處擬建魯故城博物館，展示周代燦爛文化，強化歷史文化名城文化氛圍。

3. 明故城片區

重點發展區域，突出四個發展方向：

(1) 國際旅遊目的地：充分利用文化進行資源整合，突出文化底蘊。

(2) 充滿儒學思想的文化藝術之城：突出明故城文化、藝術、教育方面的職能，強調博物館城、儒藏圖書館的建設；結合城市性質、曲阜師大、濟寧大學、孔子學院、華夏文化紐帶工程，對明故城內高等教育設施進行有機的整合，作為以傳統教育學院對外教育交往的基地。

(3) 充滿人文氣息的活力：單純旅遊設施和博物館，缺少人氣活力，不能稱之為城。保留居民，保護好四合院格局的前提下，保持原來以居委會為單位的人際社會網路不變，重新打造富有人文氣息的社區。明故城內現有人口二萬餘人，人口為一～一點五萬為宜，防止貴族化傾向、人口過少的現象。其中一部分用於休閒養老，為居民提供休閒、娛樂時尚生活，利用社會網路的穩定性，吸引人口回流。

(4) 生機勃勃的休閒娛樂之城：消除旅遊波峰波谷的影響，為城市青年人、旅遊者

考慮，實現遊客透過體驗式的觀光生活經驗，保持明故城同時具有深厚文化底蘊與新觀光經濟型態的活力，促進經濟的和諧、均衡發展。

4. 黃帝城（宋城）片區

進行遠期策劃，壽丘、少昊陵、景靈宮、漢墓挖掘文化內涵，突出軒轅黃帝誕生地的人文氣息，結合宋城開展民俗遊。

5. 高鐵片區

高鐵選址在曲阜東部，東部擬建儒學文化主題公園。

保護的難題

「曲阜規劃」進行到目前為止，也面臨新一波的機遇與挑戰：

1. 面臨的機遇

(1) 弘揚傳統文化，構建和諧社會成為一個時代的主題，對曲阜文化遺產的保護提出更高的要求。

(2) 可持續發展戰略、旅遊的龍頭地位的突顯，山東省確立「山水聖人」旅遊構架（山指泰安的泰山、水指濟南的湧泉、聖人指曲阜的孔子），給曲阜的發展帶來新的機遇。

(3) 隨著濟、兗、鄒、曲組群結構大城市構想的提出，曲阜深厚的文化底蘊、豐富的旅遊資源、便利的對外交通，曲阜將成為這個複合城市的中心城市，成為文化、旅遊、商貿、行政管理中心。

(4) 華夏文化標誌城是展現五千年文明淵源歷史文化的具體體現，中國政府對此高度重視，對於曲阜文化旅遊資源的整合，明魯故城、宋仙源城提出更高的要求。

2. 面臨的挑戰

(1) 曲阜作為縣級市，歷史文化名城繁重的保護任務與實際投入不成正比，有「小馬拉大車」的隱憂。

(2) 西周魯城、漢城、宋城等重大遺址保護區域的保護與開發發展觀念，還沒有得到有效的解決。

(3) 隨著地位越來越高，市場資金的關注越來越大，如何有效的吸收民間投資，並

有效地引導使其符合歷史文化名城發展方向是個難題。

(4) 市民綜合素質未達到一個理想高度，未充分認識歷史文化名城的保護價值，對保護與發展認識淡薄，此觀念有待提高，應進一步宣傳和引導。

旅遊與文化振興的思維與探索

隨著中國歷史上的朝代更替，雖然曲阜的中心城區幾經變遷，但總體上是在一個較為一致的空間範圍內進行的。因此，曲阜實際上有多個故城遺址：傳說上古的帝王就有好幾人在曲阜留下了蹤跡，目前幾個故城的地質遺存仍清晰可見。在春秋時代之前這裡就是古魯國的國都，此外還有宋故城遺存，與十六世紀完全重建的明故城。曲阜城周圍尚有許多質樸的鄉村和小鎮，因此在周邊相當大的範圍內，曲阜以其物質的和非物質的遺產而引人注目。

然而明故城尚有待進行深入的重新定位。首先問題涉及到正在實行的開發計畫，當前地方政府的選擇是極力發展旅遊業，建設旅遊功能集中且單一的發展區域，例如某種儒學主題園（孔子園），但這一定程度上可能阻礙明故城的長遠發展。的確目前遊客在明故城的滯留時間相對過短，有關負責人應設計出合適的解決方法，使遊客在曲阜的停留時間延長。也就是說，要為目前遊客青睞的經典遊覽景點，設計出其他吸引遊客停留的補充方式，例如即使遊客並非孔子研究這方面的專家，針對對此有明確興趣的遊客，可以優先開發對「孔子研究院」的參觀，延伸成為曲阜的知性與學術之旅，這可以看作開發新思路的一條途徑。

曲阜的城市旅遊模式有待創新。儘管旅遊賴以發展的那些文物和景觀都是死的，但只要賦予新意，這些文物與景觀，即會散發出新的生命力。例如從1989年起在每年9月26～28日的孔子誕辰紀念日，曲阜舉辦國際孔子文化節活動，最初只是祭祀儀式上演奏的祭孔樂舞，賦予新意後，此活動得以新生，促使曲阜得以漸漸成為重要的旅遊中心。

對於曲阜的旅遊規劃，已確定重點保護區域，並提出「兩城、兩片、三軸、四山」的格局。「兩城」指魯故城和明故城，「兩片」指孔林和少昊陵，「三軸」指孔廟軸線、周公廟軸線和少昊陵軸線，「四山」指尼山、九龍山、石門山和九仙山。毫無疑問，曲阜的建設將按照《中華人民共和國城市規劃法》以及國家建設部制定的相關法

規檔來進行。若有計劃地、有巧思地進行曲阜古城的有效開發，將會引起更多人的關心與重視，這對於古城生命力的延續與再生，將會是良性的迴圈，為古城保護注入更積極活潑的動力。

文化景觀和地域記憶

當地政府需要應對的是一個十分微妙的使命，要在城市及旅遊業發展的迫切要求和歷史遺產保護的當務之急之間找到平衡點。這裡既有具有重要價值的重點文物，也有價值稍次之的眾多普通文物。換言之，今後的工作應包括維護這些歷史遺存的鮮活的整體肌理，在重要歷史遺存周邊確定遺產保護的最佳條件，從而將數千年歷史累計下來的文化記憶反映出來。

文化景觀，是指現今保留下來的標誌性建築、重要歷史遺存和寶貴的古代財產，或者是經由自然地景構成且可以反映近百年變遷的自然景象。文化景觀經常與自然、文化或者宗教相關聯，牽扯到抽象的精神世界：象徵性的、與宇宙星辰相關的、祭祀性的、或者是宗教性的。人們難以把文化景觀、自然景觀、江海河湖以及古代城市遺存，同這些抽象內涵割裂開來。

因此，我們對曲阜城在歷史上幾經重建的歷史，需要加以思考文化景觀：

——為什麼會出現幾千年間，曲阜持續地在同一片土地上進行城市營建的這種現象？

——與儒家文化密不可分的非物質遺產，是如何在空間上和物質遺產協調相處的？和別的城市相比較，在這方面曲阜有何獨特之處？

——旅遊價值較高的城市，怎樣來解決自然和文化遺產的保護與經濟發展之間的矛盾？

中國國家高層領導之前提出了在曲阜南方約十公里處建設「華夏文化城」（亦稱「中華文化標誌城」）的計畫。在曲阜的現有空間中，存在著三條南北向的歷史軸線：明故城的孔廟軸線、魯故城的周公廟軸線、以及宋故城的少昊陵軸線。這三條軸線是曲阜整體空間架構的主要骨架，並且與曲阜的文化記憶緊密關聯。儘管日前的「華夏文化城」計畫將對增強國內與海外華人的凝聚力發生正面而積極的作用，但該計畫在空間上的佈局必須注意與現有三條重要的歷史文化軸線的結合，並儘量貼近與發揚曲阜悠久的文化記憶，而不只是單純地進行新的紀念性空間與建築物的營建。此

外，在新城區（這可能會建在新城以外，九龍山山谷一帶），孔廟軸線將可能繼續順東南向延伸，直至尼山，成為商業服務業活動發展的基礎。

如果考慮到曲阜城周邊的景點，則應在總體規劃中考慮採取特別的措施加以整體保護。尼山是孔子誕生地，其中有夫子洞、孔廟而受到保護；保護措施涉及尼山水庫大壩區域，那裡是一處森林公園。少昊陵、九龍山、孟母林、以及石門山，也是專門保護物件，都涉及其周邊的自然環境和文化景觀。

因臨近2008年北京奧運會，此期間到曲阜的遊客預計也會增多，這將增大城市保護的困難度。曲阜市政當局提出了兩個問題：如何調動規劃、文物、旅遊各部門的通力合作，來切實做到保護和開發曲阜的歷史中心城區及文化景觀？如何吸引中外遊客，使他們前來旅遊並做較長時間的逗留？

曲阜的歷史、社會、政治和經濟環境都十分獨特。在人文科學（哲學、歷史、文化、文學和藝術史、建築、碑銘學）方面，以及古漢語教育方面，這座城市也可以成為濟寧、甚至是濟南在高等教育方面的次中心城市。中國的北大、清華和同濟等高等學府已在考慮這些問題。本文為此提出初步思考階段，這需要作多個專題的深入探討，諸如關於以下題目的研究：歷史文化景觀發展史、風水、物質遺產和非物質遺產保護，當然還有自然環境的保護，以及其他等等議題。可以說，截至目前，曲阜尚屬未被現代化充分浸潤的城鄉結合體。怎麼把地區乃至全國的宏偉經濟發展目標和曲阜的遺產保護工作結合起來？本文對此不敢妄斷，但希望能將該議題放在更高的層次上進行思考，認識到在社會經濟飛速發展的背景下，合理處理保護和經濟發展的關係是何等的艱難。

目前，中國歷史文化名城保護工作的內容正在變化，現在不只是保護有形的物質文物，對社會和經濟生活也予以重視。曲阜城小，利於在保護方面提出示範性的作法，起到表率的作用。從城市的可持續發展出發，曲阜應在傳統文化和現代生活方式的結合方面尋求一種控制與協調的方法。

——從曲阜市、山東省域以及更大的周邊區域來研究，可以考慮利用道路與河流將曲阜與周邊區域更緊密的連接在一起。

——公路：促進曲阜與山東及周邊省會產生更緊密的聯繫。

——與同處山東省且較為鄰近的泰山加強交通聯繫。

——水網間的聯繫：從經濟歷史、交通歷史和景觀歷史多方面著手，綜合考慮京杭大運河、黃河、與地方河道、水體利用與水資源保護之間的關係。

在考慮實行大型的發展規劃之前，首先考慮到城市的獨特特點：也就是說，要實行有效的城市保護計畫，必須要保留多樣性的歷史遺存，並且處理好聖城保護和地方以及區域發展的迫切需要之間的關係。曲阜市怎樣才能在保護歷史遺產的同時還能保持發展的活力呢？怎樣才能為遊客和市民都創造一個舒適的環境呢？如果處置得當，曲阜這塊充滿地域記憶和文化景觀的土地就能夠成為中國歷史永恆的見證，這一塊自上古時代起就與多個朝代都有千絲萬縷聯繫的土地，足以在有效地保護歷史遺產的同時，又能吸引世界各地的遊客慕名而來。在曲阜這座著名的歷史與文化名城，保護與發展之間的關係雖息息相關，但尚未明晰。旅遊業不能僅僅作為一種獨特的資源。發展旅遊，也要同步做好遺產保護，改善城市基礎設施，並大力發展多元化的經濟產業。為了曲阜城市的可持續發展，這四個方面的工作必須整體進行。

作為結論，我們認為曲阜的文化景觀和地域記憶必須受到保護。曲阜，談到這塊舉世聞名的勝地，人們就會想到：

——曲阜！孔子的故鄉，那是一塊曾直接推動了人類歷史發展的偉大城市。

——曲阜！那塊充滿文化景觀與地域記憶的土地，是和上古至今的各個朝代都有千絲萬縷聯繫的歷史城市，是中國歷史永恆的見證。

——曲阜！她不但具有聞名世界的魯故城和明故城，如今隨著經濟的持續發展，也已成為一座現代化的都市。

——曲阜！她是崇尚、瞻仰、祭奠孔子的文化聖地，是全世界華人嚮往的經濟蓬勃、旅遊興盛、文化振興的精神殿堂。

結語

◆

從歷史城市的發展談起

歷史城市的發展最根本的問題是如何在不遺忘與破壞歷史的前提下，將歷史與未來恰到好處的融合在一起。然而面對著當前人口急劇增張、經濟發展壓力增大、全球化導致的經濟與文化同質化迅速普及的情況，這一課題不啻為歷史城市所在地方政府面臨的最大挑戰。

本篇之所以選擇巴黎、雷恩、聖地牙哥和曲阜四個城市作為案例加以介紹，在於這四所城市都具有非常典型的城市特色和發展特點，同時又在歷史城市的當代發展中作出了很好的探索，其中的經驗與教訓並存，實為歷史城市可學習與借鑑的典範。巴黎自不必說，「文化花都」、「浪漫之都」的諸多美名實以為世人所熟知，其典雅、大氣、宏偉、狀況的城市面貌吸引了來自世界各地的遊客。這一盛名當然是建立在其全面而細緻的城市歷史保護的基礎上，無論是宮殿、博物館等公共建築的保存，還是民房、飯館等一般性建築物的維護，乃至河道、公園等自然景觀的梳理，都已經成為全世界歷史城市規劃與整治的模版。因此以巴黎作為第一處案例無可非議，其經驗彌足珍貴，值得認真總結與體味。

法國雷恩與西班牙聖地牙哥在中國的知名度遠不如巴黎，但都是具有數百年歷史傳承的歷史城市，並在近數十年間在歷史城市的保護與當代城市的發展上取得了良好的協調，並得到了國際社會的公認。從歷史而言，法國雷恩和西班牙聖地牙哥都在發展進程中遭到過致命的破壞與損毀：雷恩在十八世紀火災後的重建與聖地牙哥在伊斯蘭教統治後的復興異曲同工，都是在城市中心區的廢墟上，以遺留的典型建築物與中心廣場為核心，逐漸開始擴展。這一步驟在之後將近數百年的歷史中穩步漸進、和諧共存，尤其到了當代自二戰後面臨人口增長、汽車發展和經濟推動的壓力，在經過了一段時間的徬徨與探索後，雷恩和聖地牙哥逐漸找到了適合自身的城市發展模式。中心城區的歷史保護與週邊城區的迅速發展得以協調，汽車交通的增長壓力與步行交通的

生活氣息更加融洽，旅遊產業的發展與城市經濟的推動相得益彰，這都構成了雷恩和聖地牙哥當前為人稱道的和諧的城市面貌、永續的發展戰略和樂觀的未來前景。雷恩和聖地牙哥的城市規模相當於中國的中等城市，而中國大多數的歷史城市都被包含在中等城市之中。在這些具有悠久歷史底蘊的中等城市中，歷史與當代能否協調決定了城市發展的未來道路，也就是說在尊重歷史的前提下如何解決當前的發展問題，筆者相信如果說巴黎的經驗可以對國內的一線大城市提供比照的話，對數量更為豐富的中等城市而言，這一困惑可以從雷恩與聖地牙哥的經驗中汲取到很好的對照和借鑑。

曲阜在中國人的心目中實為「儒學聖地」，但其自身只是一個不大的城市。筆者對曲阜的熟知來源於參與「歐盟亞洲城鄉合作計畫」的推動，通過雷恩、聖地牙哥和曲阜的國際合作，曲阜在歷史城市的保護中汲取到了先進的寶貴經驗，並取得了初步的成果。雖然曲阜在如何協調歷史城市的保護與城市未來發展的道路之間尚有很多的工作要做，但是這個城市已經找到了未來如何在「儒學聖地」這一歷史光環的襯托下，使自身成為一個充滿自信的現代城市的發展戰略，並開始逐步地實施與貫徹。因此筆者相信通過描摹出曲阜已經開展的實踐，並對其戰略提出恰當的建議，可以對國內歷史城市如何找到自身的發展道路提供很好的參照。

巴黎、雷恩、聖地牙哥和曲阜的城市各有特色，其經驗各不相同，但是經過總結和提煉，筆者認為除了對主要建築物的保存與維護等物質性的保護措施外，還有幾點已經得到認可的經驗值得特別指出，可以作為國內的歷史城市如何從單一的建築保護桎梏中跳脫出來提供思路。

城市空間政策與經濟、社會、文化諸政策的結合

為了歷史城市中心區的復興，地方當局必須實施眾多跨職能、跨地域的政策措施，超越了原有的城市政策、經濟政策、社會政策與文化政策的窠臼。這些措施應該彼此協調，涵蓋眾多的政策方向，並在地方城市的發展規劃、五年計劃等不同的城市發展檔中體現出來，體現了城市空間政策與各方面城市發展政策的融合。

遺產保護政策與住房、交通、景觀各系統的結合

空間是建築、交通、景觀等諸系統的結合，因此遺產保護不僅僅是對典型建築物的

技術性保存，而是與一般住房、道路交通與公共景觀空間相包容的大系統。

　　一般性住房保護決定了街區的整體風貌，留存了歷史城市的文化記憶。出行政策決定了遺產保護中「保護」二字的價值，決定了城市中心區空間狀態的變化。景觀空間則是決定城市品質的重要因素。同時城市中心區的吸引力同樣來源於城市旅遊業的發展，一個對於全體市民而言可達性和使用性良好的城市中心區，並不只是一個街區，而是一個所有居民、商戶、遊客都聚集關心的城市中央空間。

　　只有將這諸系統融合在一起，才能使城市中心區處在不斷進化與持續富足的發展路徑中。使其不單是對於整個城市聚集區的一個象徵性的空間中心，也是全體市民的生活與活動中心。

管理制度的創新以及公私部門及公眾共同參與的重要性

　　傳統管理制度的僵化與保守在一定程度上是約束歷史城市發展的重要原因。在某些情況下，有必要建立一個協調性的公共部門，在協商一致的前提下，強化其在城市規劃的具體實施方面所起的作用，將公共部門、私人部門以及普通公眾的意願融合到一起。對於公共部門來說，其作用主要表現在技術和財政支持方面。歷史城市作為人類遺產，其城市的復興被看作是國家、地區、當地行政機構共同承擔的責任，行政機構內部若有成效的合作配合，則有利於在城市規劃專案中產生互信，對國民的必要性參與或許也是至關重要的。同時，在實施一項持久的城市復興方案中，如果沒有居民的參與，且沒有得到他們的信任是不可能的。這一信任的獲取需要與歷史名城的居民一起共同參與，並促進他們自身的利益增長。

傳統技術留存的必要

　　當前的傳統建築維修中經常遇到的一個難題是當代的建築技術不適合原樣重建古老的物質構件，很多古老、精巧與具有特色的傳統建築技術都已經逐漸失傳，這不啻為對傳統文化的一種遺忘。城市復興文化的傳播需要一些專業技術培訓方面的創新，這一培訓在基於建築考慮的城市復興過程中不可忽略，也應該包含其歷史和藝術價值的外延。因此注重傳統文化中建造技術與相關傳統記憶的維存，是一項長遠性的歷史遺產。

文化保護與文化記憶的發揚

文化記憶的發揚是在傳統建築與景觀保護基礎上更深層次的歷史保護工作。文化記憶往往與自然、文化或者宗教相關聯，牽扯到抽象的精神世界：象徵性的、與宇宙星辰相關的、祭祀性的、或者是宗教性的。人們難以把文化記憶、自然景觀、江海河湖以及古代城市遺存，同這些抽象內涵割裂開來。它深深的植根於普通大眾的日常生活中，潛移默化的影響著所有人的行為模式和思維方式。同時通過文化記憶的發揚，可以更好的為地方旅遊業的發展提供充足的精神內涵，與物質遺產的保護相輔相成，成為歷史城市的居民與遊客共同的精神財富。

以上的這些經驗實已證明是保證一個歷史城市和諧發展的關鍵性要素，當前國內眾多的歷史城市保護實踐中依然是對宮殿、寺廟等典型建築物的保護維修為主，對於歷史街區的保護雖已開始逐步的得到人們的認可，但是實際的操作仍步履唯艱。傳統管治模式的不適應、專業人才的缺乏、公部門、居民與公眾利益協調模式的缺位元，以及對文化記憶的忽視都是歷史街區與歷史城市發展中，面臨的眾多關鍵性桎梏。因此本篇最後針對性的提及了巴黎、雷恩、聖地牙哥和曲阜這四座城市在相關問題上的經驗，希望可以再一次提醒國內眾多歷史城市的地方政府，在重要的物質遺產保護的基礎上跳脫開來，對物質遺產的保護與非物質遺產的留存都能夠加以普遍重視，以歷史為底蘊，建築與街區為表徵，文化記憶為昇華，尋求到適合自身的發展道路。

尾章

◆

世界文化遺產與地方政府的保護實踐

　　雖然由聯合國教科文組織頒佈的世界文化遺產屬於聯合國與各國家政府之間的文化合作與交流，但是保護世界文化遺產的最終實施者依然是遺產所在地的地方政府。尤其當前臺灣及中國的遺產保護體制尚未採用中央政府對世界文化遺產垂直管理的機制，而是仍然採取遺產屬地化管理的保護機制，所以地方政府的角色更為重要。

　　由於地方政府的最終目標是取得地方經濟的長遠發展、人民生活水準的穩步提高以及環境、文化等多方面的協調並進，因此對世界遺產的保護實踐僅是地方政府施政目標中的一項，當然不可單純地為了保護而保護，或者為了申報世界遺產而保護，因為遺產的靈魂在於其同當地歷史、文化乃至社會生活的緊密結合，遺產反映的不但是先人留存的精神與物質財富，更是遺產所在地歷史文化的精神內涵，是當代人乃至下代人共同的財富，因此世界遺產的保護與發展需要和屬地公眾的生活改善、環境優化與文化提升相協調。

　　有關於遺產、包括世界遺產保護的思想、方法、技術等各方面的理論文獻早已經汗牛充棟，無需筆者在此贅述。當前國內遺產保護的熱潮方興未艾，各地申報世界遺產的熱情不減，但是對世界遺產本身的認識尚多有模糊，在本書前文對世界遺產與歷史名城的保護所作的介紹之後，依據筆者從事世界遺產工作多年來的經驗，在此想談一下關於地方政府如何成功地將本地的遺產留存申報為世界遺產，並在此過程中與當地經濟、人文和環境的發展充分的結合在一起，希望能對國內各級地方政府申報世界遺產的工作產生一定的助益。

在體制性層面，將地方的歷史遺產融入國家申報世界遺產的工作框架內

　　申報世界文化遺產最正式的管道是各國政府與教科文組織之間的工作內容，按照一般性申報世界遺產的程式，各締約國（會員國）應將本國今後五至十年擬申報為世界

遺產的項目列入《世界遺產預備清單》，通報世界遺產中心備案。然後，於每年的2月1日前，按照統一規定的標準格式和內容將本國自認為條件已經完全成熟的預備專案正式申報文本（包括文字、圖紙、幻燈、照片、錄影或光碟等）送達世界遺產中心。世界遺產中心先作文本資料的初步行政考核，若文本該有的資料齊全，世界遺產中心接著把有關材料轉達國際專業諮詢機構。相關專業諮詢機構從當年年底至下一年的3、4月份進行考察和論證，並向世界遺產委員會提交評估報告。接著於每年的6月底至7月初召開的世界遺產年會上，由世界遺產委員（二十一個成員國），進行審議新的世界遺產申報項目。然後將包括審定新的世界遺產申報專案在內的相關大事提交緊隨此次主席團會後召開的會全會通過。至此，一輪申報工作完成。也就是說，申報一項新的世界遺產，至少需要十八個月。

那麼在正式申報世界遺產的二年時間之前，地方政府所進行的保護工作的基本目標就是爭取到在國家內部申報世遺的資格，簡單來說有兩點：一是將該遺產爭取列入該國政府今後五～十年內可能申報世界遺產的預備名單，這應該是一處地方遺產申遺之前的主要的工作目標；二是根據形勢，爭取在某年度將此處遺產從預備名單中提出，成為該國當年向聯合國申報世界遺產的推薦物件。

如何使得當地的遺產能夠脫穎而出，的確是一個非常複雜的課題。就此而言，首先必須認真考慮聯合國教科文組織世界遺產公約列出的資格，有關世界文化遺產列出以下幾項主要要求：

1. 突出的世界普遍價值 （Outstanding Universal Value, OUV）。世界文化和自然遺產的突出特性之一就是世界共同性。因為世界文化和自然遺產建立的初衷，就是人類社會普遍意識到了世界上的一部分遺產，對於全人類來說都是具有共同的價值的，這些遺產是全人類的共同財富，不僅僅是所在地區或國家的，而是全社會的。人類只有一個地球，而正因為世界文化和自然遺產的全球性，保護不論哪個國家或地區的這樣的世界遺產對於全人類來說都是非常重要的，所以世界文化和自然遺的保護也是保護突出的世界普遍價值。這一點在《保護世界文化和自然遺產公約》中也體現得很明顯。如其序言就表明了正是考慮到了世界文化和自然遺產的毀損或丟失，對全世界遺產的

枯竭的影響等緣由，各國因此開始籌建建立此公約的，而公約也相應地對世界文化和自然遺產的國際保護做出了規定。

2. 珍稀性。世界文化和自然遺產具有比一般自然資源的稀缺性更顯著的珍稀性。不僅因為世界文化和自然遺產是全人類共同的財產我們才要給予特殊保護，更重要的是因為世界文化和自然遺產對於世界人民來說是獨一無二的，具有突出的不可再生性和不可替代性。如中國的黃山，義大利的龐貝古城遺址，這些都是在全世界範圍來說具有代表性的，人類也不可能再通過其他技術手段再生的，所以世界文化和自然遺產尤其具有稀缺性。

3. 保護優先性。世界文化和自然遺產的價值具有多樣性，如環境價值、審美價值、生態價值等，對於這些價值，既有值得開發的一面又有要徹底保護的一面，對於世界文化和自然遺產，許多國家明確規定將它的保護放在首位，這使得世界文化和自然遺產雖然承載了很多的價值，但是我們所要做的首要工作不是開發而是保護，在人們苦苦追尋自然資源的保護和開發的結合點時，世界文化和自然遺產卻是保護先行，這一點特性也是由它的世界性和珍稀性決定的。

在經由這三點標準的審視之後，可以判斷一處地方遺產是否有資格及有競爭力去申報世界遺產。同時與此目標相配合，還需在此之前將此處遺產納入國家整體的保護體系，得到國家級別的認可。當然，這只是申報世界遺產進程中的第一步，在此之後更要著力的將該處遺產推薦成為該國力推申報世界遺產的主要項目。而如能成功列入國家當年的申報項目名單，需在開展準備工作，例如：一就是向聯合國世界遺產中心遞交文本。每年，都要淘汰近50％左右的文本；一年最多從一百九十四個會員國中，限制核定不超出四十五個進入最後訣選的文本。二就是對該遺產的全面維修和周邊環境的綜合治理，迎接專家實地的考察；從第三關開始進入到國際程式，專家把考察結果寫成評估報告交給國際古蹟遺址理事會之總部，並由專門小組進一步討論；四是國際古蹟遺址理事會再把最後的評估報告提交給世界遺產委員會來審查。

在參與性層面，將地方申報世界遺產的進程變為全民參與共同推動的思潮

1987年12月11日，在第十一屆世界遺產委員會會議上，中國的故宮博物院、周口店

北京人遺址、泰山、長城、秦始皇陵（含兵馬俑坑）和敦煌莫高窟首次進入了《世界遺產名錄》。然而，當時就連遺產機構內的人員也並不很清楚這將意味著什麼。媒體對此反應冷淡，除了當天中國的《人民日報》發佈的〈國務院通知進一步加強文物工作〉提及之外（其中對後來常用的「文化遺產」仍以「文物」一詞來表述），就連業內報紙《中國文物報》對此也隻字未提。

二十年過去了，目前在臺灣及中國的遺產保護界、媒體及政府層面對世界遺產的認識已經有了很大的提高，在技術、政策和經驗等各方面也有了長足的進步，但是在世界遺產保護的全民參與與意識普及上仍尚有欠缺。

拿申報世界文化遺產為例，整個申報進程雖然主要是由政府主導，但其中也與當地居民的生活息息相關，最主要的影響包括兩個方面：一是申報進程對地方居民生活的影響；二是成功申報之後對地方居民生活的促進。

一項世界遺產成功申報之後，無可置疑將對地方遺產、旅遊的發展起到極大的推動作用，對居民的生活水準、生活方式和形態產生巨大的影響。這一點在此不復贅述，而主要聚焦於申報進程對當地居民生活的影響以及居民的全面參與對申報進程所能起到的極大的推動作用。

地方政府必須意識到世界遺產所能對地方民眾的生活所起到的巨大影響，也正因此地方民眾將會有自發的瞭解、參與世界遺產的申報、保護和發展的意願，而有效地引導這種意願將會促進世界遺產申報進程以及保護進程的順利進行。

以國際上的經驗為證，印度文物界對外宣傳的口號就是：「人民的參與是最好的保障」。墨西哥有很多自發成立的保護文物古跡的組織和文物保護志願者，參與保護文物的觀念在公眾中有廣泛和深厚的基礎。「公眾參與」也是國外立法中很重要的一部分內容，對於公眾參與的途徑、程式也有較為詳細的規定。

另外，公眾的保護意識還要靠大力的宣傳。印度有「世界遺產週」，期間會組織各種宣傳文藝活動。義大利每年的「文化週」活動期間，公立博物館向公眾免費開放。歐洲每年一度的歐洲遺產日將包含向來大門閉鎖的總統府、國家銀行等眾多古跡遺產向公眾開放，這些活動使公眾受到生動的教育，保護文化遺產意識逐漸深入人心。

以筆者參訪過並關心過的廣東開平碉樓申報世界遺產的進程為例。在申報進程中，開平當地做了大量的工作向群眾普及世界遺產的知識、普及申報世界遺產的情況，在此基礎上取得地方群眾的瞭解和支持。有了群眾的充分瞭解，才能取得群眾的積極參與，特別是開平碉樓村落環境的改善，這能充分保持和體現世界遺產所追求的真實性和完整性，如果沒有當地民眾的積極參與，是無法順利完成的。還有，開平碉樓辦花三年時間去調查碉樓、收集資料，他們為1833座碉樓所作的檔案系統達到了國際先進水準。而這同樣是在深刻的挖掘了地方群眾對以往歷史、文化的瞭解才能夠達到的效果。

　　另外，開平市還編寫了申遺鄉土教材，納入了當地的中小學課堂，通過教材，開平的後人可以從小就加深對本土文化的認識、對僑鄉文化的理解，「開平碉樓與村落」的這一做法應該可以成為日後中國其他專案申遺的範例。

　　總之，保護與申報世界遺產不僅僅是政府的事情，應該是全民的事情。政府需要加大力度向市民宣傳這個遺產的價值，讓市民有自豪感從而積極參與到保護工作上來，這才能達到保護的真正意義。

在交流性層面，注重地方申報世界遺產的宣傳，尤其是注重在國際上提升地方遺產的知名度和影響力

　　通過廣泛的國際交流來擴大地方遺產的知名度和影響力，是地方政府往往會忽視的工作。的確，這並不是申報世界遺產的主要工作內容，但是往往會對世界遺產的成功申報產生微妙的影響。

　　每年提交教科文組織的申報檔往往有上百個之多，在這之中如何能夠脫穎而出，該遺產的知名度和影響力往往可以使得專家在看到申報文本之時產生良好的第一印象，而在評判中該遺產的世界影響力也會為遺產的文化價值和社會價值的判斷錦上添花。而長遠而言，不斷提升遺產的知名度和影響力更是一件有著深遠影響的工作，對未來的旅遊開發、遺產保護資金的申請、地方民眾生活水準的可持續發展都具有良好的影響。

　　筆者長期參與了山東曲阜市擴大國際影響，打造「儒學聖地」品牌的一系列活動，

見證了曲阜這一世界文化遺產在國際上影響力的逐步擴大。這其中包括了利用歐盟資金與法國雷恩市和西班牙聖地牙哥市進行的歷史文化名城保護合作專案、在聯合國人居署指導下與西班牙聖地牙哥市以及西班牙塞維利亞市進行的國際城市間合作專案、改善古城區內居民的住宅環境、以儒學為主題的國際孔子文化節的舉辦、以弘揚儒家文化為宗旨的曲阜國際友誼協會的成立、推動曲阜文化與空間國際論壇……這一系列的工作有效的提升了曲阜的國際影響，將曲阜作為影響中華民族數千年的「儒學聖地」的地位和影響擴展到了世界各地。這些工作對於曲阜世界遺產的保護、發展和發揚起到了非常大的促進作用，曲阜的遺產保護工作也在國際專家的幫助和支持下，取得了極大的進展。

在專業性層面，除了地方的保護實踐，更需重視外部專家的建議，尤其可以考慮委請具有豐富經驗的國際專家對世界遺產申報進程的建議。

申報世界遺產對大多數地方政府來說都是一項新鮮的工作，在此過程中，需要與國內各地的遺產相競爭，與國際上各國、各地方政府的申報、公關、管理能力相競爭，對於地方政府的施政經驗而言，委實是一項極大的挑戰。因此在此情況下，具有豐富的實踐經驗和穩固的國際背景的專家諮詢便顯得尤為重要。此類必要的諮詢將使得地方政府的申報工作更加有的放矢、事半功倍。

以本人在亞洲為一些地方政府所作的經驗而言，這一工作的成效與申報的成功直接相關。在成功申報世界遺產所作的工作中，筆者對該進程的參與指導以及其他相關國際專家的諮詢建議常常是地方政府確定每一輪工作方向的主要依據，也正因此使得申報進程得以順利展開，並最終成功申報。

同樣此處以筆者為臺灣及中國某一縣級地方政府致力於申報世界遺產的進程所建議的諮詢程式為例，說明外部專家的建議所能起到的作用：

縣級地方政府申報登記世界遺產的相關操作程式與必要之諮詢：

1. 介紹申報聯合國教科文組織世界遺產之相關程式、操作重點與經驗。

(1) 現場調研踏勘和與相關人員座談。

(2) 介紹申報世界遺產之相關程式。

(3) 商討詳細工作日程內容與諮詢合作意向書。

2. 季度例會、針對申報登記聯合國教育、科學、文化組織UNESCO 世界遺產之相關程式提供必要之諮詢。

3. 針對申報世界遺產之相關實際需要與操作工作提供必要之諮詢（針對申報專案、修復原則、遺產之日常經營管理／Management Plan及相關操作工作的諮詢）。

4. 針對申報世界遺產技術文本之纂寫提供必要之諮詢。

5. 依據申報世界遺產之相關步驟與聯合國教科文組織（UNESCO）及國際古跡遺址理事會（ICOMOS）相關專家考核團人員進行非正式先期溝通及協調工作。

從以上工作進程與內容可以看出，富有經驗的國際專家將能夠對申報世界遺產的各階段進程提出有效的諮詢建議，從而極大的提高地方政府的工作效率，把握工作方向，往往可以達到事半功倍的效果。

小結：

世界遺產的成功申報是一個既具專業性，又具政策性，並需要豐富的公共關係能力才能達到的一個目標，筆者根據自身的經驗提出了以上的建議，希望可以對地方政府的工作方向和計畫起到一定的幫助。

同時我們依然需要注意世界遺產的長遠與適當的保護，並與地方發展相結合。世界遺產的成功申報只是一個開始，而並非終點。中國在遺產保護領域「重申報，輕後續保護」的現象十分普遍，充分暴露出世界文化和自然遺產保護現狀和現存問題。在成功申報世界遺產之後，國際古跡遺址理事會（ICOMOS）的專家、各國的研究專家、在地的市民以及來自四面八方的遊客都將是該處遺產的共同監督人，他們隨時來考察來參觀，也隨時可以向聯合國世界遺產中心建議及投訴。因此後續的長遠保護才使得世界遺產可以永續保存其價值的唯一途徑，希望今後這一工作在國內各級地方政府可以逐步得到推進，讓臺灣及中國的經驗成為國際世界遺產保護與發展中的正面典範。

反思／結語

　　筆者在法國這十五年間，代表聯合國教科文組織、法國巴黎索邦大學「遠東研究中心（CREOPS）」、巴黎 Belleville 建築學院「巴黎城市、建築與社會研究中心（IPRAUS）」參與世界各國之國際會議（及國際學術會議），除了在法國巴黎索邦大學出版了的有關景觀與藝術史法文學術專著外，還未有系統的將已發表過的近百篇研究報告、專業文章、專家考察報告、專欄短文，集結彙編成書。

　　一方面由於大部分的文稿是以法文及英文撰寫，另一方面是由於發表的文章內容極為分散，其中包含世界遺產、城市振興、發展與建築開發等合作計畫，及文化多樣性、世界遺產與歷史文化名城可持續性發展等議題。同時，這些文稿發表的時間也極其分散，從 1994年12月至1995年9月止，每個月在《世界地理雜誌——臺北》發表聯合國教科文組織（UNESCO）所推動的國際古跡修繕工程專業文章（每篇十至二十頁，共發表十篇），直到2008年4月在北京《國際城市規劃》所發表的〈工業遺產研究——從世界遺產中心收錄之工業遺產談起〉，一晃眼竟然也有十四年的光景了。

　　雖然這是筆者第一本用中文撰寫成書的作品，卻也是筆者十多年來在建築專業、景觀藝術與東方文化結合的一次總結反思。此書從討論聯合國教科文組織（UNESCO）最主要的三個國際文化公約出發，思考世界遺產與文化多樣性的關係；繼而以吸收、借鑒聯合國教科文組織在文化政策的基礎上，側重介紹在聯合國教科文組織推動下的世界遺產保存國際合作計畫、以及歐亞重要歷史文化名城法國巴黎、法國雷恩、西班牙聖地牙哥和中國曲阜的自發性可持續發展實踐，通過遺產保存、傳統街區保護與都市適度更新的多類型案例，思考城市文化多樣性的保存與城市發展和諧性的關聯，並從中提煉出實際的政策指導和操作意義。

文化遺產保護最終目的及宗旨是：延續「文化多樣性」與「社會關懷」

　　我深信保護文化的多樣性，是世界遺產保護與歷史城市和諧發展的基本要點。「文化表現形式」是一種財富（文化財），我們應當對各種不同的「文化表現形式」給於肯定與支持，加以理解及包容，並且通過交流、溝通與合作，促使不同的文

化表現形式得以延續其多樣性，以期保證文化的多樣性可以與時俱進、永續發展。

　　近十年來我有幸能在聯合國教科文組織（UNESCO）巴黎總部透過與多元文化、宗教、民族間的對話，推動在冷戰結束後中亞地區的相關文化工程，並與各方合作維持其文化多樣性的持續發展。然而，由於中亞為哈薩克族、吉爾吉斯族、塔吉克族、烏茲別克族、俄裔、德國裔、韓裔、蒙古族、維吾爾族等多民族混居地區，我認為參與工作的「國際」專家也應該儘量在「國籍、民族」上多元化。例如在UNESCO巴黎總部，有加拿大籍的處長、筆者本人是漢族、我的倆個助理秘書是阿美尼亞人及其塞內加兒人；同時，UNESCO在哈薩克阿拉木中亞辦事處的文化專員為俄裔、其助理則是哈薩克族。此外，我由UNESCO歷史檔案資料中也確認了以往在印度、阿富汗、伊朗、巴基斯坦配合過工作的「國際專家」群中，曾選定德籍教授為項目總顧問，在國際古跡遺址理事會（ICOMOS）生土建築委員會擔任主任職務的英籍紳士為專案古跡顧問，還有比利時籍的歷史建物科學性繪測專家，義大利籍的傳統質材測試及維修專家，和日本籍的佛教考古專家，共同協力配合。

　　當我們認識到「文化遺產保護」的最終目的及宗旨是延續「文化多樣性」，以及我們儘量透過不同文化背景（民族、國籍）的專家學者組成工作團隊，對於不同「文化表現形式」給予尊重、肯定、理解與包容的基本精神下，結合文化遺產擁有國及地區的當地（native）專家，一同思考如何對文化遺產進行保護，同時需要不斷地「反思」該文化的存在，是因為經由當地人民漫長的歷史生活經驗、生態系統、傳統文化、及社會變遷等因素結晶而遺存下來的，是我們當代及後代子子孫孫的共同珍寶，也是全世界人類所共用的文化瑰寶，沒有任何個人或國家可以剝奪或損害的，對於屬於全世界人類所共用的文化遺產，我們也應當都有責任保護、關心它的發展。

　　筆者在此書的第一篇第0章介紹阿富汗巴米揚大佛及第二篇第4章介紹「李白的故鄉——吉爾吉斯」中，嘗試以第一人稱的方式，寫一個聯合國工作者，如何到達當地、如何開始工作的故事。配合當地的歷史故事、風土人情，以古跡保存兼社會情況的報導方式進行描述，或許如此會有助於讀者更加深刻地瞭解阿富汗與吉爾吉斯的故事。筆者認為唯有對文化遺產所在地區或國家有了更深入的瞭解，才有可能對其人文與社

會關懷更加刻骨銘心，也更能以主人翁的心態，對該文化遺產有更實際且客觀的關懷與幫助，而不是戴著「有色眼鏡」來觀看不同「表現形式的文化」，不以「文化霸權」的角度來談說要如何如何保護這些文化遺產。

但是可惜其他章節，因為寫成的時間較早，筆者當時只寫了個大要，還未寫到深入當地的風土人情，實為遺憾。希望日後有機會可以加強補充這方面的不足，提供更深入、更貼近生活層面的內容與讀者分享。

保護「非物質文化遺產」切莫急功近利

在全球經濟一體化、社會經濟飛速發展的背景下，對於「非物質文化遺產」的保護與振興，不應企圖以文化為搖錢樹，純粹用以推動當地旅遊及經濟發展，其實「非物質文化遺產」（含傳統生活方式、婚喪嫁娶、歲時節日、民間藝術、傳統文化及民間創作等等）實為脆弱，具體保護與振興措施應緩慢推動「文化多元化」的可持續性發展，切莫急功近利。若為了打出文化旅遊的品牌，只留住了浮面的展演活動，卻犧牲了傳統民間文化和非物質文化遺產原本與人們共同生活著、互動著的有機生命價值，就有如殺雞取卵，得不償失！

「保護文化遺產」與「經濟發展」間，是否一定就只可能是背道而馳的情況？或是可以取得平衡點，不但可以「保護文化遺產」，同時得以「發展經濟」？在對於保護歷史傳統建築、完整之城鎮體系、軟體多樣的傳統文化，及和諧生態系統的文化景觀，如何達到保護與同時發展經濟？以下有幾個要點可以提供思考：

——許多歷史文化名城、名村，目前正面臨著到底是遺產保存優先，或旅遊發展、經濟開發重要的難題。文化保護與城市發展的矛盾應細心處理，以達持續發展。

——應充分利用當地特有之非物質文化遺產的研究，對傳統建築進行有效的保護性利用，進而延續歷史文化，積極進行文化產業的挖掘，並在適當程度上發掘歷史遺產的社會經濟價值。

——透過加強保護歷史文化名城、名村之歷史傳統建築、完整之城鎮體系、軟體多樣的傳統文化及和諧生態系統的文化景觀，進而細心的推動「生態、文化旅遊」，希望透過控制性、可持續性的生態文化旅遊，來維持保護歷史文化名城、名村自然及文

化資產，更進而改善歷史文化名城、名村地區居民的生活，或許這也是一種從文化保存及發展來尋求濟貧的方式。

如同在前面自序已提到歷史文化名城、傳統街區保護及都市適度的更新與發展是一種技術行為，也將是一種產業，臺灣及中國已經加入世貿組織，更應與世界規則接軌，更加強與國際間的交流與合作，推動臺灣及中國這一產業的升級，使其儘快現代化轉型，由文化大國向文化強國邁進。事實上，文化也可以是一門生意，是一種產業。對於文化遺產的保護與振興，不但可以為後代子子孫孫保留住先人的文化遺產瑰寶，同時對於生活在當代的我們，若能在有計劃的、有控制的、有遠見的開發下，是可以同時保護文化遺產與開發其文化經濟價值的，此文化產業所能創造出的經濟價值將會是難以估量的高效。

歷史文化名城、古村鎮不僅是地方政府的，也同樣是人類文化寶貴的財富和資源之一，我們是世界公民，除了國內，我們同時應提倡世界文化的多樣性、豐富性，以更開闊的心態來瞭解世界不同的國度、不同的民族和文化，並希冀世界各國人民能更加相互瞭解、相互學習與借鑑，以使世界文化不斷向前發展，共同關心傳統街區保護與都市適度的更新與發展課題。

誠摯感謝

筆者衷心感謝這三年來鼓勵我將個人過去發表過的文稿彙編成書的親朋好友們。以及在UNESCO 內不勝枚舉的同事，及參與UNESCO推動下的世界遺產保護國際合作計畫的國際專家與受援國的當地專家。是他們所提供的建議、資料與圖片，使此書更有可讀性。也謝謝楊渡從2005年1月起逼筆者上梁山，在《臺北─中國時報晚報》專欄上敦促筆者每週發表約一千字的專欄短文，介紹聯合國教科文組織（UNESCO）所推動、執行的古跡保存、振興與再利用之國際合作計畫（在趕稿的日子裡，竟然也寫出了三十八篇的專欄短文，其中有好幾篇文章也在廣州的《南方週報》刊載過）。此書的第三篇第11章介紹巴黎城市規劃一文中，巴黎都市計畫研究室（APUR）提供了寶貴的資料與圖片。許多文稿出自於我在1999年應臺北市政府都市發展局之邀所彙集的巴黎都市發展報告。在此也謝謝當時一起承辦該報告時擔任鼎漢工程公司的顧問楊子葆博士

及旅法葉俊良建築師。

　　我這第一本由中文撰寫的書，在最後階段，很幸運的有國家文化總會在法國巴黎的專案研究助理孫維瑄博士的全力配合，同時有我在上海復旦大學的親弟弟李志勇博士、來自同濟大學在巴黎Belleville建築學院之交換學者高璟博士，與在巴黎大學留學修習城市規劃專業的洪瑞璞，感謝他們非常細心的補充材料、翻譯與文稿校正，否則我真不知道何時才能將所有的底稿交給楊渡秘書長。在這裡也特別要向楊渡秘書長表示謝意，因為有你的耐心與支持，這本書終於將要送交付梓了。

　　最後，希望我這第一本中文書能達拋磚引玉的效果，喚起世界及海內外華人共同關心傳統街區保護與都市適度的更新與發展課題，共盡保護人類共同珍貴遺產的世界公民責任。

（林志宏博士寫於2009年10月17日，法國巴黎）

附錄 問與答（Q&A）

前言：

　　隨著對文化遺產認識的發展，人們對遺產的認定範圍和保護也在不斷擴大。現在在原本的世界自然和文化遺產及世界非物質遺產（或稱無形遺產）的基礎上，有許多新的領域及與「聯合國教育、科學及文化組織」（UNESCO）相關的獎項出現。而此附錄文字的安排為首先簡要地介紹這些UNESCO遺產保護的相關獎項：1. 世界遺產（World Heritage）、2. 世界非物質遺產（或稱無形遺產，World Intangible Heritage）、3. 世界記憶名錄（Memory of the World）、4. 創意城市聯盟（Creative Cities Network）、5. 亞太文化遺產獎（UNESCO Asia-Pacific Heritage Awards for Culture Heritage Conservation）、6. 世界「人與生物保護圈名錄」（Man and Biosphere），在有一些基本知識的認識基礎上，然後再利用「問與答」的形式進行更細節的說明此類獎項的相關內容、其申請程式以及應該注意的重點。

壹、世界遺產（World Heritage）：

　　世界遺產包括世界文化遺產和世界自然遺產。世界遺產是「聯合國教育、科學及文化組織」大會於1972年10月17日至11月21日在巴黎舉行第十七屆會議中通過的《保護世界文化和自然遺產公約》，指的是被聯合國教科文組織（UNESCO）和世界遺產委員會所（World Heritage Committee）確認的人類罕見的而目前無法替代的財富，是全人類公認的具有突出意義和普遍價值（Outstanding Universal Values）的文物古跡及自然景觀，公約對人類的整體有特殊意義的文物古跡、風景名勝及自然風光及自然景觀列入世界遺產名錄。世界遺產注重的是物，也就是外在的自然景觀和文化遺址，如中國大陸的故宮、長城、九寨溝等，已經被聯合國教科文組織列入「世界遺產名錄」。迄今為止共有一百九十三個會員國已簽署《保護世界文化和自然遺產公約》（截至2009年，資料取自UNESCO）。為了擴大文化遺產的認定和保護範圍，在1992年12月於美國聖塔非舉行

的第十六屆世界遺產委員會中,「文化景觀」被認為是應該擴大認定和保護範圍的重要領域之一,是為世界遺產中「世界文化遺產」的擴充內容(如下述)。

迄今為止(2009╱07),世界遺產已達八百九十處,其中文化遺產六百八十九處、自然遺產一百七十六處、自然與文化雙遺產二十五處,分佈於一百四十八個國家。

自1987年起,中國大陸先後列入《世界遺產名錄》的世界遺產已達三十八處其中文化遺產二十七處、自然遺產七處、自然與文化雙遺產四處,數量居世界第三位〔迄今(2009╱07)。登入世界遺產名錄最多的國家是義大利,多達四十四項,西班牙擁有四十一項居第二位;而中國大陸後來居上,以三十八項名列第三;再來則是法國與德國並列第四的三十三項〕。

其他關於「世界遺產」的問題,請參考下文Q1～Q19

貳、世界非物質遺產或稱無形遺產(World Intangible Heritage)

1972年在巴黎通過世界文化及自然遺產保護公約(簡稱世界遺產公約),但是此公約並不適用於非物質遺產。一部分會員國提出由聯合國教科文組織推動制訂有關民間傳統文化及非物質遺產各個方面的國際標準檔。因此在1989年11月聯合國教科文組織第二十五屆大會上通過了關於民間傳統文化保護的建議,2003年10月17日,在聯合國教科文組織第三十二屆大會上通過了《保護非物質文化遺產公約》。

為了解決瀕危的非物質文化遺產,聯合國教科文組織經過反復的研究和科學論證,提出了非物質文化遺產的概念,在保護非物質文化遺產方面跨越了四個重要的階段,並取得了矚目的成果。

第一個階段:關於保護傳統和民間文化國際建議 (Recommendation)。

第二個階段:建立「活的文化財產」制度。

第三個階段:建立「人類口頭和非物質遺產代表作」公告制度(Proclamation)。

第四個階段:通過《保護非物質文化遺產公約》。2003年10月17日,在聯合國教科文組織第三十二屆大會上通過了《保護非物質文化遺產公約》(Convention)。

根據《保護非物質文化遺產公約》的規定,在滿三十個國家申請加入公約時,公約即行生效,並以此為法源依據選舉產生世界非物質文化遺產委員會,由此委員會和聯

合國教科文組織一起確認及保護人類非物質文化遺產。截至2009年9月，《保護非物質文化遺產公約》締約國已達一百一十六個。在2009年9月底於Abu Dhabi舉行的第一屆世界非物質文化遺產委員會中，世界非物質文化遺產委員會和聯合國教科文組織進行了各國政府提交的列入「代表作名錄」申報表格（文本）共一百一十一個參與評審，在其中批准七十六個專案列入世界非物質文化遺產「代表作名錄」，十二個項目列入世界非物質文化遺產「急需保護名錄」。加上此前已列入代表作名錄的九十個項目，目前全世界共有一百六十六項世界非物質文化遺產代表作，分佈於七十六個國家（截至2009年10月止）。

2009年，中國大陸列入「急需保護名錄」的專案共三個：羌年、黎族傳統紡染織繡技藝和中國木拱橋傳統營造技藝；列入「代表作名錄」的項目共二十二個：中國傳統桑蠶絲織技藝、南音、南京雲錦織造技藝、宣紙傳統製作技藝、侗族大歌、粵劇、格薩（斯）爾、龍泉青瓷傳統燒製技藝、熱貢藝術、藏戲、瑪納斯、花兒、西安鼓樂、中國朝鮮族農樂舞、中國書法、中國篆刻、中國剪紙、中國傳統木結構營造技藝、端午節、媽祖信俗、中國雕版印刷技藝、呼麥。加上此前已列入代表作名錄的的崑曲藝術、古琴藝術、新疆維吾爾木卡姆藝術以及與蒙古國聯合申報的蒙古族長調民歌等四項，中國大陸目前共有二十六個專案列入「代表作名錄」（截至2009年9月止），是世界上擁有世界非物質文化遺產代表作名錄項目最多的國家。（此次2009年其他列入項目較多的國家有：日本十三項，克羅地亞七項，韓國五項。）

其他關於「非物質文化遺產」的問題，請參考下文Q20～Q28

參、世界記憶名錄（或稱世界記憶工程）（Memory of the World）

世界記憶是指列入記錄的全世界人民的記憶——他們傳承的遺產記錄——它描繪人類社會思想、發現、及成就之演化、他代表了世界文化遺產的大部分。

許多世界記憶留存於坐落世界各地的圖書館、文獻、博物館中，其中有許多瀕臨危險。諸多人民的遺產記錄已因意外或有意的棄置、戰爭毀損或其他歷史境遇而散失。有時由於實際上的或政治上的障礙而阻礙了接觸，另有一些威脅來自衰頹（退化）與破壞。世界的記憶名錄希冀保存全世界各族人民共同的記憶，它對保護各民族的文化

特性，對塑造本民族的未來有重要的作用。檔案文獻遺產是世界記憶的主要部分，但也是最容易遭到破壞的部分。由於自然和人為的原因，相當一部分世界文獻遺產已經遭到破壞或消失。保護這一部分獨一無二的文獻遺產所需的工作量非常大，需要實施長期的保護計畫、大家的共同努力，並且利用最新的技術。這項工作也需要有一個管理機構來出面承擔。

聯合國教科文組織肩負著發展文化和保護世界文化遺產的重任。它意識到應採取緊急行動以確保世界文獻記憶不再受到破壞，因此，在1992年聯合國教科文組織發起了世界記憶名錄。它的目的是實施聯合國教科文組織憲章中規定的保護和保管世界文化遺產的任務、促進文化遺產利用的民主化，以及提高人們對文獻遺產的重要性和保管的必要性的認識。從概念上講，世界記憶工程是世界遺產目錄專案的延續。世界遺產專案是聯合國教科文組織於1972年發起的，比世界記憶工程早二十年。它關注的是自然和人工環境中具有突出意義和普遍價值的文化和自然遺產，如具有歷史、美學、考古、科學或人類學研究價值的建築物或遺址。而世界記憶工程關注的則是文獻遺產，具體講就是手稿、圖書館、檔案館和博物館中保存的任何介質的珍貴文獻遺產，以及口述歷史的記錄等。

2009年聯合國教科文組織宣佈最新增添登錄的《世界記憶名錄》有三十五個，至今全球登錄《世界記憶名錄》共計有一百九十三個。

中國大陸目前共登錄有五個《世界記憶名錄》（截至2009年9月止）：《傳統音樂錄音檔案》（1997年入選，中國藝術研究院圖書館藏）、《清朝內閣秘本檔》（1999年入選，中國第一歷史檔案館藏）、《清代大金榜》（2003年入選，中國第一歷史檔案館藏）、《納西東巴古籍文獻》（2005年入選，雲南省社會科學院東巴文化研究所藏），《清代樣式雷建築檔案》（2007年入選，中國國家圖書館申報）。

其他關於「世界記憶工程（名錄）」的問題，請參考下文Q29～Q40

肆、創意城市聯盟（Creative Cities Network）

創意城市聯盟是聯合國教科文組織全球多樣性文化聯盟（Cultural Diversity Network）的一個部分，設立於2002年。在2005年10月，在聯合國教科文組織第三十三屆大會上

通過了《保護和促進文化表現形式多樣性公約》（該公約和《保護非物質文化遺產公約》、《保護世界文化和自然遺產公約》共同構成了保護物質和非物質文化遺產、保護世界文化多樣性的國際法體系），至此創意城市聯盟開始在全球範圍內發揮重要作用，聯結全球創意城市網路。

此創意城市聯盟專案旨在把以創意和文化作為經濟發展最主要元素的各個城市聯結起來形成一個網路。在這個網路的平臺上，成員城市相互交流經驗、互相支援，幫助網路內各城市的政府和企業擴大國內和國際市場上多元文化產品的推廣。

目前全球有十九個城市加入創意城市聯盟，其中文學之都有三個，電影之都一個，音樂之都四個，民間藝術之都三個，設計之都六個，媒體藝術之都一個，美食之都一個（截至2009年9月止）。而中國大陸目前已有三個城市加入創意城市聯盟（深圳，設計之都，上海，設計之都，成都，美食之都，截至2010年4月止）。

其他關於「創意城市聯盟」的問題，請參考下文Q41～Q54

伍、亞太文化遺產獎（UNESCO Asia-Pacific Heritage Awards for Culture Heritage Conservation）

亞太文化遺產獎的設立是為了認可個人或組織在私人的與私人／公眾間成功地在區域內修復遺產的價值。此獎項是UNESCO在泰國UNESCO亞太文化分部配合聯合國教科文組織（UNESCO）對於文化領域的全球戰略推動目標而產生的獎項。

在亞太地區，UNESCO支持各個層級的保護活動，特別是鼓勵私人對地區性文化遺產的保護。自從2000年至今（2009年）UNESCO已經收到來自二十三國家的三百一十一項申請，形成來自從私人居所到宮殿群的很廣泛的保護計畫。在這幾年來，亞太地區顯示出強勁的勢頭與多層面的項目出現。並且在2005年UNESCO推出了對於有創新的遺產獎項給那些在當代與歷史語境很好地融為一體的傑出新建築。

其他關於「亞太文化遺產獎」的問題，請參考下文Q55～Q57

陸、世界「人與生物保護圈名錄」（Man and Biosphere）

世界「人與生物保護圈名錄」（Man and Biosphere Programme，簡稱MAB）是在1970年發起的一項計畫，著手於包含不同的生態系統形式——從山嶽到海洋、從農村到都

市，還有更多的如對於環境觀念的社會層面等十四個專案。人與生物保護圈計畫在幾年的工作中致力於世界生物圈保護區（WNBR, World Network of Biosphere Reserves）的發展。其中「生物圈保護區」（Biosphere reserves）的觀念最初是在1974年發展出來的，並且在1975年充分修訂而完成。

世界生物圈保護區（WNBR）提供明確的機會結合科學知識與管理形式：

1. 減少生物多樣性的遺失。

2. 改善生計。

3. 加強社會、經濟和文化的狀況以使環境得以永續發展。

4. 於此致力於追求全人類未來幸福時代發展的目標，特別是千禧年發展目標（Millenium Developpment Goal）環境永續發展。

生物圈保護區是人與生物保護圈名錄（MAB）的核心部分，具有保護、可持續發展、提供科研教學、培訓、監測基地等多種功能，其目的是為生物圈資源的合理利用和保護提供科學依據，預測由於人類活動而引起的生物圈狀況的改變以及這種變化對人類的影響。此外，為了解決這些問題而應進行何等教育等問題，從而提高人類有效管理生物圈資源的能力。

生物圈保護區具有三個特點：

首先，它是受保護的典型環境地區，其保護價值需被國內與國際承認，它可以提供科學知識、技能及人類對維持其持續發展的價值。

其次，各保護區組成一個全球性網路，共用生態系統保護和管理的研究資料。

第三，保護區既包括一些受到嚴格保護的「核心區」，還包括其周邊可供研究、環境教育與人才培訓等的「緩衝區」，以及最外層面積較大的「過渡區」或「開放區」。開放區可供研究者、經營者和當地人彼此間的密切合作，以確保該區域自然資源的合理開發。

它不僅要具有網路的特徵，還要把自然保護區與科學研究、環境監測、人才培訓、示範作用和當地人民的參與結合起來，其目的是通過保護各種類型生態系統來保存生物遺傳的多樣性。

世界「人與生物保護圈名錄」計畫受到世界各國的重視，目前全世界共有四百八十個 人與生物圈名錄，分佈於超過一百多個國家。

中國大陸於1972年參加此一計畫並當選為理事國，並在1978年成立了中華人民共和國人與生物圈國家委員會委員，由各有關政府部門官員、科技界、新聞界和學術團體的代表組成，而秘書處則設在中科院生物局。目前，中國大陸有二十八個自然保護區加入了世界「人與生物保護圈名錄」計畫，其中包括鼎湖山、長白山、梵淨山、武夷山、神農架、錫林郭勒、柏格達峰和鹽城等。

CHN – China, Chine, China	
CHN 1	Changbaishan
CHN 2	Dinghushan
CHN 3	Wolong
CHN 4	Fanjingshan
CHN 5	Wuyishan
CHN 6	Xilin Gol
CHN 7	Bogeda
CHN 8	Shennongjia
CHN 9	Yancheng
CHN 10	Xishuangbanna
CHN 11	Maolan
CHN 12	Tianmushan
CHN 13	Fenglin
CHN 14	Jiuzhaigou Valley
CHN 15	Nanji Islands
CHN 16	Baishuijiang
CHN 17	Gaoligong Mountain
CHN 18	Huanglong
CHN 19	Shankou Mangrove
CHN 20	Baotianman
CHN 21	Saihan Wula
CHN 22	Dalai Lake
CHN 23	Wudalianchi
CHN 24	Yading
CHN 25	Foping
CHN 26	Qomolangma
CHN 27	Chebaling
CHN 28	Xingkai Lake

中國：	
1.	長白山
2.	鼎湖山
3.	臥龍
4.	梵淨山
5.	武夷山
6.	錫林郭勒
7.	柏格達
8.	神農架
9.	鹽城
10.	西雙版納
11.	茂蘭
12.	天目山
13.	豐林
14.	九寨溝
15.	南麂島
16.	白水江
17.	高黎貢山
18.	黃龍
19.	山口洪林保護區
20.	寶天曼
21.	賽罕烏拉
22.	大瀨戶
23.	達賚湖
24.	亞丁
25.	佛坪
26.	珠穆朗瑪
27.	車八嶺
28.	興凱湖

Q1 **中國大陸何時簽署《1972年保護世界文化和自然遺產公約》？**

中國大陸於1985年12月12日簽署加入《保護世界文化和自然遺產公約》。

中國大陸於1986年開始向聯合國教科文組織申報世界遺產專案。

Q2 **中國大陸目前有幾項被列為世界遺產？**

自1987年至2009年7月，中國大陸先後被批准列入《世界遺產名錄》的世界遺產已達三十八處，其中文化遺產二十七處、自然遺產七處、自然與文化「複合遺產」又稱「雙重遺產」四處，數量居世界第三位〔迄今為止（2009／07），登入世界遺產名錄最多的國家是義大利，多達四十四項；西班牙擁有四十一項居第二位；而中國大陸後來居上，以三十八項名列第三；再來則是法國與德國並列第四的三十三項〕。

Q3 **世界遺產能入選的前提？與主要分類為何？**

兩個前提：

1. 具有突出與普遍價值（OUV-Outstanding Universal Value），

2. 遺產原真性、完整性及相關保護和管理情況（由相關管理機構，制定法律規章與配套措施。詳細介紹如後續問答）。

世界遺產分為：

1. 自然遺產。

2. 文化遺產、「文化景觀」（Cultural Landscapes）指人類與自然環境所共同創作的景觀，被歸類在世界文化遺產的範疇之內。

3. 自然與文化「複合遺產」又稱「雙重遺產」（Mixed Cultural and Natural Heritage）。

Q4 **何謂「文化遺產」（Culture Heritage）？**

所謂文化遺產（Culture Heritage）是具有顯著普遍價值（Outstanding Universal Value）之紀念物、建築物、具紀念性質的雕刻及繪畫、以及具考古學性質的物品及構造物、金石文、洞穴居等人類遺跡。因此，文化遺產就被定義為在歷史、藝術、以及學術等方面具有顯著普遍價值之人類遺跡。文化遺產的數量截至2009年共有六百八十九項。

Q5 「文化遺產」主要包括哪些？

1. 歷史場所（Sites）是指包括與自然和諧之人造物及考古遺址等地區，並在歷史、藝術、以及學術等方面具有顯著普遍價值者。

2. 建築群（Group of building）指獨立或連續的建築物全群，其建築樣式、均質性或因景觀位置在歷史上、藝術上、以及學術上等方面具有顯著普遍價值者。

3. 紀念物（Monuments）指建築物、具紀念意義之雕刻及繪畫、考古學類對象及構造、金石文、洞穴居及綜合上述物件在歷史上、藝術上、以及學術上等方面具有顯著普遍價值者。

4. 「文化景觀」（Cultural Landscapes）指人類與自然環境所共同創作的景觀，被歸類在世界文化遺產的範疇之內。在1992年12月於美國聖塔非舉行的第十六屆世界遺產委員會中，「文化景觀」被認為是未來應該擴大的領域之一，是為世界文化遺產的擴充內容。世界遺產委員會同時將「文化景觀」定位為世界遺產全球性策略（Global Strategy）的重點，並且明文列在世界遺產公約作業準則當中。

Q6 「文化遺產」的登錄標準為何？

根據「世界遺產公約作業準則」（World Heritage Convention Operational Guidelines）所定的世界文化遺產登錄標準有以下六點：

1. 代表了人類創造精神的傑作：例如金字塔，長城。

2. 通過建築或技術、有紀念意義的藝術品、城市規劃或景觀設計，展現了在一段時期內或在一個文化區域中進行的有重大意義的交流：例如凡爾賽宮（歐洲建立最早的，規模最大的，佈局和規格影響歐洲二、三個世紀）。

3. 獨一無二或至少是非常特別地代表了一種文化傳統或一種現存或已經滅絕的文明：例如伊朗的波斯波力斯宮是波斯帝國時期留下的，壁上的雕刻反映了波斯當時的情況，各國進貢情況，是文化證明。復活節島，只遺留了巨大的石雕像，其他古物沒有留下，只有靠石雕像來研究當時的歷史。

4. 突出地代表了展示人類歷史上某一段或幾段非常重要的時期的某一類建築、技術或景觀：有別於第二條的是，典範是指更多方面的影響：例如梵蒂岡，影響六～七世紀，所有東西都是精華。

5. 突出地代表了一種或幾種文化中人類傳統的居住方式、利用土地或海洋的傳統方式，這些方式表現了人類與環境的互動關係，尤其是當這種關係在不可逆轉的變化下顯得非常脆弱的時候：例如印第安人保留區。

6. 直接或明確地同某些具有突出的、有普遍價值的事件、現實的傳統、思想、信仰、文學作品或藝術作品相聯繫（委員會認為最好需要把這條標準和其他標準結合起來評判此款才能成為列入《名錄》的理由）：例如佛陀誕生地，同時也是佛教八大聖地之一的尼泊爾—藍毗尼。

Q7 何謂「自然遺產」（Natural Heritage）？

所謂「自然遺產」（Natural Heritage）是指由無生物、生物的生成物或生成物群形成某種特徵，且在欣賞或者學術上、具有顯著普遍價值（Outstanding Universal Value）之自然地域；也可定義為地質學的或地形學的形成物、生存瀕臨威脅之動物、植物棲息地、及原生地等被明確指定之區域，諸如此類在學術上、保存上以及景觀上具有顯著普遍價值者。自然遺產的數量截至2009年共有一百七十六項。

Q8 「自然遺產」的登錄標準為何？

根據「世界遺產公約作業準則」（World Heritage Convention Operational Guidelines）所定的世界文化遺產登錄標準有以下四點：

1. 突出地代表了地球歷史上的主要階段，包括生物記錄、導致地形變化的正在進行的地質過程或重要的地質或地形的特徵。

2. 突出地代表了在陸地、淡水、沿海和海洋的生態系統和動植物群落的演化和發展中的重要的、正在進行的生態和生物過程。

3. 具有特殊的自然美或突出的美學重要性的極致自然現象或地區。

4. 包含有對在原址上保護生物多樣性最富代表性最重要的自然棲息地，包括那些從科學或保護的角度看，仍然存在著具有突出的有普遍性價值的瀕危物種的自然棲息地。

Q9 何謂「複合遺產」又稱「雙重遺產」（Mixed Cultural and Natural Heritage）？

所謂「複合遺產」（Mixed Cultural and Natural Heritage）是指同時具備自然遺產與文化遺產兩種條件者又稱「雙重遺產」。早期複合遺產名單當中，有先被登錄為自然遺產或文化遺產，而之後又再被增加評價為另一種文化或自然遺產，因而成為「複合遺產」又稱「雙重遺產」。

Q10 何謂「文化景觀」（Cultural Landscapes）？文化景觀有哪些類型？

所謂「文化景觀」（Cultural Landscapes）可以說是人類與自然環境所共同創作的景觀，被歸類在世界文化遺產的範疇之內。文化景觀主要體現《保護世界文化和自然遺產公約》第一條所表述的「自然與人類的共同作品」。在1992年12月於美國聖塔非舉行的第十六屆世界遺產委員會中，「文化景觀」被認為是未來應該擴大的領域之一，是為世界文化遺產的擴充內容。世界遺產委員會同時將「文化景觀」定位為世界遺產全球性策略（Global Strategy）的重點，並且明文列在世界遺產公約作業準則當中。

文化景觀大致可以分為以下三個類型：

1. 由人類有意設計和建築的景觀。包括出於美學原因建造的園林和公園景觀，它們經常（但並不總是）與宗教或其他紀念性建築物或建築群相關聯。

2. 有機進化的景觀。它產生於最初始的一種社會、經濟、行政以及宗教需要，並通過與周圍自然環境的相聯繫或相互適應而發展到目前的形式。它又包括兩種類別：一是殘遺物（或化石）景觀，代表一種過去某段時間已經完結的進化過程，不管是突發的或是漸進的。它們之所以具有突出與普遍價值，還在於顯著特點依然體現在實物上。二是持續性景觀，它在當今與傳統生活方式相聯繫的社會中，保持一種積極的社會作用，而且其自身演變過程仍在進行之中，同時又展示了歷史上其演變發展的物證。

3. 關聯性文化景觀。這類景觀被列入《世界遺產名錄》，以與自然因素、強烈的宗教、藝術或文化相聯繫為特徵，而不是以文化物證為特徵。雖然要梳理「文化景觀」較為困難，但是「文化景觀」在提出登錄申請的名單當中是相對受到矚目的。

Q11 世界遺產如何評定？

世界遺產的評定標準主要依據《保護世界文化和自然遺產公約》第一與第二條規定。遺產項目要列入《世界遺產名錄》，必須經過嚴格的考核和審批程式。

每年舉行一次的世界遺產委員會會議，將對申請列入名單的遺產項目進行審批，其主要依據是該委員會此前委託有關國際非政府專業組織專家對各國所提名的遺產進行實地考察驗證所提名的遺產是否具有顯著普遍價值（Outstanding Universal Value）並提出評價報告。

對各國提名的世界文化和自然遺產考察，主要由該委員會委託國際古跡遺址理事會（ICOMOS）和世界自然保護聯盟（IUCN）組織專家進行。前者ICOMOS總部設在巴黎，成立於1965年，是國際上唯一從事文化遺產保護理論、方法、科學技術的運用與推廣的非政府國際機構，有八十多個國家會員和四千五百多名個人會員；後者IUCN總部設在瑞士日內瓦，成立於1948年，原名國際自然及自然資源保護聯盟，宗旨是促進和鼓勵人類對自然資源的保護與永久利用，成員包括分佈在一百二十個國家的官方機構、民間團體、科研和保護機構。兩者受世界遺產委員會委託，分別對提名的文化和自然遺產地進行考察並提交評價報告。

Q12 世界遺產的申報程式？

根據「世界遺產公約作業準則」（World Heritage Convention Operational Guidelines），世界遺產的申報需要完成下列步驟：

1. 一個國家首先要簽署《保護世界文化和自然遺產公約》並保證保護該國的文化和自然遺產，並成為締約國（截至2009年全球已有一百九十三個締約國）。

2. 任何締約國要針對本土具有突出普遍價值的文化和自然遺產列出一個預備名單（tentative list）。

3. 把填寫好的提名表格（申報文本）寄給聯合國教科文組織世界遺產中心（每年最多二個）。

4. 聯合國教科文組織—世界遺產中心（World Heritage Centre）檢查提名是否完全，如果申報文本完全，世界遺產中心將其送交及委託國際古跡遺址理事會（ICOMOS）和世界自然保護聯盟（IUCN）組織派遣專家進行考察評審。

5. 專家到現場考察評估所提名的遺產是否具有顯著普遍價值（Outstanding Universal Value）及遺產相關保護和管理情況。

6. 世界自然保護聯盟和國際古跡遺址理事會內部會審專家考察評估報告後，於一年一度的世界遺產大會六周前正式提交按照世界文化與自然遺產的評定標準的評價報告。

7. 世界遺產委員會主席團審查提名評估報告，並向世界遺產委員會提交最後的總評報告。

8. 由二十一個國家代表組成的世界遺產委員會在一年一度的世界遺產大會上最終決定入選（inscribe）、退回重修推遲入選（refer）、退回重來（defer）或淘汰（not inscribe）的世界遺產名單。

Q13 何謂具有突出的（顯著的）普遍價值（Outstanding Universal Values）：

根據現行的 2005年版《操作指南》中，世界遺產突出的普遍價值概念被闡釋為：「突出的普遍價值意味著文化和／或自然的意義，它們如此特殊，以至於超越了民族界限，對全人類的當代和後代都有共同的重要性。因此，對這些遺產的永久保護，以及對於作為一個整體的國際社會具有最高的重要性。」

根據現行的 2005年版《操作指南》，評價突出的（顯著的）普遍價值，根據以下十條標準：

一、衡量文化價值：

1. 代表了人類創造精神的傑作；

2. 通過建築或技術、有紀念意義的藝術品、城市規劃或景觀設計，展現了在一段時期內或在一個文化區 域中進行的有重大意義的交流；

3. 獨一無二或至少是非常特別地代表了一種文化傳統或一種現存或已經滅絕的文明；

4. 突出地代表了展示人類歷史上某一段或幾段非常重要的時期的某一類建築、技術或景觀；

5. 突出地代表了一種或幾種文化中人類傳統的居住方式、利用土地或海洋的傳統方式，這些方式表現了人類與環境的互動關係，尤其是當這種關係在不可逆轉

的變化下顯得非常脆弱的時候；

6. 直接或明確地同某些具有突出的、有普遍價值的事件、現實的傳統、思想、信仰、文學作品或藝術作品相聯繫（委員會認為最好需要把這條標準和其他標準結合起來評判）。

二、衡量自然價值：

1. 突出地代表了地球歷史上的主要階段，包括生物記錄、導致地形變化的正在進行的地質過程或重要的地質或地形的特徵；

2. 突出地代表了在陸地、淡水、沿海和海洋的生態系統和動植物群落的演化和發展中的重要的、正在進行的生態和生物過程；

3. 具有特殊的自然美或突出的美學重要性的極致自然現象或地區；

4. 包含有對在原址上保護生物多樣性最富代表性最重要的自然棲息地，包括那些從科學或保護的角度看仍然存在著具有突出的有普遍性價值的瀕危物種的自然棲息地。

根據現行的 2005年版《操作指南》中，被認為具有突出的普遍價值，必須符合真實性（原真性）和／或完整性條件，且必須有充分的保護和管理系統來確保其安全。

Q14 何謂「真實性（原真性）」（authenticity）：

根據現行的 2005年版《操作指南》中，真實性（原真性）是對於遺產，基於其文化文脈，通過包括：形式和設計，材料和物質，使用和功能，傳統，技術和管理系統，地點和環境，語言，和其他形式的非物質遺產，精神和感情，以及其他內在和外在的因素，「真實」可信的表達它的文化價值。

Q15 何謂「完整性」（integrity）：

根據現行的 2005年版《操作指南》中，完整性是對於文化和／或自然遺產以及它的品質的全體和完整無缺的一種量度。用來傳遞全部價值的必要元素的重要部分應該被包括。與他們特有性質有本質聯繫的文化景觀、歷史城鎮或其他活著的「財產」中表現出來的「各種關係和動態的的功能」也應被維持。

評估完整性條件根據以下標準：

A 包括所有表達其突出的普遍價值的必須的元素。

B 有足夠的尺度來確保傳達項目意義的面貌和過程能夠完全表現出來。

C 遭受未來發展和／或者忽視的不利影響。

Q16 如何維持世界遺產、歷史城市／地區的原真性及完整性？

根據聯合國教科文組織—聯合國人居署（UNESCO-UN Habitat）「歷史街區屬於大家的」（「Historical Area for All」）的指南方針：維持歷史城市／地區（Historical City／Area）的原真性及完整性根據以下標準：

1. 強有力的政治意志：政治決策者、市區領導及他們的團隊發揮重要的作用。政治意志強有力制定法律規章與配套措施保護維持歷史城市／地區（Historical City／Area）的原真性及完整性。

2. 居民成為復興工程的中心：對於世界遺產、歷史城市／地區（Historical City／Area）的保護離不開如今居住在該地的居民，他們參與並賦予了該遺產、歷史城市／地區（Historical City／Area）特殊的涵義。

3. 世界遺產、歷史城市／地區（Historical City／Area）與城市、區域發展相結合：世界遺產、歷史城市／地區（Historical City／Area）不能成為被孤立的區域，應將其納入城市發展的總體規劃中，避免世界遺產、歷史城市／地區（Historical City／Area）在空間和社會層面與整個轄區分離。

4. 重視發展公共空間，長期保護自然文化資源

5. 加強混合性功能與改善居民生活條件相結合

6. 通過創新與文化多樣性來提供價值

7. 持久管控文化旅遊業，同時保持多樣性經濟領域

Q17 世界遺產、歷史城市／地區（Historical City／Area）應如何進行保護？

世界遺產、歷史城市／地區（Historical City／Area）的保護應有策略性。在市場經濟化的洪流中，近代的文化遺產面臨嚴重的危機，需要解決的問題繁多，所以世界遺產、歷史城市／地區（Historical City／Area）的保護應該進行戰略性的研究。

首先，關於梳理錯綜複雜的文化遺產、歷史城市／地區（Historical City／Area）保

護體制和理念，需要重新捕捉近現代文化遺產、歷史城市／地區（Historical City／Area）的保存發展過程，闡明其為國際合作共通認識的基礎。

第二，世界遺產、歷史城市／地區（Historical City／Area）所在地的文物局、城市規劃局和政府與學術單位、相關專業保護單位的共同協作，為該遺產、歷史城市／地區（Historical City／Area）的保護、再生設計進行籌畫，並對城市保持關聯制度進行溝通與配合。

第三，確保文化遺產、歷史城市／地區（Historical City／Area）保護的研究中心的成型，和「文化遺產、歷史城市／地區（Historical City／Area）的保護、再生學的專業方向的設置以培養掌握高度專業知識的相關人材。

Q18 世界遺產登錄後就算完成遺產保護的工作了嗎？

世界遺產的登錄，是一種肯定也是一種榮耀，卻也是責任的加深，該遺產地將更加吸引全世界遊客、專家學者、政治決策者、市區、國家領導及聯合國教科文組織等相關機構的重視。這是一個可以因此更國際化、更能提升品質的契機，所以未來會有更多的工作要進行與努力。

當然這也是對遺產、歷史城市／地區（Historical City／Area）所在地推廣文化旅遊，增加當地經濟收入的有效宣傳名片，然而當更多的遊客到訪，必然會有許多的社會問題因此產生，例如交通擁擠、空氣噪音等污染、公共設施的不敷使用，以及城市的整體發展等等問題。諸如此類的問題，在登錄為世界遺產後、歷史城市／地區（Historical City／Area）確實有更多的工作需要遺產所在地的管理單位與相關領導部門進一步規劃、研究探討與不斷地檢討反思。政治意志強有力制定法律規章與配套措施保護維持歷史城市／地區（Historical City／Area）的原真性及完整性。遺產、歷史城市／地區（Historical City／Area）所在地的城市需要在細心地研究考察後做更詳細的管理計畫（Management plan）、保護計畫（Conservation Plan）、與總規、控規、詳規等工作。

通過以上的系統管理，此世界遺產、歷史城市／地區（Historical City／Area）才能得以更妥善地受到保護與合理利用，並取得永續發展的可能。世界遺產是所有人類共同擁有的財產，也是人類在歷史中對世界文明所反映的成就，我們當代人有責任為未來的子子孫孫保護好這份瑰麗的世界遺產。

Q19 世界遺產登錄後是永久性的嗎？有無監測（monitoring）系統進行管理？

聯合國教科文組織UNESCO要求世界遺產必須進行監測（monitoring）工作，遺產所在地的管理者（或組織）每六年（one cycle every 6 years）都需提出具體管理報告，以確保世界遺產在登錄世界遺產名錄後可以得到妥善的、合理的、正確的保護與發展。

例如以下二個有名例子：

德國科隆大教堂於1996年登錄為世界文化遺產。但基於在經濟上的發展，科隆市政府同意推動在車站旁，離科隆大教堂不遠處的一個高樓開發計畫。然而國際古跡遺址保護理事會（ICOMOS）認為此高樓的建設，會負面影響到大眾瞻望科隆大教堂的視覺線。在2004年第二十八屆世界遺產大會，UNESCO通過決定將此世界著名的科隆大教堂列為世界瀕危遺產名單（List of World Heritage in Danger）。UNESCO要求德國政府於2005年提出完整的改善計畫、視覺影響評估及教堂周邊之緩衝區的界定，以供UNESCO及國際社會在第二十九屆世界遺產大會中再次審核與監督這個當時歐洲唯一被列為世界瀕危遺產名單。直至2006年，德國科隆大教堂才脫離此瀕危遺產名單。

另外一個案例德國德累斯頓（Dresden）古城，當時是由於其歷史城市文化景觀與易北河谷地（Elbe River）周圍環境和諧的融合在一起而被入選登錄為世界文化遺產。但是由於德累斯頓（Dresden）為了疏減市中心交通的阻塞，擬在市中心建設一座現代的大橋開發計畫，然而此大橋的建設，會負面影響到德累斯頓Dresden古城都市景觀與易北河谷地周圍環境的和諧性。因此，在2006年第三十屆世界遺產大會，通過決定將此世界著名的Dresden古城列為世界瀕危遺產名單遺產名單。同時，聯合國教科文組織（UNESCO）、國際古跡遺址理事會（ICOMOS）和世界遺產委員會（the World Heritage Committee）建議德國重新考慮此建設案或是更改地點或地下化，但是最後德累斯頓（Dresden）透過公民投票決定繼續此大橋開發計畫。因此世界文化遺產德累斯頓（Dresden）在2009年7月從在世界遺產名單中除名，這是唯一一個被國際世界遺產委員會（International World Heritage Committee）從世界遺產名單中除名的文化遺產（另一處是阿曼Oman在2007從世界自然遺產名單中除名，但是此案例與德國的案例不同之處是：這是阿曼Oman自己提出申請；同

時德國是已開發國家，阿曼是發展中國家）。這是一件很令人遺憾的事，因為德國不是個發展中或是貧窮的國家，也不是沒有經費或是缺乏此領域的專家；同時此世界遺產名單除名也沒有被德國本身同意或支持。這個案例是一個很重要的經驗學習範例，應該提出來讓世界公眾充分瞭解世界遺產安全保護措施的重要性。

可喜的是，中國大陸至今仍未有任何世界遺產被聯合國教科文組織（UNESCO）列為世界瀕危遺產名單（List of World Heritage in Danger）。

Q20 「非物質文化遺產」的重要性為何？

非物質文化遺產包括了人類的情感，包含著難以言傳的意義和不可估量的價值。一個民族的非物質文化遺產，往往蘊藏著傳統文化的最深的根源，保留著形成該民族文化的原生狀態以及各民族特有的思維方式等。

非物質文化遺產的存在有著其社會背景和社會環境，這種遺產根植於人所處的時空、周邊環境和社交活動中。現代化的衝擊，現代化和商品化帶來的種種變化，使非物質文化遺產失去了原有存在的土壤和社會環境，也就慢慢走向消亡，因此非物質文化遺產的保護工作需要受到更多的關注。

Q21 「非物質文化遺產」包括哪些項目？

聯合國教科文組織（UNESCO）2003年《保護非物質文化遺產公約》，指出非物質文化遺產包括五個方面：

1. 口頭傳說和表述，包括作為非物質文化遺產媒介的語言；
2. 表演藝術；
3. 社會風俗、禮儀、節慶；
4. 有關自然界和宇宙的知識和實踐；
5. 傳統的手工藝技能。

它的形式包括：語言、文學、音樂、舞蹈、遊戲、神話、禮儀、習慣、手工藝、建築藝術及其它藝術。除此之外，還包括傳統形式的聯絡和資訊。

Q22 申報「非物質文化遺產」的目的為何？

和必須具有突出、普遍價值（OUV-Outstanding Universal Value）的前提才能入選為世界遺產不一樣的切入點，非物質文化遺產是活的遺產，因此更注重的是技能、技術、知識的承傳，是活的財富，一切以人為主線。

根據《保護非物質文化遺產公約》的定義：「非物質文化遺產指被各群體、團體、有時為個人視為其文化遺產的各種實踐、表演、表現形式、知識和技能及其有關的工具、實物、工藝品和文化場所。各個群體和團體隨著其所處環境、與自然界的相互關係和歷史條件的變化不斷使這種代代相傳的非物質文化遺產得到創新，同時使他們自己具有一種認同感和歷史感，從而促進了文化多樣性和人類的創造力。」

申報非物質文化遺產，其目的是搶救、保存、保護和復興非物質文化遺產。申報與保護緊密結合，保護工作與申報連為一體。沒有保護計畫，就談不上申報。另外，申報「非物質文化遺產」獲得成功，當然是榮耀，但申報不是目的，更不是保護非物質文化遺產的終結，而是通過申報，更好地保護這一遺產。

Q23 應該如何申報「非物質文化遺產」？

參評作品的申報可以通過：

a. 會員國政府提出；

b. 政府間組織在聽取有關國家的教科文組織全委會的意見後提出；

c. 與聯合國教科文組織有正式關係的非政府組織在聽取本國教科文組織全委會的意見之後提出。

申報的作品需附有作品所有者個人或群體認可的文字、錄音、錄影或其他證明材料，無此等證明者不可申報。

作品申報文本只能由會員國政府當局經過有關群體代表們同意後進行申報，方能被聯合國教科文組織接受。第一次申報應該附有預備名單，名單中列出會員國計畫要在後十年中提請聯合國教科文組織宣佈為「人類口頭及非物質遺產優秀作品」的文化空間或文化表達形式。

Q24 申報「非物質文化遺產」時應該準備哪些內容？

申報文本格式和內容：

申報文本應按照指南附錄中所要求的標準格式製作，另外每個申報文本應包括下列內容：

1. 一個適合於這種文化表達的計畫。包括參評作品的法律規範和在後十年中對該口頭及非物質遺產的保護、保存、支持和使用的辦法。這個行動計畫要對所提出的措施和措施的執行提出完整的說明，並要充分考慮對傳統傳承機制的保護。

2. 協調行動計畫與保護民間傳統文化建議的預定措施之間；以及其和聯合國教科文組織的宗旨之間關係的具體辦法。

3. 促使有關群體對他們自己的口頭及非物質遺產進行保護和利用所要採取的措施。

4. 社區和（或）政府內監督其參評的口頭及非物質遺產作品與申報的作品永久性的監督機關名稱。

申報文本相關的評選檔齊全。包括卡片、攝影、幻燈、錄音、錄影及其它有用材料。對作品要有分析說明，並備有完整的參考書目。

Q25 誰來評審這些「非物質文化遺產」的申請？

評審團的組成：聯合國教科文組織總幹事要在各成員國、非政府組織及秘書處提名的基礎上，每四年任命一個包括九名成員的評審團。這個評審團的工作方式由「聯合國教科文組織宣佈人類口頭及非物質遺產優秀作品的國際評審團工作規則」來確定。

Q26 評選「非物質文化遺產」的標準是什麼？

在評定工作中評審團及其專家們，把規則中的第一條作為主要條件：即，參選作品應該具備體現人類的創造天才的優秀作品的特殊價值。因此，為了讓評審團注意到這一點，參評作品的特殊價值要從以下方面得到體現：

1. 具有特殊價值的非物質文化遺產的集中體現。

2. 或者在歷史、藝術、人種學、社會學、人類學、語言學及文學方面有特殊價值

的民間傳統文化表達。

3. 還必須符合「聯合國教科文組織宣佈人類口頭及非物質遺產優秀作品」規則的五項條件：

A 表明其深深紮根于文化傳統或有關社區文化歷史之中。

B 能夠作為一種手段對民間的文化特性和有關的文化社區起肯定作用，在智力借鑑和交流方面有重要價值，並促使各民族和各社會集團更加接近，對有關的群體起到文化和社會的現實作用。

C 能夠很好開發技能，提高技術品質。

D 對現代的傳統具有唯一見證的價值。

E 由於缺乏搶救和保護手段，或加速的演變過程、或城市化趨勢，或適應新環境文化的影響而面臨消失的危險。

Q27 「非物質文化遺產」可以申請國際資助嗎？如何申請？

「非物質文化遺產」可以申請下述二種國際資助：

1. 用於支付制定申報文本的費用（預備性資助）。

2. 用於鼓勵對已公佈為人類「非物質文化遺產」的文化空間或文化表達形式的搶救、保護、開發利用等工作的實施（保護資助）。

另外，聯合國教科文組織還可以為申報文本的製作和專案的行動計畫之實施提供智力資源。

要獲得預備資助金，國家主管機關應該提出申請，包括對文化空間或文化表達形式的簡介和對參評作品申報文本製作費用的估算。為使秘書處對該申請能充分考慮，會員國的主管機構要把申報的文化空間或文化表達形式列在表中。聯合國教科文組織對於預備資助金的批准從未超過估算總金額的三分之二。

要獲得保護資助金，列入申報表中的專案負責人員都可以徵得國家主管機關的同意後提出對專案搶救、保護和實施的資金申請，並提供一個估算。秘書處根據提供資金的可能性，並向評審團的專家進行必要諮詢後，提供所估算的部分或全部資金。

Q28 「非物質文化遺產」的評審辦法？

評審認證包括：

1. 簡短歷史和地理情況的描述的評審認證；

2. 針對參評作品的評審條款認證；

3. 世界同地區申報專案的對比研究的評審認證；

為了使評審團能夠對行動計畫進行公正的評審，聯合國教科文組織：

1. 委託公眾權力機構或非政府組織，對文化價值進行搶救、維護、立法保護、傳遞及傳播；

2. 在尊重國家和地方傳統的原則下，建立合適的管理機制，並建立實施有效的控制機制；

3. 採取措施使社團或個人瞭解遺產的價值和保護遺產的重要性；

4. 賦予有關社團職權和利益；

5. 賦予遺產的擁有者的職權；可採取以下措施：

   (1) 在地方集團的內部對遺產進行保護和利用。

   (2) 對傳統文化進行登記，建立必要的文案，以便於研究人員在全國和國際範圍內能得到資訊，鼓勵對遺產的維護進行科學研究。

   (3) 關注遺產的擁有者，提高技能、技術和文化表達形式的水準。

   (4) 關注遺產的擁有者，把他們的技能、技術和文化形式、傳給學員和社會上的年輕人。

Q29 世界記憶（名錄）工程（Memory of the World）的目標為何？

世界記憶工程有四個目標，它們不僅同等重要，而且互為補充：

1. 保護：採用最適當的手段保護具有世界意義的文獻遺產，並鼓勵對具有國家和地區意義的文獻遺產的保護；

2. 利用：使文獻遺產得到最大限度的，不受歧視的平等；

利用（這裡強調的是利用的民主化，即只要是根據本國檔案法可以開放的檔案文獻，就應該對任何人的利用要求一視同仁，包括外國公民。）

（同時，世界記憶工程強調保護和利用的同等重要性。它們就好比是一枚硬幣

的兩面，保護的目的是提供利用，而利用則是爭取政府和社會的支持和獲取資助的最有效的手段）；

3. 產品的銷售：開發以文獻遺產為基礎的各種產品並廣泛推銷（贏利所得的資金也用於文獻遺產的保護）；

4. 認識：提高世界各國對其文獻遺產、特別是對具有世界意義的文獻遺產的認識。

Q30 《世界記憶名錄》登錄選擇的標準？

1. 全球性的影響層面。

2. 評估是比較性和相對性。

3. 第一評估標準——真實性（原真性）。

4. 第二評估標準——具有世界重要性：獨特不可取代。

5. 第三評估標準——符合一個以上的下列標準：時、地、人、主題、形式與風格。

6. 也考慮下列因素：稀有性、完整性、威脅與管理計畫。

7. 作業準則由國際顧問委員會（IAC-The International Advisory Committee）建立。

Q31 世界記憶工程及《世界記憶名錄》的管理結構是哪些單位？以及他們的任務是什麼？

世界記憶工程及《世界記憶名錄》建立了以下三級管理結構：

1. 國際諮詢委員會（IAC-The International Advisory Committee）；

2. 世界記憶工程地區委員會（Memory of the World Regional Committee）和全國委員會（Memory of the World National Committee）；

3. 秘書處。

國際諮詢委員會是聯合國教科文組織的常設委員會，它有十～十五名委員和一定數量的觀察員。委員由聯合國教科文組織總幹事任命，他們以個人身分參加委員會的工作。

國際諮詢委員會負責監督整個計畫，指導計畫的規劃與實施，並就該計畫的任何方面的問題向教科文組織總幹事提出建議。它的主要任務是：

◎ 評價並建議申報文獻遺產是否登錄於《世界記憶名錄》；

◎ 向申請國際資助建議的專案核訂劃撥資金；

◎ 批准選為世界記憶工程的非教科文組織資助的專案；

◎ 籌集資金；

◎ 評價並建議從《世界記憶名錄》中除名；

世界記憶工程通過鼓勵建立地區級和國家級委員會來開展活動。

世界記憶工程地區委員會：亞太地區級委員會（MOWCAP- Memory of the World Committee for Asia／Pacific）於1998年成立的。

世界記憶工程全國委員會：迄今為止，全世界已有三十二個國家建立了世界記憶工程國家委員會。

秘書處則設於聯合國教科文組織內，負責世界記憶工程推動及《世界記憶名錄》申請過程之整體聯繫協調。

Q32 申報《世界記憶名錄》的意義為何？

對文獻遺產來說，將其列入《世界記憶名錄》會大大提高其地位。名錄的申報工作是提高各國政府、非政府組織、基金會和廣大人民群眾對其遺產的重大意義的認識的重要工具，並且有助於從政府和捐助者那裡獲得資助。

世界記憶工程建立了一個世界記憶基金。各國的全國委員會、各國政府、非政府組織、國際諮詢委員會等都可以提名文獻遺產接受世界記憶基金的資助。資助用於保護和使用列入《世界記憶名錄》的文獻遺產，但也有極少量的資金可用於為建議列入《世界記憶名錄》的文獻遺產制定管理計畫。

被列入《世界記憶名錄》的檔案可以使用世界記憶工程的標誌（如下圖）。這個標誌可用於各種宣傳品，包括招貼畫和旅遊介紹等。它將大大提高該文獻遺產的知名度，以及收藏這份檔案的檔案館的知名度。

2009年7月31日經由IAC選出新的LOGO（Memory of the World） Copyright：UNESCO

Q33 何謂「世界記憶工程亞太地區委員會」?

1997年12月，聯合國教科文組織亞太地區分部和中國國家檔案局在中國廈門市聯合召開了亞太地區第一次專家會議，參加會議的除中國和聯合國教科文組織的代表以外，還有來自馬來西亞、巴基斯坦、菲律賓和韓國的代表共十三人。代表們認為，雖然這項工作對發展中國家非常重要，但亞太地區對世界記憶工程瞭解很少，還沒有給予足夠的重視，許多國家還沒有建立世界記憶工程國家委員會。考慮到這個現狀，會議建議成立世界記憶工程亞太地區委員會，以加強宣傳工作，促進世界記憶工程在本地區的開展。

1998年11月，世界記憶工程亞太地區委員會（MOWCAP-Memory of the World Committee for Asia／Pacific）成立大會在北京召開。委員會除了一位主席外，同時配有三位副主席，分別代表東亞、南亞和太平洋地區。

第二屆委員會大會於2005年11月在菲律賓的馬尼拉召開。第三屆委員會大會於2008年2月在澳大利亞的坎帕拉召開。下一屆委員會大會將於2010年3月在澳門召開。

目前（2009年11月）世界記憶工程亞太地區委員會的主席為澳大利亞籍的 Mr. Ray EDMONDSON，副主席為菲律賓籍的Ms. Carmen PADILLA。

委員會的秘書長是香港歷史檔案處處長朱福強（Mr. Simon Fook-keung CHU），秘書處設在馬來西亞國家檔案館。

亞太地區委員會考慮到本地區有大量檔處於破損狀態，庫房不足和保護條件差等問題比較突出，建議採取地區間合作，共同解決破損檔案的搶救問題，主要包括：

◎ 棕櫚葉手稿（印度、斯里蘭卡、尼泊爾、老撾、不丹、泰國）

◎ 印刷史（中國、日本、韓國）；

◎ 分散在本地區需要搶救的重要膠片；

◎ 本地區的口述史檔，包括民間藥方等；

◎ 自由運動檔（巴基斯坦、印度、孟加拉、英國）；

◎ 亞太地區電影史。

Q34 中國大陸有什麼《世界記憶工程》的配合組織? 以及國內有哪些相關配合單位?

中國世界記憶工程國家委員會是1995年成立的，參加單位有聯合國教科文中國全

國委員會（全委會）、國家檔案局、國家圖書館和國家資訊情報研究所。通常中國世界記憶工程全國委員會的主席是由「國家檔案局」或「中央檔案館」的相關領導擔任。

Q35 如何提交《世界記憶名錄》提名登記？

《世界記憶》可由任何人或組織提出，包括政府與非政府組織。但經由（或透過）相關區域或全國性委員會，或透過聯合國教科文相關全國委員會提出者優先。受到威脅的文獻遺產亦得優先。

一般性規則是每二年（下次會期是在2011年）每個國家限提二件。當搜藏分散在數個擁有者或監護者時，二個以上國家或組織可以共同提名。它鼓勵重要的合作案，共同提出夥伴數量不限，提名件數不算於上述每個國家限提二件的限額。

一般而言，因為《世界記憶》登錄受理機構為聯合國教科文組織（UNESCO）秘書處，UNESCO秘書處會委請國際顧問委員會（IAC-The International Advisory Committee）負責審理，而由亞太地區所提出的申請案件，IAC會先將申請案件送交亞太地區級委員會（MOWCAP-Memory of the World Committee for Asia／Pacific）審查（針對亞太地區國家或地區而言），最後才送回UNESCO秘書處做最後的決定。

因此除了申請由中國國家的「中國世界記憶工程國家委員會」外，亞太地區級委員會（MOWCAP-Memory of the World Committee for Asia／Pacific）與國際顧問委員會（IAC-The International Advisory Committee）也是申請《世界記憶名錄》的重要審理機構。

Q36 目前中國大陸有哪些已入選《世界記憶名錄》？

《世界記憶名錄》收編的是符合世界意義入選標準的文獻遺產，是世界記憶工程的主要名錄。目前，中國大陸已有五項文獻遺產入選《世界記憶名錄》，分別是：《傳統音樂錄音檔案》（1997年入選，中國藝術研究院圖書館藏）、《清朝內閣秘本檔》（1999年入選，中國第一歷史檔案館藏）、《清代大金榜》（2003年入選，中國第一歷史檔案館藏）、《納西東巴古籍文獻》（2005年入選，雲南省社會科學院東巴文化研究所藏），《清代樣式雷建築檔案》（2007年入選，中國國家圖書館申報）。

Q37 地區和國家《記憶名錄》

除《世界記憶名錄》以外，世界記憶工程還鼓勵建立地區和國家名錄。這兩個名錄主要收集具有地區和國家意義的文獻遺產。地區和國家名錄並非在重要性上次於世界記憶名錄，而是加強保護具有地區和國家意義的文獻遺產的積極手段。其中《中國檔案文獻遺產名錄》就是中國大陸的國家級名錄。

Q38 中國大陸有屬於國家級的記憶名錄嗎？

中國大陸作為歷史悠久的文明古國，保存著大量的珍貴文獻。目前保存在全國各級各類檔案館、圖書館、博物館中的全國重點檔案文獻僅新中國成立前的就有一千七百餘萬卷（冊），上至唐代，下至民國等不同歷史時期都有一定數量的留存，這些檔案文獻在一定程度上反映了中華民族不同時期的經濟、文化生活。

為喚醒和加強全社會的檔案文獻保護意識，有計劃、有步驟地開展搶救、保護中國檔案文獻遺產，中國國家檔案局於2000年正式啟動了「中國檔案文獻遺產工程」。工作機構由「中國檔案文獻遺產工程」領導小組、國家諮詢委員會和辦公室組成。「國家諮詢委員會」委員均是國內文獻、檔案、圖書、古籍、史學界著名的學者、專家。「中國檔案文獻遺產工程」工作與全國重點檔案搶救工作是緊密相聯的，選擇的是重點檔案中的珍品，是重中之重。

Q39 目前《中國檔案文獻遺產名錄》有那些？

一、首批於2002年3月公佈的「中國檔案文獻遺產」名單如下：

1. 尹灣漢墓簡牘中的西漢郡級檔案文書
2. 《宇妥·元丹貢布八大密訣》手寫本
3. 唐代開元年間檔案
4. 西夏文佛經《吉祥遍至口和本續》
5. 元代檔案中有關西藏歸屬問題的檔案
6. 元代第七任帝師桑結貝給塔巴貝的封文
7. 《明太祖洪武二十五年實錄稿本》（部分）
8. 明代「金書鐵券」

9. 明代徽州土地產權變動和管理文書

10. 明代諫臣楊繼盛遺書及後人題詞

11. 清代皇帝對鄂爾多斯蒙古王公的誥封

12. 清代玉牒

13. 清代金榜

14. 清代宋昊所著《剿撫澎台機宜》

15. 清代、民國阿拉善霍碩特旗檔案

16. 貴州省「水書」文獻

17. 《般若波羅蜜多經八千頌》檔案文獻

18. 康熙、雍正、幹隆三朝皇帝給新疆蒙古吐爾扈特部落的敕書

19. 清代五大連池火山噴發滿文檔案

20. 大生紗廠創辦初期的檔案

21. 清代獲鹿縣永壁村保甲冊

22. 清代秘密立儲檔案

23. 江南機器製造局檔案

24. 清代《八省運河泉源水利情形總圖》

25. 清代《清漾毛氏族譜》

26. 清代吉林公文郵遞實寄郵件

27. 中國近代郵政起源檔案

28. 漢冶萍煤鐵廠礦有限公司檔案

29. 中國北方地區早期商會檔案

30. 湯壽潛與保路運動檔案

31. 蘇州商會檔案（晚清部分）

32. 蘭州黃河鐵橋檔案

33. 《京張路工撮影》

34. 清代吉林打牲烏拉捕貢山界與江界全圖

35. 雲南護國首義檔案

36. 孫中山手跡──「博愛」題詞

37. 中山手稿──致日本友人犬養毅函稿

38. 中山陵檔案

39. 廣州中山紀念堂建築設計圖紙

40. 民國時期的中國西部科學院檔案

41. 錢塘江橋工程檔案

42. 抗戰時期華僑機工支援抗戰運輸檔案

43. 老舍著《四世同堂》手稿

44. 周恩來總理修改的中印總理聯合聲明草案

45. 周恩來總理在亞非會議全體會議上的補充發言手稿

46. 中華人民共和國開國大典檔案

47. 納西族東巴古籍

48. 永州女書檔案文獻

二、第二批於2003年10月10日入選的「中國檔案文獻遺產」名單如下：

1. 利簋（中國國家博物館）

2. 焉耆―龜茲文文獻（中國國家圖書館）

3. 唐代「謹封」銅印檔案文獻（青海省檔案館）

4. 明代洪武皇帝頒給攔思公失監的聖旨（西藏自治區檔案館）

5. 大明混一圖（中國第一歷史檔案館）

6. 《永樂大典》（中國國家圖書館）

7. 明代徽州江氏家族分家鬮書（安徽省黃山市檔案館）

8. 戚繼光簽批的申文（遼寧省檔案館）

9. 史家祖宗畫像及傳記、題跋（寧波市江東區檔案館）

10. 彝族文獻檔案（雲南省楚雄州檔案館）

11. 清初世襲罔替誥命（中國第一歷史檔案館）

12. 清代四川南部縣衙門檔案文獻（四川省南充市檔案館）

13. 四川自貢鹽業契約檔案文獻（四川省自貢市檔案館）

14. 清代樣式雷圖檔（中國國家圖書館）

15. 長蘆鹽務檔案（河北省檔案館）

16. 英國國王喬治三世致乾隆皇帝信（中國第一歷史檔案館）

17. 林則徐、鄧廷楨、怡良合奏虎門銷煙完竣折（中國國家博物館）

18. 「日升昌」票號、銀號檔案文獻（中國第二歷史檔案館、中國票號博物館、山西省平遙縣檔案局聯合申報）

19. 圖琳固英族譜（遼寧省喀左縣檔案館）

20. 江漢關檔案文獻（湖北省檔案館）

21. 清代末年至中華人民共和國成立前九龍關管轄地區圖（廣東省檔案館）

22. 昆明教案與雲南七府礦權的喪失及其收回檔案文獻（雲南省檔案館）

23. 吐魯番維吾爾郡王額敏和卓及其後裔家譜（新疆維吾爾自治區檔案館）

24. 上海總商會檔案（上海市檔案館）

25. 清代內蒙古墾務檔案（內蒙古自治區檔案館）

26. 大清國致荷蘭國國書（中國第一歷史檔案館）

27. 清代呼蘭府《婚姻辦法》檔案文獻（黑龍江省檔案館）

28. 孫中山與南京臨時政府檔案史料（中國第二歷史檔案館）

29. 清宣統皇帝溥儀退位詔書〔中國國家博物館〕

30. 韓國鈞《朋僚函箚》檔案文獻（江蘇省檔案館）

31. 《共產黨宣言》中文首譯本（中國國家圖書館、中國國家博物館、上海市檔案館、浙江省上虞市檔案館聯合申報）

32. 百色起義檔案史料（廣西壯族自治區檔案館）

33. 長征史料（中央檔案館）

34. 冼星海《黃河大合唱》手稿（中國藝術研究院）

35. 民間音樂家阿炳六首樂曲原始錄音（中國藝術研究院）

Q40 世界記憶工程的三個資料庫？

世界記憶工程除了《世界記憶名錄》外，也建立了三個資料庫，它們是：

1. 失去的記憶：二十世紀一百多個國家的檔案館和圖書館由於災害而損失的無法替代的檔案文獻。如在兩次世界大戰中被毀或嚴重受損的成千上萬個檔案館和圖書館；在一些國家發生的大規模銷毀檔案的事件。

2. 瀕危的記憶。

3. 目前的活動：該資料庫列出了當前世界各地圖書館正在進行的重大的圖書保護活動。

通過世界記憶工程的網址，我們可以看到該專案的大量資訊，不僅可以瞭解世界記憶工程目前開展的各項活動，還可以鏈結各國與世界記憶工程有關的網址。

世界記憶工程的網址為 http://portal.unesco.org/ci/en/ev.php-URL_ID=1538&URL_DO=DO_TOPIC&URL_SECTION=201.html

Q41「創意城市聯盟」（the Creative Cities Network）設立的目的為何？

創意城市聯盟是聯合國教科文組織全球多樣性文化聯盟（Cultural Diversity Network）的一個部分，設立於2002年。創意城市聯盟設立的目的為在聯結全球創意城市網路。此創意城市聯盟專案旨在把以創意和文化作為經濟發展最主要元素的各個城市聯結起來形成一個網路。在這個網路的平臺上，成員城市相互交流經驗、互相支援，幫助網路內各城市的政府和企業擴大國內和國際市場上多元文化產品的推廣。

Q42「創意城市聯盟」（the Creative Cities Network）有哪些內容？

加入聯合國教科文組織「創意城市聯盟」網路的城市被分別授予七種稱號：「文學之都」、「電影之都」、「音樂之都」、「設計之都」、「媒體藝術之都」、「民間藝術之都」和「烹飪美食之都」。

其中以「設計之都」最為熱門，目前已經命名的六個「設計之都」是：柏林、布宜諾賽勒斯、蒙特利爾、名古屋、神戶和深圳。其他已經加入該網路的城市包括「民間藝術之都」——埃及的阿斯旺和美國的聖達菲；「烹飪之都」——哥倫比亞的波帕揚；「文學之都」——英國的愛丁堡、澳大利亞的墨爾本和美國的愛荷華市；「音樂之都」——義大利的博洛尼亞和西班牙的塞維利亞等。中國大陸的上海、成都、廈門也在爭取加入該網路，廈門擬申請「音樂之都」，成都擬申請「美食之都」，而上海一直在爭取「設計之都」稱號。

中國大陸目前已有三個城市加入創意城市聯盟（深圳——設計之都，上海——設計之都，成都——美食之都，截至2010年4月止）。

Q43 申請加入全球創意城市網路的相關前提條件？

1. 擁有相當規模的設計業；

2. 擁有以設計和現代建築為主要元素的文化景觀；

3. 擁有典型的城市設計；

4. 擁有前衛的設計流派；

5. 擁有設計人員和設計者團體；

6. 擁有各類專門的設計博覽會、活動和設計展的傳統；

7. 為本土設計者和城市規劃人員提供機會，使之能夠利用當地的材料和各種城市自然條件的優勢從事創作活動；

8. 擁有為設計領域的收藏家開辦的市場；

9. 擁有根據詳細的城市設計和發展規劃建立起來的城市；

10. 擁有以設計作為主要推動力的創意型產業，如珠寶、家俱、服裝、室內裝飾等。

Q44 申請文學之都（The City of Literature）的條件為何？

1. 編輯出版業機構的品質，數量以及多樣性；

2. 本土文學或者外國文學在中小學以及大學的教育規劃方案

3. 讓文學，戲劇和詩歌發揮完整作用的城市環境；

4. 具備舉辦本土文學和外國文學領域的文藝活動和節日之經驗；

5. 對本土文學和外國文學的保護、提升和傳播作出貢獻的圖書館，書店以及公眾或者私人文化中心；

6. 出版業在翻譯不同國家語言的文學作品方面上所取得的努力和成就；

7. 新媒體在提升文學發展和增強文學作品市場發揮積極作用。

Q45 申請電影之都（The City of Cinema）的條件為何？

1. 與電影有關的重要基礎設施，如電影工作室，電影景觀／環境等等；

2. 與電影的產品，發行和商品化有關的歷史；

3. 舉辦電影節，選秀以及其他與電影相關的活動經驗；

4. 本地、地域和國際水準的合作積極性；

5. 電影遺產以檔、博物館、私人的收集或電影學會的形式存在；

6. 電影製作單位和培訓中心；

7. 致力推廣本地或者本國製作的電影；

8. 鼓勵對國外電影知識共用的首創精神。

Q46 申請音樂之都（The City of Music）的條件為何？

1. 公認的音樂創造和活動中心；

2. 舉辦具有國家級別和國際水準的音樂節日和活動經驗；

3. 促進音樂產業全方位發展；音樂流派、音樂學校、音樂專業的學術機構和高校研究所；

4. 音樂教育領域的非正式組織，包括業餘唱詩班和管弦樂隊；

5. 關注特殊音樂流派和外國音樂的國內或國際平臺；

6. 適合練習、欣賞音樂的文化空間，如戶外禮堂。

Q47 申請民間藝術之都（The City of Folk Art）的條件為何？

1. 具有悠久歷史傳統的特殊手工藝術或者民間藝術；

2. 擁有大量的當代手工藝術和民間藝術產品；

3. 手工藝製作者和當地藝術家的強大陣容；

4. 手工藝術和民間藝術方面的職業培訓中心；

5. 促進手工藝和民間藝術發展的成就（節日、展覽、市場、市集等）

6. 手工藝和民間藝術的基礎設施，如博物館、手工藝品商店、當地藝術市集等。

Q48 申請設計之都（The City of Design）的條件為何？

1. 已確立的設計產業；經過設計的城市風景和已建造的城市環境（建築、城市規劃、公共空間、紀念碑、運輸、標記和資訊系統、凸版印刷等等）；

2. 設計學校和設計研究中心；由創意者和設計者組成的實踐團體，有地方和國家層面的持續實踐活動；舉辦設計市集，活動和展覽的經驗；

3. 地方設計者和城市規劃利用地方元素和城市／自然條件進行設計的機會；

4. 設計推動創意產業，如建築物和室內、時尚和紡織品、珠寶和附件、交互設計、城市設計，與可持續設計等等。

Q49 申請媒體藝術之都（The City of Media Arts）的條件為何？

1. 數位技術引發文化創意產業的發展；
2. 綜合媒體藝術改變城市的生活方式；
3. 成長中的電子藝術形式，尋找參與社會的機會；
4. 通過數位技術的發展，拓展文化視角；
5. 針對媒體藝術家的高級培訓計畫和其他工作室空間；
6. 在資訊技術和數位媒體中完成的城市嬗變。

Q50 申請烹飪之都（The City of Gastronomy）的條件為何？

1. 已經發展很好的具有城市中心或地方特色的美食方法；
2. 充滿活力的美食社區，有許多傳統的餐館和廚師；
3. 傳統烹調方法使用的內在成分；
4. 在工業／技術進步中一直保存下來的本地知識，傳統烹調手法和烹調方法；
5. 傳統食品市場和傳統食品產業；
6. 舉辦與烹飪有關的傳統節日，獎項，競賽以及其他有著廣泛讚譽的活動；
7. 保護環境、發揚可持續發展的地方產品；
8. 培養公眾的正確評價、提升教育機構的營養學知識，包括烹飪學校課程的生物多樣性保護計畫。

Q51 申請時需提交的材料和證明為何？

1. 政治和財政支持；
2. 在申請領域擁有的傳統；
3. 當代文化創作和文化氛圍；
4. 現有產業；
5. 基礎設施；

6. 國際形象及前景;

7. 教育和培訓活動;

8. 公眾的關注。

Q52 該由誰申請「全球創意城市網路」?

申請過程的相關人物

1. 指定協調人(point person)要求:申請城市應指定一～二人為指定協調人,此協調人要掌握城市文化創意產業的權威資訊,並有廣泛的社交圈子。 職責:作為和聯合國教科文組織與申請城市的聯絡者,聯繫城市內外機構與個人,協調申請過程。

2. 管理團隊(Management Group):申請城市應指定三~四人組成的核心團隊,有共同工作經驗的成員,來自公共部門、私人企業和民間組織,能夠為申請專案的帶來不同的視角和背景。

3. 籌畫指導委員會(Steering Committee):申請城市應準備一份籌畫指導委員會成員(通常有十～二十位)的初步名單,用於評估申請的可能範圍和城市創意團體的參與水準。

Q53 如何準備遞交申請報告?申請文本要有哪些內容?

準備階段由申請城市應指定一～二指定協調人負責,其職責包括:負責研究機構的運轉,起草文本,確定申請文本的最後方案。

申請文本要有城市文化資產(Cultural Assets,包括基礎設施,教育,公眾的參與性等等)的陳述要求能夠體現其研究領域的寬度和深度。

1. 管理團體資訊(Management Group Information)

申請創意城市聯盟的類型(如設計之城、文學之城等);重要人物的資訊(姓名和聯繫方式);管理團隊成員資訊(姓名和頭銜);指導委員會成員資訊(姓名和頭銜);遞交的時間。

2. 目錄(Table of Contents)

3. 摘要(Executive Summary)

陳述（創意城市聯盟）城市文化建設的目標和任務。

4. 城市資訊（Description of the City）

地理位置和面積；城市佈局；人口；文化基礎設施；創意經濟（事件和資料）；社會；金融；政治。

5. 文化資產（Cultural Assets，按照城市選擇的主題類型）：城市創意產業的發展領域 與所申請創意城市聯盟的類型要保持一致。

相關的申請過程資訊網頁位址為

http://portal.unesco.org/culture/en/ev.php-URL_ID=35257&URL_DO=DO_TOPIC&URL_SECTION=201.html）

Q54 目前（至2009年9月止）有些城市被聯合國教科文組織指定為創意城市聯盟的入選名單？

目前全球有十九個城市加入創意城市聯盟，其中文學之都有三個，電影之都一個，音樂之都四個，民間藝術之都三個，設計之都六個，媒體藝術之都一個，與美食之都一個（截至2009年9月止）。

愛丁堡，英國——文學之都 2004年10月

聖達菲，美國——民間藝術之都 005年7月13日

波帕揚，哥倫比亞——美食之都 2005年8月11日

布宜諾賽勒斯，阿根廷——設計之都 2005年8月24日

阿斯旺，埃及——民間藝術之都 2005年9月1日

柏林，德國——設計之都 2005年11月2日

塞維利亞，西班牙——音樂之都 006年3月30日

蒙特利爾，加拿大——設計之都 2006年5月12日

博洛尼亞，義大利——音樂之都 2006年5月29日

里昂，法國——媒體藝術之都 008年6月18日

墨爾本，澳大利亞——文學之都 2008年8月13日

格拉斯哥，英國——音樂之都 2008年8月13日

名古屋，日本——設計之都 2008年10月16日

神戶，日本──設計之都　2008年10月16日

艾奧瓦城，美國──文學之都　2008年11月19日

深圳，中國──設計之都　2008年11月19日

布萊德福，英國──電影之都　2009年6月8日

根特，比利時──音樂之都　2009年6月8日

金澤，日本──民間藝術之都　2009年6月8日

Q55 亞太文化遺產獎（UNESCO Asia-Pacific Heritage Awards for Culture Heritage Conservation）設立的目的為何？

在亞太地區，UNESCO支持各個層級的保護活動，特別是鼓勵私人對地區性文化遺產的保護。亞太文化遺產獎的設立是為了認可個人或組織在私人的與私人／公眾間成功地在區域內修復遺產的價值。此獎項是UNESCO在泰國UNESCO亞太文化分部配合聯合國教科文組織（UNESCO）對於文化領域的全球戰略推動目標而生的獎項。

Q56 申報亞太文化遺產獎情況？

自從2000年至今（2009年）UNESCO已經收到來自二十三國家的三百一十一項申請，形成來自從私人居所到宮殿群極廣泛的保護計畫。在這幾年來，亞太地區顯示出強勁的勢頭與多層面的項目出現。並且在2005年UNESCO推出了對於有創新的遺產獎項給那些在當代與歷史語境很好地融為一體的傑出新建築。

在2009年第十輪（每年一次，從2000年開始）的受理案件，總共收到有五十二項申請「2009年聯合國教科文組織亞太文化遺產獎」。評審會在2009年6月24至26日於泰國曼谷聯合國教科文組織挑選出今年的獲獎名單。

其中的四十八件是申請遺產保護獎項，四件是申請創新獎項（認為是新的建築結構能夠和諧地融合在歷史語境中）。此申請分別來自亞太地區的十五個國家：澳大利亞（Australia）、高棉（Cambodia）、中國大陸（China）、印度（India）、印尼（Indonesia）、伊朗（Iran）、蒙古國（Mongolia）、尼泊爾（Nepal）、紐西蘭（New Zealand）、巴基斯坦（Pakistan）、菲律賓（Philippines）、韓國（Republic of

Korea）、新加坡（Singapore）、泰國（Thailand）及越南（Viet Nam）。

其中，中國大陸申請七件，印度申請十四件，伊朗申請七件，此三國家即佔據亞太地區所有申請案件的一半以上。

Q57 2009年亞太文化遺產獎（UNESCO Asia-Pacific Heritage Awards for Culture Heritage Conservation）中國報名申請的名單有那些？ 以及獲選的為何？

1. 中國大陸報名申請的名單為：

Cao Shi Ancestral Hall, Foshan 曹石氏宗祠，佛山市

Creative Shanghai, Shanghai 濱江文化創意產業園，上海

Former Royal Air Force Officers' Mess, Hong Kong SAR 前英國皇家空官食堂，香港特區

Heritage Buildings, Cicheng Historic Town, Cicheng, Zhejiang Province 文物建築，歷史古城慈城，慈城，浙江省

Huai Hai Lu 796, Shanghai 淮海路796號，上海

Loo Island in Peking University, Beijing 北京大學-未名湖，北京

Sangzhutse Fortress, Shigatse, Tibet 桑珠孜宗堡，日喀則，西藏

2. 中國大陸獲選為2009年亞太文化遺產獎的名單是：

Huai Hai Lu 796, Shanghai 淮海路796號，上海

3. 此外，中國甘肅毛寺生態實驗小學（Maosi Ecological Demonstration Primary School）獲選為創新獎項：在當代能與歷史語境有很好的融為一體的傑出新建築。

Q58 中國大陸對於物質遺產保護存在哪些法律法規？

中國大陸對於物質性歷史文化遺產保護的法律、法規和條例主要有國家層面的《中華人民共和國文物保護法》、《歷史文化名城名鎮名村保護條例》和《城市紫線管理辦法》；省級法律法規主要包括各省相對應的歷史文化名城保護法規，例如《北京歷史文化名城保護條例》、《上海市歷史文化風貌區和優秀歷史建築保護條例》、《山東省歷史文化名城保護條例》、《河南省歷史文化名城保護條例》等。同時各主要歷史文化名城還編制了相應的保護法規，例如《昆明歷史文化名城保護條例》、《無錫市歷史文化名城保護辦法》、《無錫市歷史街區保護

辦法》、《蘇州市歷史文化名城名鎮保護辦法》等。

此外對於某些具有特定影響的歷史文化遺產，各級政府編制有相應的保護條例，例如2006年12月1日開始實施的《長城保護條例》，是針對單體文物出臺的專項保護法規；《福州市三坊七巷、朱紫坊歷史文化街區保護管理辦法》是對於具體歷史街區的特定管理辦法。

Q59 中國大陸對於歷史遺產保護的主要對象？

中國大陸對於物質遺產保護的主要對象可以劃分為：歷史文化名城、歷史文化名鎮名村、歷史文化街區、保護建築和文物。

歷史文化名城和歷史文化名鎮名村，是指經國務院或省人民政府批准並公佈的具有重要歷史文化價值或革命紀念意義的城市、集鎮和鄉村。

歷史文化街區是指經國家有關部門、省、市、縣人民政府批准並公佈的文物古跡比較集中，能較完整地反映某一歷史時期的傳統風貌和地方、民族特色，具有較高歷史文化價值的街區和建築群等等。

Q60 中國大陸歷史文化名城和歷史文化街區的認定標準？

歷史文化街區的認定需要符合以下的標準：即歷史建築集中成片，建築樣式、空間格局和街區景觀較完整地體現城市某一歷史時期地域文化特點的地區，可以確定為歷史文化街區。

歷史文化名城的認定應當具有以下的條件：（一）保存文物特別豐富；（二）歷史建築集中成片；（三）保留著傳統格局和歷史風貌；（四）歷史上曾經作為政治、經濟、文化、交通中心或者軍事要地，或者發生過重要歷史事件，或者其傳統產業、歷史上建設的重大工程對本地區的發展產生過重要影響，或者能夠集中反映本地區建築的文化特色、民族特色。

申報歷史文化名城的，在所申報的歷史文化名城保護範圍內還應當有二個以上的歷史文化街區。

Q61 對歷史文化古城和街區規劃應調查的現狀內容？

現狀調查和分析研究包括：歷史沿革；歷史文化遺產調查（包括物質遺產和非物質遺產）；風貌特色分析；古城區用地使用現狀分析；古城區社會生活現狀分析；古城區建築現狀分析（包括每幢建築風貌、品質、價值、產權、建築年代等）；古城區空間景觀現狀分析；古城區道路交通現狀分析；旅遊現狀分析等。

Q62 中國大陸對物質遺產保護的規劃體系的內容？

對於物質遺產保護的規劃體系包括以下幾個層次：《歷史文化名城保護總體規劃》及相關專項規劃、《歷史文化名城保護控制性詳細規劃》、《歷史文化街區修建性詳細規劃》，城市總體及相關區域規劃需要符合歷史保護規劃的原則。

Q63 物質遺產保護規劃的重點與內容？

歷史文化名城保護總體規劃的內容應當包括：

1. 歷史文化價值概述，歸納概括歷史文化名城的歷史文化特色；

2. 保護原則和重點，明確保護的對象，提出保護綱領；

3. 保護的範圍和等級確定，劃定單個文物點、歷史地段、歷史文化保護區、風景保護區的範圍以及保護的等級，提出明確的保護和整治要求；

4. 古城區保護與更新模式的確定；

5. 古城區的人口規模控制，用地性質和佈局調整，道路交通規劃；

6. 古城區建築高度控制，視線通廊保護；

7. 古城區空間形態保護；

8. 古城區綠化系統和生態保護規劃；

9. 古城區環境保護和綜合防治；

10. 歷史文化名城發展規劃；

11. 重要歷史文化遺產的修整、利用、展示的規劃意見；

12. 規劃實施管理的措施。

Q64 歷史街區保護的空間劃定

對歷史街區的保護是在歷史文化名城中採用最多的做法，其中可在空間上具體細分為核心保護區、嚴格控制區和周邊緩衝區等三類不同等級的控制區域。核心保護區主要指列入文物保護名單或者保護建築名單的核心保護物件區域，該區域執行最嚴格的保護規定；嚴格控制區是核心保護區周邊具有較好的歷史文化，有一定的保護建築和風貌的區域，嚴格控制區將以建築物的修繕保護和整體歷史文化風貌的維護為重點；周邊緩衝區是歷史街區和周邊城市街區逐漸過渡的區域，該區域注重歷史文化與城市風貌的良好融合。

Q65 歷史文化名城保護中存在的問題？

1. 少數地區的領導及群眾重視不夠、保護意識還不到位；
2. 有法不依，經費投入不足；
3. 對歷史文化名城及該名城的名人、文物的研究不足；
4. 名城資源的利用存在過度和不足的矛盾；
5. 名城擁有的名特優產品和風味食品的純正性受到損害；
6. 旅遊從業人員文化素養亟待提高；
7. 有的名城、名鎮、名村、名建築存在諸如安全隱患等多項問題。

Q66 保護不力的中國大陸歷史文化名城名鎮名村的處理辦法？

在歷史文化名城名鎮名村被列入保護名單之後，如果已批准公佈的歷史文化名城、名鎮、名村，因保護不力使其歷史文化價值受到嚴重影響的，批准機關應當將其列入瀕危名單，予以公佈，並責成所在地城市、縣人民政府限期採取補救措施，防止情況繼續惡化，並完善保護制度，加強保護工作。